JN075397

改訂1版
最新 保育士養成講座
第**5**巻

社会的養護と障害児保育

『最新　保育士養成講座』総括編纂委員会／編

全国社会福祉協議会

■

　保育士とは、「第18条の18第1項の登録を受け、保育士の名称を用いて、専門的知識及び技術をもつて、児童の保育及び児童の保護者に対する保育に関する指導を行うことを業とする者」(児童福祉法第18条の4第1項)をいいます。この場合の「児童」とは、18歳未満の者をさしています。また、「保育」については、「養護及び教育(学校教育を除く)を行うことをいう」(児童福祉法第6条の3第7項を一部変更)と規定されています。つまり、保育士は、以下の3つの業務を行う専門職ということになります。

①　「就学前児童の保育」early childhood care & education(いわゆるエデュケア)

②　「18歳未満の児童の保育」childcare work(いわゆるケアワーク)

③　「児童の保護者に対する保育に関する指導」(保育指導業務、技術体系としては「保育相談支援」の専門性)

　令和元(2019)年度保育士養成校入学生から、新しい保育士養成課程が導入されています。上記の業務を遂行する専門職を養成する新保育士養成課程において、最も中核となる科目(原理と内容)を選定すると以下の科目となります。これらが、保育士養成課程における最も大切な科目といえ、これらの科目は保育士養成に固有の科目で、他の専門職が学ばない中核的な科目となります。

①　就学前の児童の養護と教育が一体となった保育：保育原理、保育内容総論

②　18歳未満の児童の保育・養育・養護・育成支援・発達支援など：社会的養護Ⅰ、社会的養護Ⅱ、障害児保育

③　保育指導：子ども家庭支援論、子育て支援(保育相談支援)

　新しい保育士養成課程の導入は、前回の養成課程導入後10年を経て、その間の保育・保育士をめぐる動向をふまえたものとなります。この間、18歳未満の保育のあり方には、大きな変革がありました。制度的には、

平成27(2015)年度から子ども・子育て支援新制度が創設され、平成28(2016)年の改正児童福祉法では、「児童の権利に関する条約」の精神が盛り込まれるなど、子ども家庭福祉の理念が現代社会のありようを反映し、明確化されました。

また、各種支援のための政府の指針も多く発出されています。保育士業務に深く関わるものとしては、平成24(2012)年3月の児童養護施設運営指針等の社会的養護関係施設運営指針の発出、平成27(2015)年3月の放課後児童クラブ運営指針、同年4月の放課後等デイサービスガイドライン、平成29(2017)年7月の児童発達支援ガイドライン、令和3(2021)年9月の障害児入所施設運営指針の発出などがあります。平成30(2018)年10月には児童館ガイドラインも大改正されました。さらに、新しい保育所保育指針、幼保連携型認定こども園教育・保育要領、幼稚園教育要領の改定版も平成30(2018)年度から施行されています。

なかでも、改定保育所保育指針では、年齢層ごとの保育のねらいおよび内容の明確化、幼児期の教育の積極的な位置づけ、養護に関する基本的事項の明記などが盛り込まれています。これらを受けた養成課程改正では、今後の保育士に必要とされる専門的知識および技術、さらには専門職としての倫理を念頭に置きつつ、保育士養成課程を構成する教科目の名称や授業形態、単位数に加え、目標や教授内容について見直しが進められました。それにともない、保育士試験科目の改正も行われています。

『最新　保育士養成講座』シリーズのはじまりは、昭和38(1963)年にさかのぼります。それから半世紀以上が経ちました。この間、全国社会福祉協議会では、保育士試験受験者、保育士養成校の学生にむけたテキストを発刊し続けてきました。そして、今回、これらの制度改正等を受け、これまでの『新　保育士養成講座（全12巻）』の全面改訂版として、令和元(2019)年に『最新　保育士養成講座（全10巻）』が発刊されたのでした。

今回ここに発刊する『改訂1版　最新　保育士養成講座』シリーズは、その後の保育士をめぐる動向をふまえた改訂版であり、令和4(2022)年から順次発刊されていくこととなります。

保育所保育指針では、保育士の力量を倫理、知識、技術、判断の4点に整理しています。このなかでは専門職としての価値や倫理が根底となります。それらを基盤として、専門的知識、専門的技術が獲得されていきます。そして、それらのすべてが統合された専門性が「判断」として生きてくることとなります。保育士はこうした専門性を生かし、以下の4つの立ち位置を縦横に駆使しつつ、子どもと親とのよりよい関係の構築や子どもの発達の保障に取り組む専門職といえるのです。

・親と子の間に介在し、よりよい親子関係の形成に寄与する
・子どもとの応答的な関係を取り結び、子どもの安全基地となる
・子ども同士の間に介在し、仲立ちをし、子ども同士の民主的な人間関係の取り結びを支援する
・子ども同士がきまりを守りつつ自主的に活動する場を見守り、必要に応じて介入する

　このような期待に応えることのできる保育士養成のため、この『改訂1版　最新　保育士養成講座』シリーズは、編著者一同、心を傾けて執筆しています。本テキストが、保育士をめざす方々やその関係者に広く活用されることを心から願っています。

令和4(2022)年2月

『最新　保育士養成講座』総括編纂委員会

委員長　柏女霊峰

目　次

第Ⅱ部　障害児保育の基本的内容

序章

社会的養護・障害児保育を学ぶ意義

社会的養護・障害児保育を学ぶにあたって

(1)　社会的養護・障害児保育を学ぶ意義

　何らかの事情で、保護者のない子どもや、保護者に監護させることが適当でない場合、公的責任によりそうした子どもたちを養育するとともに、困難を抱えるその親への支援等を主たる業務とする子どもたちの生活の場が社会的養護である。具体的には家庭養護といわれる里親や小規模住居型児童養育事業（通称、「ファミリーホーム」）および施設養護といわれる乳児院、児童養護施設、児童自立支援施設、児童心理治療施設などであり、施設養護における主たる養育者として保育士が配置されている。また本書では障害児保育についても取りあげ、障害児入所施設および保育所や障害児通所支援等における障害児保育の現状、取り組み内容、課題等についても論じている。

　養育において保護者が抱える困難は、社会構造的課題から生み出されると考えられる。親子分離を強いられる子どもたちの養育や障害のある子どもの養育は、いわば国民の代理として公的責任のもと施設や里親が担っている。したがって公的責任の「公」は決して政府や自治体を意味するだけではなく、我われ国民一般を含めて考えるべきである。すなわち国民が社会的養護や障害児保育に対し当事者意識や関心をもつことが重要であり、国や自治体はそうしたことを促進する役割がある。また社会的養護や障害児保育のもとで安全かつ安心な生活を子どもたちに保障するには、そうした国民の理解が必要不可欠である。子どもを中心に里親家庭、里親支援機関、施設、児童相談所、その他の支援の担い手、国民を含めて協働して子どもの養育のあり方を考えることや、社会的養護全体の質の向上を図ることは社会的責務である。そのため社会的養護の担い手は関係機関と共に国民に理解を求め、支援や協力を求めること、国民もその協力に努めるという相互作用が重要である。

（2）　家庭養育優先の原則

　児童福祉法において、すべての子どもは適切に養育され、心身の健やかな成長発達やその自立が図られる権利を有することが規定されている。それにより子どもを家庭において養育することが困難である場合、家庭と同様の環境で養育することが原則とされた。いわば家庭養育優先の原則が児童福祉法においても明確化されており、そうした環境で育つことが子どもの権利として明記されている。

　社会的養護のもとで生活する子どもたちは、それまでの成育環境から発達上の育ちにくさや、障害を有している傾向にある。そうした意味においては社会的養護と障害児保育は密接な関係があるといえる。施設職員や里親だけに養育を委ねるのではなく、施設内や家庭以外の支援者も含めて構成されるチーム体制で子どもを養育する必要がある。チームの中心には子どもの養育を位置づけ、保育士や里親はチームの一員として支えられる、養育上の課題を共有し支援する体制づくりが重要である。また一般家庭において障害児を抱えている場合も、地域の発達支援センターや保育所等を活用し、保護者を含め養育を共有する体制が必要不可欠である。保育士はこうした体制づくりを意識して養育を行う必要がある。

　平成29（2017）年8月に国の検討会が提示した「新しい社会的養育ビジョン（以下、「ビジョン」）」では、平成28（2016）年に改正された児童福祉法の理念の具体化にむけ、原則就学前の子どもの施設措置を停止し、3歳未満についてはおおむね5年以内に、それ以外の就学前の子どもについてはおおむね7年以内に里親委託率75％以上を実現し、学童期以降はおおむね10年以内をめどに里親委託率50％以上を実現するとしている。ビジョンでは里親委託推進のあり方や、家庭復帰が困難な子どものパーマネンシー保障としての特別養子縁組の推進のあり方についても提言している。要保護児童に永続的な安定した関係をより確実に提供できると考えられる養子縁組は、欧米・オセアニアの一部の先進諸国では、パーマネンシーの保障手段として、日本に比べ積極的に活用されている。

(3) 保育士の役割を学ぶ

　児童福祉法では施設や里親は親子の再統合のための支援を行うとともに、家庭復帰が困難な子どもが家庭で養育されるために、必要な措置をとらなければならないと規定し、実親との交流を含めた支援のあり方や家庭復帰が困難な子どもの家庭養育への委託にむけた努力が要請されている。国の検討会では、児童養護施設に3年以上入所した児童の家庭復帰率は急激に低下することがデータで示唆された。子どもの時間感覚を考慮すると、乳児院では数か月という単位で家庭養育を保障する必要がある。したがって、里親支援専門相談員や家庭支援専門相談員が中心となり、児童養護施設においては数年、乳児院では数か月という区切りのなかで、子どものパーマネンシー保障を見据えた支援計画を自立支援計画とは別に作成することが必要である。

　こうした内容をふまえ、保育士は多様な役割遂行が求められている。本書をとおして各現場における保育士の役割について理解を深めていただきたい。

第2節

学びの意義

(1) 保育士に求められるもの

　児童福祉法第2条において子どもの年齢や発達の程度に応じて、その意見が尊重され、その最善の利益が優先して考慮されるよう努めなければならないと規定されている。児童の権利に関する条約における子どもの意見表明権や最善の利益といった重要な概念が、児童福祉法にも盛り込まれているとの理解である。子どもの最善の利益に基づいた養育実践を行ううえで、子どもの意向や思いを聴くことが前提となる。子どもの意向や思いを聴くうえでの保育士としての態度のあり方を学ぶと同時に、子ども自身が意向や思いを表現するためのエンパワメント

の促進のあり方を学ぶことがまず重要となる。また施設運営や自立支援計画の作成過程に子ども自身が参画し、子どもとの協同作業という認識をもち、対応する必要がある。

　最善の利益という観点から親から分離された場合、子どもは住み慣れた家や地域、慣れ親しんだ家族や友人・知人、学校や保育所などと別れ、積み重なった喪失感を抱え社会的養護に措置される。その措置過程や社会的養護でのさまざまな人たちとの出会い、そうした人たちの子どもへの対応のあり方によって、子どもの喪失感への影響は大きく異なる。すなわち親から分離され、積み重なった喪失感を抱えた子どもが同じ場所に措置されたとしても、その過程、あるいは措置後の専門職の関与方法によってその措置が子どもに与える影響は大きく異なるのである。子どもの養育に携わる保育士は措置における初期段階からそうした子どもの心情の理解に努め、子どもの意向や思いを聴く姿勢が求められる。

　一方、都道府県等が管轄する社会的養護は市町村の子育て支援施策と連携して取り組む必要がある。子どもにとって大きな喪失感をもたらす親子分離措置をできるだけ予防し、実親子で生活できるように、市町村は要支援家庭に対し直接的な子どもの養育サービスを提供することも重要である。子育て短期支援事業として、社会的養護の場を活用してショートステイやトワイライトステイが実施されているが、限られた市町村でしか実施されていない。今後市町村における在宅の子どもの養育支援や社会的養護における在宅支援において、保育士の役割はますます重要となってきている。他専門職と連携した保育士の役割について学ぶことが必要である。

　以上のような問題意識に基づき、本書は保育士養成課程における「社会的養護Ⅰ」「社会的養護Ⅱ」「障害児保育」の内容を網羅している。保育士養成課程におけるこれら各科目の学習目標は以下のとおりである。

(2)　本書の学習目標

「社会的養護Ⅰ」

1．現代社会における社会的養護の意義と歴史的変遷について理解する。

2．子どもの人権擁護をふまえた社会的養護の基本について理解する。

3．社会的養護の制度や実施体系等について理解する。

4．社会的養護の対象や形態、関係する専門職等について理解する。

5．社会的養護の現状と課題について理解する。

「社会的養護Ⅱ」

1．子どもの理解をふまえた社会的養護の基礎的な内容について具体的に理解する。

2．施設養護および家庭養護の実際について理解する。

3．社会的養護における計画・記録・自己評価の実際について理解する

4．社会的養護に関わる相談援助の方法・技術について理解する。

5．社会的養護における児童虐待の防止と家庭支援について理解する。

「障害児保育」

1．障害児保育を支える理念や歴史的変遷について学び、障害児およびその保育について理解する。

2．個々の特性や心身の発達等に応じた援助や配慮について理解する。

3．障害児その他の特別な配慮を要する子どもの保育における計画の作成や援助の具体的な方法について理解する。

4．障害児その他の特別な配慮を要する子どもの家庭への支援や関係機関との連携・協働について理解する。

5．障害児その他の特別な配慮を要する子どもの保育に関する現状と課題について理解する。

　このような学習目標をふまえ、多様な角度から各科目内容を学び、その学んだ内容を現場で具体化できる実践力も必要となる。

　児童福祉施設における重要な機能として子どもの養育機能があげられるが、具体的には子どもの成育歴等をふまえた専門的な心理ケア、あるいは措置児童の家族を視野に入れた家庭支援や在宅で生活する子どもとその家族の支援、措置解除後の子ど

もの自立支援などがあげられる。支援のターゲットや支援内容は幅広く、地域や家庭を視野に入れた支援が求められている。こうした意味においても、多様な観点から学ぶ必要があるといえる。

I 社会的養護に関する基本的内容

第 1 章

現代社会における社会的養護の意義と歴史的変遷

学習のポイント

　本章では、社会的養護がどのような理念を背景にもっているのか、どのような実践経過および制度の構築がなされてきたのかについて学習する。

①社会的養護において重要な理念である児童の権利擁護について、「児童の権利に関する条約」の記載内容から学び、理解を深める。

②社会的養護の実践および施策の変遷を学ぶことにより、現在の社会的養護体制の理解を深める。

社会的養護の理念と概念

1 社会的養護を取り巻く状況

(1) 社会の状況変化

　終戦から70年以上経ち、子育て家庭を取り巻く環境は大きく変化した。地域のつながりの希薄化により、子育て家庭が孤立化しやすくなっている状況に加え、世帯構造の変化により、核家族を構成する子育て家庭が増加し、家族成員における大人の数は減少した。また、それまで家庭内において家事・育児・介護を担っていた女性が家庭外において就労することにより、養育の担い手は仕事をもつ親となり、保育サービス等を利用する家庭が多くなった。このように地域や家庭の変化により、子育ては外部のサービスなしには困難な状況にある。

　こうした子育ての形態には不安定な面がある。親の健康状態や離婚、経済状況など、歯車が少し狂っただけでも、家庭内の養育は機能不全を起こしかねない。児童虐待はそうした危機が表面化した状態の1つと考えられる。現代社会においては、どのような子育て家庭においても、こうしたリスクが存在する。

　近年の子育て支援施策は、こうした子育て家庭の状況に鑑み、子育てと仕事の両立が可能になるように、就労形態の改善や保育施設の増加、親同士や親が専門家等とつながる場所の提供など、子育て家庭の養育力を補完・代替することで適切な子育て環境が子どもに提供できるようにするための取り組みが行われている。子育てにおいて外部の補完・代替サービスが必要となる状況は相対的に家庭の養育力が下がっていることを意味する。したがって、不足するところを外部サービスが補完・代替することで、子育て家庭の養育力は適切な状況となる（図Ⅰ-1-1参照）。

　児童虐待への対応については、子ども・子育て支援事業にお

図 I -1-1　子育て家庭の養育力とそれを補完・代替する社会サービスの関係

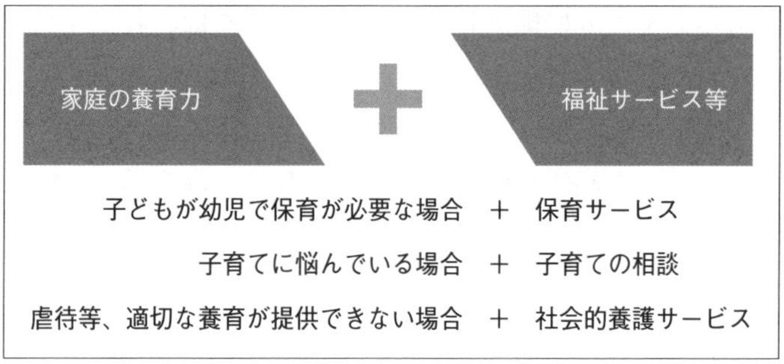

家庭の養育力	**＋**	福祉サービス等
子どもが幼児で保育が必要な場合	＋	保育サービス
子育てに悩んでいる場合	＋	子育ての相談
虐待等、適切な養育が提供できない場合	＋	社会的養護サービス

作図：和田上

ける予防的なものや、早期発見を重視した「乳児家庭全戸訪問事業(こんにちは赤ちゃん事業)」などの取り組み、地域での見守りと情報共有を目的とした**要保護児童対策地域協議会、児童相談所全国共通ダイヤル「189」**の導入、介入時の警察や家庭裁判所との連携など段階的、重層的に行われている。

　家庭内での子育てが適切でないレベルまで悪化した際に、子どもをいったん家庭から引き離して支援を行う取り組みが社会的養護である。一時的な保護に加え、子育て家庭の養育機能の回復と家族の再構築までもがその役割となっている。児童福祉法成立時に社会的養護は親のない子どもを対象とした養育を担うことがその役割であったが、子育て家庭やそれを取り巻く状況の変化により社会的養護に求められる機能は拡大してきている。図 I -1-1 で記したとおり、「虐待等、適切な養育が提供できない場合」には、社会的養護サービスにより、保護者と子どもが別々に支援を受け、原則、元の家庭で再度、子どもが適切に養育される(家庭の養育力を高める)ことをめざした支援が行われる。

(2)　子どもにとっての家庭環境

　子どもは生物的にも社会的にも弱い立場に置かれることが多く、大人による保護なしには生きていくことが困難な存在である。子どもが人間社会の中で生きていくためには、衣食住が保障されることに加え、大人による安全で安心な環境の提供が不可欠である。また養育者の応答的なコミュニケーションが必要であり、それは継続的でなければならない。こうした環境のもと、適切な養育が行われ、子どもの発育・発達は保障される。

要保護児童対策地域協議会
　市町村における児童家庭相談体制の強化を目的とした協議会。虐待を受けた子どもや非行行為を行う子ども等の早期発見・援助・保護を図るため、地域の関係機関(学校・児童相談所・市町村・病院・保育所・幼稚園など)や民間団体、弁護士等が情報や考え方を共有し、適切な連携のもと援助を展開していくためのネットワーク。

児童相談所全国共通ダイヤル「189」
　平成27(2015)年7月より児童虐待の早期発見を目的に設置された、児童相談所に通告・相談ができる全国共通の電話番号。「児童相談所全国共通ダイヤル」にかけると近くの児童相談所につながる。児童相談所全国共通ダイヤルは当初、10桁の番号だったが、覚えやすい3桁の番号「189」(いちはやく)にした。

第1章　現代社会における社会的養護の意義と歴史的変遷

11

家庭内においては親などの養育者が子どもの年齢に応じて前述の営みを子どもに提供している。具体的には、乳幼児であれば、授乳やおむつ替え、沐浴などを行うであろう。学童期の子どもであれば、食事やおやつの提供、学習や社会のルールを教えるなどが、中高生年代の子どもであれば、教育環境を整えたり、相談に乗ったり、ということが必要であろう。このように子育ては、子どもの発達状況に応じた形で、親または養育者が子どもとの応答的な関わりの中で必要な事柄を提供していく営みである。そして、家庭はその継続性や限定された人間関係により、安心できる環境を構築しやすいことから、養育の場として適切であると考えられている。

　ただし、子育てにおいて必要とされる環境は必ずしも実の親が提供しなければならないということはない。後述するように子どもの権利擁護の観点からは、実の親と暮らすことを保障することは重要であるが、実の親以外が養育を提供することになったとしても、適切な養育環境を構築することは可能である。

2　理念と概念

(1)　社会的養護の理念

**児童養護施設
運営指針**
平成24 (2012) 年に厚生労働省雇用均等・児童家庭局長通知として出された児童養護施設の運営に関する指針。同時期に他の社会的養護を担う施設の指針も出され、総論と各論に分けられている。総論では各指針の目的や、社会的養護の基本理念と原理が、各論では各施設の具体的な取り組みの指針が記されている。それぞれの施設の「運営ハンドブック」は指針の解説書の役割を果たしている。

　児童養護施設運営指針等の社会的養護を担う施設の運営指針では、社会的養護とは、「保護者の適切な養育を受けられない子どもを、公的責任で社会的に保護・養育するとともに、養育に困難を抱える家庭への支援を行う」ことであると記されている。「公的責任」と記されているように、現代における要保護児童の保護・養育は、明治期の慈善事業家による私的な取り組みではない。また、要保護状態を生じさせた保護者の責任に帰するような取り組みでもない。子どもにとって適切な養育環境が提供されるのは、子どもにとって当然の権利であるため、国は公的責任のもと、子どもを保護・養育しなければならないのである。

　児童養護施設運営指針に記された社会的養護の基本理念には、「子どもの最善の利益のために」と「すべての子どもを社

12

会全体で育む」をタイトルとした文章がある。社会的養護の取り組みは、不適切な環境下にある子ども（要保護児童）に対して「かわいそうだから」養育環境を提供するのではない。「子どもの最善の利益のために」とのタイトルが示すとおり、子どもの権利擁護の観点から行われている。「子どもの最善の利益」は児童の権利に関する条約における鍵概念の1つであり、子どもの権利擁護が行われている状況を示す。

「すべての子どもを社会全体で育む」においては、社会的養護が「保護者の適切な養育を受けられない子どもを、公的責任で社会的に保護・養育するとともに、養育に困難を抱える家庭への支援を行うもの」とし、単に子どもを保護・養育するのが目的ではなく、「養育に困難を抱える家庭」への支援の1つの形態として社会的養護が存在することが記されている。養育に困難をもつ家庭の養育機能が破綻してしまった場合でも、再度その子育て家庭が養育力を付けられるよう支援していくことが社会的養護サービスにおいて重要である。

(2) 基本となる考え

社会的養護の実践において基本となる考えは児童の権利に関する条約に基づく子どもの権利擁護である。児童の権利に関する条約の前文には以下の文章が記されている。

　家族が、社会の基礎的な集団として、並びに家族のすべての構成員、特に、児童の成長及び福祉のための自然な環境として、社会においてその責任を十分に引き受けることができるよう必要な保護及び援助を与えられるべきであることを確信し、

　児童が、その人格の完全なかつ調和のとれた発達のため、家庭環境の下で幸福、愛情及び理解のある雰囲気の中で成長すべきであることを認め、

　児童が、社会において個人として生活するため十分な準備が整えられるべきであり、かつ、国際連合憲章において宣明された理想の精神並びに特に平和、尊厳、寛容、自由、平等及び連帯の精神に従って育てられるべきであることを

　この前文では、「家族」が「児童の成長及び福祉のための自然な環境」であり、そのため「児童」は「家庭環境の下で幸福、愛情及び理解のある雰囲気の中で成長すべき」とされている。つまり、子どもの人権擁護の観点から子どもは家庭で生活することが重要であるとされている。だからこそ、子育て家庭が適切に子育てできる状態に支援することが国には求められる。

　ただし、児童虐待等の養育機能の不全状態により、家庭環境が子どもの養育にとって不利益となることが生じることもある。そういった場合には、同条約第20条で記されているとおり「国が与える特別の保護及び援助を受ける権利を有する」のである。これが社会的養護であり、「家庭環境を奪われた」子どもにとって社会的養護はその権利を保障する施策であるといえる。

また、第12条（自己表明権の保障）で記されているとおり、子どもたちの主張を尊重する姿勢は常に必要となる。「子どもはまだ未熟だから大人による正しい判断が必要」といった**パターナリズム**に基づく考えは、子どもの発達状況により必要な場合もあるが、子どもにも考え判断する力はあり、それを主張する場を保障することは必要である。

パターナリズム
大人が子どものためによかれと思ってすること。時として子どもの意見を尊重しないことにつながる場合もある。父権主義などと訳されることがある。

1　締約国は、自己の意見を形成する能力のある児童がその児童に影響を及ぼすすべての事項について自由に自己の意見を表明する権利を確保する。この場合において、児童の意見は、その児童の年齢及び成熟度に従って相応に考慮されるものとする。

2　このため、児童は、特に、自己に影響を及ぼすあらゆる司法上及び行政上の手続において、国内法の手続規則に合致する方法により直接に又は代理人若しくは適当な団体を通じて聴取される機会を与えられる。

（児童の権利に関する条約第12条）

さらに、児童の権利に関する条約第3条第1項においては、「児童に関するすべての措置をとるに当たっては、公的若しくは私的な社会福祉施設、裁判所、行政当局又は立法機関のいずれによって行われるものであっても、児童の最善の利益が主として考慮されるものとする」としている。社会的養護サービスを利用する子どもたちに対する支援がどのようなものになるかについては、ここで記されているように、「児童の最善の利益」に鑑みて判断されなければならない。

第2節

社会的養護の歴史的変遷

1 イギリスにおける社会的養護の歴史的変遷

(1) 新救貧法時代の社会的養護

イギリスでは、1834年に成立した新救貧法のもと、救貧院は経済的に困窮した人を収容した。老齢者や障害者、病人などと共に子どもが収容されていた。

当時、経済的困窮者に対して最低限度の救済しか与えられていなかった。孤児や貧児らに対しては、里親または救貧院で生活し、また、住み込みでの就労、そしてオーストラリアやカナダなどイギリスの連邦国に労働力として送られるなどの対応がとられていた。

産業革命による孤児、貧児の創出は、民間慈善事業家による多くの慈善活動に結び付き、児童の保護を目的とした民間活動が盛んに行われた。その多くは大規模収容施設で、そこでの劣悪な生活環境は、眼病や皮膚病の多さ、体格の小ささ、学力や道徳観の低さなど、子どもたちの発達・発育にネガティブな影響を与えていた。

こうした状況のなか、**バーナード(Barnardo, T.)** の功績はよく知られている。彼は「環境がすべてを決定する」との考えに基づき養護実践を行った。1870年に最初の児童施設を設立し、1876年には13のコテージ(小舎)からなるヴィレッジホームを設立した。

さらに、1886年には親が養育できない乳幼児をホームの責任で里親委託し、12〜13歳になったときにホームに戻して、自立のための職業訓練などを行う試みをはじめた。バーナードの取り組み以降、小舎制ホームは、イギリス各地に拡大していくこととなり、子どもたちの個別性への配慮に関心がむかうようになった。

バーナード
(Barnardo, T.)
1870年イギリスに児童施設バーナードホームを設立し、浮浪児などの保護にあたった。

(2)　第2次世界大戦後の社会的養護

　1945年の里親による里子への虐待死亡事件は、その後のイギリスの要保護児童対策に大きな影響を与えることとなった。この事件に対して公的調査等が行われ、イギリスの児童保護行政の混乱や欠陥、職員の専門性の脆弱さなどの問題点が明確になった。1948年児童法では、保護を要する子ども等を行政の責任で保護することとし、地方自治体は児童部を新設し、担当職員を配置した。ただし、できるだけ家族から児童を分離しないことを原則とし、分離する場合には里親委託または小規模施設における養護とすることが望ましいとの考え方を示した。

　1975年児童法では、それまでの血縁のつながりを優先される方針から児童の安全を優先することが子どもにとって有益とされた。家庭復帰の可能性がない児童に対しては、永続的な代替家族の提供が行われた。1980年児童ケア法では、児童の福祉の予防的側面と保護的側面を統合し、児童をケアすると同時に、家庭支援による家庭復帰の取り組みが優先された。

　1989年児童法では、社会的共同子育ての立場がとられた。これは、児童の最善の利益の尊重という立場から、親と地方自治体とのパートナーシップを規定するものである。そのために、親の権利に代わり親の責務という概念を明確にした。また、児童福祉に関する地方自治体の責任を明確化し、18歳までの親による監護・養育の責任、児童・親の関係機関との連携、児童の権利の擁護が規定された。

　2000年にはリービングケア法により、社会的養護を経験した人（ケアリーバー）への支援が地方自治体に義務付けられた。ケアリーバーは、家族の援助なしに自立することを迫られ、経済面で多くの困難に直面する可能性が高いことが知られている。

2　日本における社会的養護前史

(1)　明治期の慈善事業

　不適切な環境下で養育されている子どもや親のいない子ども

に対して、国の制度施策の中で子どもの権利保障という観点において公的責任として取り組まれるようになったのは昭和22（1947）年の児童福祉法成立以降である。しかしながらこうした子どもの養育を、他者や領主などの指示により行う歴史は、聖徳太子による悲田院等、古くから見られる。現在の社会的養護の源流は明治期の慈善事業に見ることができる。

　明治期はそれまでの封建制度が崩れ、近代国家がつくられると同時に経済体制においても資本主義経済の構築が進められるなど、大きな変革が進められていった時期である。そうしたなかで経済的に困窮する者が急増した。子どももその例外ではなく、親が亡くなったり、経済的に養うことできず捨てられてしまった孤児や棄児、貧児などが多く発生した。国はこうした子どもたちに対する保護施策をもたず、慈善事業家がその役割を担うこととなった。

　なかでも先駆的な取り組みをした施設として知られるのが、石井十次により設立された岡山孤児院である。石井十次以外にもそれまで適切な支援が行われていなかった知的障害児に目をむけ、初の知的障害児施設を設立した石井亮一や、不良少年の更生をめざし、感化施設、家庭学校を設立した留岡幸助などの慈善事業家の取り組みが、不遇な子どもたちに対して、自費や寄付等を財源に行われた。こうした取り組みは現在の児童養護施設や障害児入所施設、児童自立支援施設へとつながっていく。特に感化施設については、留岡などの取り組みが国の施策として取りあげられ、明治33（1900）年に感化法として結実した。他の児童施設に先駆けて感化施設が法定化された背景には、治安上の課題を解決するとともに、富国強兵にむけた取り組みがあった。

(2)　石井十次による岡山孤児院の実践

　医師をめざしていた石井十次は1人の貧児を預かり養育することをきっかけに孤児院の経営を行うことになる。クリスチャンだった石井は、教会等の援助を受けながら、自らのミッションとして孤児救済にのめり込んでいく。イギリスのバーナードホームに倣い、家庭舎制（小舎制）で運営した。これは1人の女性職員が母親代わりとなり、10から15人の子どもたちと擬似

石井十次
明治期の慈善事業家。孤児、貧児の保護に取り組み、岡山孤児院を設立した。

石井亮一
明治期の慈善事業家。日本初の知的障害児のための入所施設である滝乃川学園を設立した。

留岡幸助
明治期の慈善事業家。不良少年の更生を行う入所施設として家庭学校を設立した。

表 I -1-1　岡山孤児院十二則

① 家族主義	④ 満腹主義	⑦ 宗教主義	⑩ 小学校教育
② 委託主義	⑤ 実行主義	⑧ 密室教育	⑪ 実業主義
③ 托鉢主義	⑥ 非体罰主義	⑨ 米洗教育	⑫ 旅行教育

出典：『岡山孤児院 新報』（明治 41 年）をもとに和田上作成。

家庭をつくり養育を行うシステムである。また、幼児期の子ど
もは家庭で育つべきとの考えのもと、独自に里親委託を行って
いる。近隣の農家に子どもを預け育ててもらい、大きくなった
ら施設に戻して実業教育を行うという取り組みである。単に里
親に子どもを預けるだけでなく、適切に里親養育がなされてい
るか定期的に訪問し、子どもの体重を量るなどの確認をすると
いった取り組みが行われた。また「非体罰主義」を掲げるなど、
現在の社会的養護に対して示唆を与えるような取り組みをして
いる。こうした取り組みは「岡山孤児院十二則」として施設の
理念としてまとめられている（表 I -1-1）。

　岡山孤児院は無制限収容主義を掲げ、最盛期には 1,000 人の
子どもたちが入所していたという。子どもたちの生活費等、施
設の運営費に関しては、国からの補助金がほとんどない時代に
音楽隊や幻灯隊などの設立により、全国で寄付を募る活動を
行ってその費用をまかなっていた。

（3）　社会事業としての子どもの保護を対象とした
　　取り組み

　昭和初期には恤救規則に代わり救護法（昭和 4〔1929〕年）が
成立し、国家の責任において国民の貧困対策が行われるように
なった。救護法の施行により孤児院や養老院などの施設は、救
貧を担う国の法律に規定された。それまで慈善事業家により運
営されていた施設は、法的な規定の中で運営されることとなっ
た。この時期、子どもを保護の対象とする取り組みが国の施策
として行われるようになった。ただし、こうした取り組みには、
戦時体制への動員といった側面も見られる。

3 日本における社会的養護の制度化と その後の経過

(1) 児童福祉法成立と社会的養護

　終戦直後、国が対応すべき最大の課題の1つは戦災孤児の保護であった。国は昭和20(1945)年9月に「戦災孤児等保護対策要綱」を決定し、戦災孤児対策に取り組んだ。昭和21(1946)年には戦災孤児等の問題の根本的な解決をめざして、政府は中央社会事業委員会に対して児童保護事業の強化徹底の具体策について諮問した。その際、法の対象の全児童への拡大や名称を児童福祉法とすることなどの案が示され、昭和22(1947)年に児童福祉法が成立した。こうして成立した児童福祉法は、理念的には児童の権利と児童養育の公的責任を承認し、法の適用範囲を全児童に拡大するなど、画期的な側面をもっていた。戦前に貧困対策として位置づけられていた育児施設や障害児施設、教護院等は児童福祉法に位置づけられることになった。

　こうした状況のなか、施設での養育環境に関する議論が生じた。いわゆるホスピタリズム論争である。当時、養護施設長であった堀文治の問題提起をきっかけに、施設で暮らす子どもたちの情緒面、発育面における課題が指摘された。**第1回ホワイトハウス会議**においても、ボウルヴィ(Bowlby, J.M.)の**愛着(アタッチメント)理論**[注1]においても、家庭が子どもの養育の場として適切であることが主張されていた。大人数を収容する施設での生活により、発達発育上の問題が生じたのだと考えられた。そのため、施設での生活ではなく、できるだけ里親への委託を進める、それが不可能である場合には小舎制等、家庭に近い生活環境を子どもたちに提供することが求められた。

　一方で、石井哲夫は、施設は家庭とは異なるため、施設、家庭それぞれの役割を果たすことが重要であることを指摘した。また、養護施設長であった積惟勝は、子どもが集団で生活している施設の特徴を生かした取り組みをすることを強調した。厚生省(当時)は小舎制などの家庭に近い形態の有効性を尊重しつつも、児童福祉施設最低基準を変更しなかったため、職員配置がより多く必要な小舎制の施設の増加にはつながらず、その後、

第1回 ホワイトハウス会議
セオドア・ルーズベルト(Roosevelt, T.)大統領のもと、1909年に開催された第1回全米児童福祉会議。「児童は緊急なやむをえない理由がない限り、家庭生活から引き離されてはならない」という家庭尊重の原則が示された。

注1・・・・・・・・・・・・・・・・
77頁、第Ⅰ部第4章第2節第3項および125頁、第Ⅰ部第6章第1節第3項を参照。

愛着(アタッチメント)理論
乳幼児が、不安等を感じている状況で、自分の親など養育者に対して泣いたり接触を求めるなどして、親密な関係性を形成しようとする愛着行動に関する理論。

大舎制の施設が大半を占める状況が続いた。里親委託について
も、戦災孤児対策が落ち着きをみせると減少しはじめ、国とし
て里親委託推進を進めるという姿勢は見られなかった。

(2) 社会的養護の役割の変化

1960年代以降、入所対象となる子どもたちは、戦災孤児で
はなく、家庭における何らかの課題により家庭で育つことがで
きない子どもに変化していく。この時期の日本は、高度経済成
長期にあり、核家族化が進むなど、経済状況の改善と家族形態
の急激な変化にともない、家庭内における問題が表面化してき
たといえる。社会的養護は戦災により親を失った子どもたちの
保護という役割から、家庭における養育機能の脆弱化において
表面化してくる問題への対応へと、役割の変更を迫られること
になった。ただし、措置児童数は減少し、定員を満たさない施
設も存在した。

1990年代に入ると児童虐待が社会問題化していく。平成12
(2000)年には「児童虐待の防止等に関する法律」が成立し、
被虐待児の保護について関心も高まってくることとなった。児
童相談所への虐待通告数の増加とともに、児童養護施設への措
置児童数も増加した。児童養護施設等の社会的養護を担う施設
では、被虐待児への治療的支援を迫られることになった。また
子どもの権利擁護の観点から、施設における子どもの生活環境
の改善にむけた取り組みが行われるようになる。心理療法担当
職員や個別対応職員、家庭支援専門相談員(ファミリーソーシャ
ルワーカー)の配置や地域小規模児童養護施設の設置、「児童福
祉施設の設備及び運営に関する基準」(旧「児童福祉施設最低
基準」)の改訂等が行われている。また国として里親委託を推進
していく方向性を示し、里親施策の充実が図られた。

平成28(2016)年には児童福祉法が改正され、第1条には「児
童の権利に関する条約の理念にのっとり」との条文が記され、
子どもの権利擁護の観点から児童福祉施策を進めていくことが
示された。第3条の2においては、家庭での養育が困難な事
例においても「児童が家庭における養育環境と同様の養育環境
において継続的に養育される」ことが記され、それが不可能な
場合においても「できる限り良好な家庭的環境において養育さ

れる」と記された。代替養護であっても、子どもが育つ場は家庭であることがいっそう強調されてきている。

学習のふりかえり

1 児童の権利に関する条約において、子どもが家庭で暮らせないことが子どもの権利擁護の立場から、どのようにとらえられているのかについて考えてみよう。

2 社会的養護施策がなかった時代に、慈善事業家はどのような思いで子どもたちを養育していたのかについて考えてみよう。

3 社会的養護施策の変遷において、どのようなことが重視されるようになってきたのかを整理しよう。

参考文献：
1. 右田紀久恵、高澤武司、古川孝順編『社会福祉の歴史—政策と運動の展開　新版』有斐閣、2001 年
2. 金子光一『社会福祉のあゆみ—社会福祉思想の軌跡』有斐閣、2005 年
3. 古川孝順『子どもの権利—イギリス・アメリカ・日本の福祉政策史から』有斐閣、1982 年
4. みずほ情報総研『平成 28 年度子ども・子育て支援推進調査研究事業の事業報告書　社会的養護関係施設等における 18 歳以上の支援のあり方に関する研究』2017 年

I 社会的養護に関する基本的内容

第 2 章

社会的養護の基本

学習のポイント

　社会的養護で生活する子どもたちの人権や権利保障のとらえ方や、その具体的保障のあり方を検討することは喫緊の課題である。まず社会的養護における子どもの人権および権利の意義、人権擁護や権利保障施策のあり方、児童の権利に関する条約における子どもの権利保障の枠組み、アドボカシー機能やそれを担うアドボケイトが必要とされる背景とその内容について理解を深める。

　さらに社会的養護における基本的な原則について学び、家庭養護の基本的意義や要件について理解し、養育においてそれらをいかに具体化するかについて考える。また社会的養護に勤務する保育士としての倫理や責務についても理解を深める。

子どもの人権擁護と社会的養護

1 社会的養護における子どもの権利保障の とらえ方

ここでは子どもの人権を**社会権**、特に**生存権**を柱とした受動的権利としてとらえる。しかしながら後に述べるように受動的権利保障のみならず、**自由権**を中心とした能動的権利保障の視点も社会的養護において重要であることから、人権および能動的権利を含む用語としてここでは「権利」という言葉を使うこととする。

児童福祉法第1条において、すべての子どもは適切に養育され、心身の健やかな成長発達やその自立が図られる権利を有することが規定されている。さらに第3条の2において、子どもを家庭において養育することが困難である場合や適当でない場合にあっては、子どもが家庭における養育環境と同様の養育環境において継続的に養育されること、また子どもを家庭や当該養育環境において養育することが適当でない場合にあっては子どもができる限り良好な家庭的環境において養育されるよう、必要な措置を講じなければならないとし、子どもが家庭あるいはそれが困難な場合、家庭的な環境で育つ権利を明確に規定している。また第2条第1項において、すべて国民は子どもが良好な環境において生まれ、社会のあらゆる分野において、子どもの年齢や発達の程度に応じて、その意見が尊重され、その最善の利益が優先して考慮され、心身ともに健やかに育成されるよう努めなければならないとされ、子どもの最善の利益を具体化する要件として、子どもの意見表明権が位置づけられている。

これまで日本における里親委託状況は、里親委託率が相対的に高い一部の欧米・オセアニア諸国と比較して批判されてきた。これら諸外国では、パーマネンシー理念に基づき、主たる養育者の永続した一貫性が重視されてきた。したがって交代勤務や

社会権
人間らしく豊かに生存する権利の総称。

生存権
健康で文化的な生活を営む権利。

自由権
国家から制約や強制をされず、自由に考え行動できる権利。

職員の入れ替わりが一般的である施設養護は、極めて限定的に活用されている。また諸外国における施設養護は日本において主流を占める大舎制の施設ではなく、同じ敷地内に複数の小舎が存在するコテージ・システムや、地域の家屋で生活するグループホームが主流である。また、それらの国々における施設養護の主たる役割は、治療的機能の提供による短期入所（長くても2年）に限定される傾向にある。

　児童の権利に関する条約の第20条には、**要保護児童**についてとるべき方法として、里親委託、養子縁組または必要な場合には、子どもの監護のための適当な施設への入所をあげている。この規定から要保護児童にはまず里親や養子縁組の提供を考え、施設養護はその必要性が考慮される特別な場合に限定すると解釈できる。しかし先に述べたように、日本では要保護児童の大部分は施設で生活している。

　これまでもホスピタリズム論に代表される入所施設の問題については指摘されてきた。これが主張された当時から比べれば、施設は大きく改善されてきている。しかしながら、施設であるがゆえの限界が、子どもの養育においては存在する。年齢や子どもの発達課題上、施設養護が望ましい子どもも存在するといわれるが、あまりにも里親委託率が低いといえる。特に乳幼児の場合には、家庭養育の可能性を十分に検討する必要があろう。諸外国では子どもが個別の家庭をもつ権利の保障を目的に、里親を日本に比べ積極的に活用してきた。

　こうしたことをふまえれば、施設養護が主流を占める日本は、子どもの権利を十分には考慮していないといえる。かつてあまりに低水準な児童福祉施設の最低基準について、子どもへの人権侵害という指摘もなされた。施設養護が主流という現状をふまえ、子どもが永続的な家庭をもつ必要性を社会的に認識し、それを社会的に具体化していくことが、社会的養護における子どもの権利を論じる前提として重要なことであろう。

要保護児童
　児童福祉法においては、保護者のない児童または保護者に監護させることが不適当であると認められる児童と規定されている。

2　子どもの権利と支援の視点

　1989年、児童の権利に関する条約が国際連合において採択されたのにともない、日本においても平成6（1994）年にそれが批准され、それまでの救済的・保護的ともいわれた子どもの権

利観を大きく変化させた。すなわち、子どもを権利行使の主体として位置づけ、保護される権利という受動的権利だけでなく、意見表明権に代表される市民社会への参加や参画に関する能動的権利保障への認識が深まったといえる。

　権利意識とは「自分を大切にしたい」と思う心のありようである。換言すれば、自尊感情である。この自尊感情を培うためには、幼少期におけるアタッチメント関係を基盤に、「大切にされている」といった思いを育むことが必要である。他人の人権や権利への認識はこうした「自分を大切にしたい」という意識の上に成り立つものである。つまり自尊感情が他尊感情を育むといえる。権利の侵害を受け、自尊感情を育むことが困難な子どもは結果的に、他者への権利侵害を犯し、自己否定感をさらに強化するという悪循環に陥る傾向にある。この悪循環に関与するところに、専門性が要求される。どういった価値観でもって、どのように支援をするかによって、子どもの心のありようが大きく変わる。社会的養護に求められている専門性とは、こうした観点からものごとを考え続けることが必要といえよう。

3　権利のとらえ方と近年の施策動向

　児童の権利に関する条約に規定されている権利内容は、①生存・発達のために必要なものを与えられる権利、②有害なものから保護される権利、③自分に関わることに参画する権利に分類できる。①や②のように子どもの権利は「……が与えられる権利」「……から保護される権利」といった権利享受の主体としての子ども観に基づいた受動的権利の保障という側面と、③のように子どもが主体的に参画するという権利行使の主体としての子ども観に基づいた能動的権利の保障という双方の側面からとらえる必要がある。受動的権利保障においては、子どもへの適切なケア保障という観点から、養護のあり方を検討することが求められる。

　こんにち論じられる子どもの権利は、保護主義的な配慮だけではなく、③に示すような子ども自身の意思と自律を権利概念の中に導入するところに特徴がある。もちろん受動的権利は基本的人権といった観点から重要であるが、子どもの能動的権利

への視点を欠いたまま「子どものことを思って」というだけで、大人側が一方的に子どもを保護の対象としてとらえる子ども観や、大人による子どもへの一方的な行為に対し、大人自身が自覚的になる必要がある。そこでは子どもの言い分に耳を傾ける、あるいは子ども自身から教えてもらうという寛容さや謙虚さが大人側に要求される。さまざまな危機から保護される存在としての子ども観とともに、当該社会・文化を担い、同時に意思決定する主体としての子ども観双方への自覚が要求される。これらの子ども観の根底にある保護と自律は時には矛盾やジレンマを惹起させるが、そうした矛盾やジレンマを認識し、子どもへの関わりのあり方を、子どもと大人双方で探り合う過程が極めて重要なことではないだろうか。

　また、令和元(2019)年の法改正により、保護者、施設長、里親等による体罰が禁じられた。体罰に限らず子どもを罰を用いてしつけるという考え方に関する検討も必要といえよう。

4　子どもの権利保障とその課題

(1)　権利擁護施策の実効の必要性

　社会福祉法に基づく苦情窓口、運営適正化委員会、あるいは**「子どもの権利ノート」**や第三者委員会といったものの実効性をともなった継続的取り組みが重要である。これらは子どもの意見や意向を聴くことを目的とした取り組みである。これらの導入当初はそれなりに実効性をともなっていても、数年経過することで形骸化する状況も見受けられる。既存の施策の実効化にむけた継続的取り組みが重要である。

　また、子どもの意見や意向を聴くといった施設での取り組みなどが有効に機能しているかをチェックする仕組みとして第三者評価が導入された。社会的養護の施設は3年に1回以上第三者評価の受審が義務付けられたが、その形骸化を予防し、実効性ある評価システムとして機能するよう継続した検討が必要である。

> **子どもの権利ノート**
> 社会的養護で生活する子どもに自身の権利について伝え、権利が侵害された際、その対応方法などを説明する冊子である。

（2）　権利擁護施策の課題

　権利擁護施策が機能しない要因としてさまざまなことが考えられるが、そういったことについて話し合い、それらを実効性あるものにする方法を考えることが重要である。権利擁護システムのメンテナンスが常に求められているといえる。

　しかしながら一方で、果たしてこれまでの施策が、子どもにとって有効であったのかに関する検証も必要であろう。自らの権利が擁護されてきた、保障されてきたという実感が不十分な子どもたちにとって、そうしたシステムの重要性を子ども自らが認識することは困難ともいえる。すなわち、その重要性を理解する準備体制が、子ども自身に備わっていないとも考えられる。

　子ども自身の権利、他者の権利双方への認識の希薄さは、子ども自身が安全・安心感を実感できなかったそれまでの環境に負うところが大きい。それは社会的責任として受け止めなければならない。子ども自身が「心の納得」をもって権利、人権、いのちの大切さを実感することは、まさに生きる力、すなわち自立力の獲得を意味する。まず子ども自らが「大切にされている」という実感をもつことが、何よりも重要なことであるといえる。被虐待体験などから自己否定感が強く、いわば無力化状態にある子どもの回復を可能にする支援を前提とする必要がある。無条件の受容や回復的ケアは、子ども自身の人権や権利に対する意識醸成のためにとりわけ重要であるといえる。

（3）　アドボカシーの体制づくり

　今後は、能動的権利保障やそれを保障するための支援のあり方について検討する必要もある。自律概念をより広い視野から考える「支援された自律」という考え方はそうした意味で示唆的である。施設運営や意思決定過程への「みせかけの参画」や形式的参画、あるいは十分な配慮のない、いわば一定の支援に基づかない無防備な参画は、時に子ども自身を傷つけたり、子どもの最善の利益というお題目でもって子どもを納得させるという状況に追い込むことも考えられる。北米やイギリスにおける状況に鑑みて、子どもの参画要件として一定の支援や配慮に

基づいた**アドボカシー**が考えられる。日本文化やコミュニケーションスタイルにかなった日本独自のアドボカシー機能を担うアドボケイトの開発についての検討も必要である。イギリスにおけるアドボケイトは子どもの声のマイクのような存在といわれ、子ども自身の声をそのまま伝え、他人が声を付け足すことはできないとされている。またアドボケイトは子どもの最善の利益のために活用するのではないとされ、アドボケイトは子どもがどのような成り行きを望んでいるのか、どのような選択を行うかにかかわらず100パーセント子どもに導かれる形で動かなければならないとされている。子どもの最善の利益を考慮して活動する専門職とは別にこうした立場で関与するアドボケイトは「子ども中心」の実践活動において必要不可欠であるとイギリスでは認識されている。中立的ではなく子どもの味方となって関与する専門職がいてこそ、子どもの最善の利益を考慮した「子ども中心」の実践が可能になるといえる。

誰もが子ども期を体験するという事実は時に、子どもの気持ちが理解できるという傲慢な態度で接することを促す面もある。また自分では子どもの気持ちを理解し、接しているという思い込みも生じやすい。子どもの語りに継続的に寄り添い、その語りの変化に付き合う、その変化を待つ姿勢をもつ、子どもの当該所属に関係のない第三者をアドボケイトとして児童福祉現場において子どもに提供することが、子どもの喪失感の緩和を促すと考えられる。

こうした認識に基づき、令和4（2022）年の児童福祉法改正において、子どもの意見表明等支援事業が新たに導入された。子どもに大きな影響を与える児童相談所による措置や一時保護において第三者のアドボケイト（意見表明等支援員）が子どもの意見や意向を聴き、それを勘案して措置等を行うこととなった（令和6〔2024〕年4月施行）。

> **アドボカシー**
> 子どもの参画を目的に子ども自らが声を発し、それを支援過程に生かすための側面的な支援および子どもの代弁活動。

第2節

社会的養護の基本原則

先に述べたように児童福祉法は、すべての子どもは適切に養

育され、心身の健やかな成長発達やその自立が図られる権利を有することを規定している。また「国及び地方公共団体は、児童が家庭において心身ともに健やかに養育されるよう、児童の保護者を支援しなければならない。ただし、児童及びその保護者の心身の状況、これらの者の置かれている環境その他の状況を勘案し、児童を家庭において養育することが困難であり又は適当でない場合にあつては児童が家庭における養育環境と同様の養育環境において継続的に養育されるよう、児童を家庭及び当該養育環境において養育することが適当でない場合にあつては児童ができる限り良好な家庭的環境において養育されるよう、必要な措置を講じなければならない」と規定している。すなわち子どもは親から分離されることなく、できるだけ親との生活が継続できるよう、国や地方公共団体は十分に支援しなければならない。しかしながら、子どもを家庭において養育することが困難である場合、家庭と同様の環境で養育することが原則とされている。

さらに子どもを家庭において養育することが適当でない場合は、子どもができる限り良好な家庭的環境において養育されることを原則としていると理解できる。家庭と同様の環境とは里親やファミリーホームをさし、家庭的環境とは施設の分園型のグループホームを意味している。平成28(2016)年に改正された児童福祉法における理念の具体化にむけ、厚生労働省の検討会が平成29(2017)年に作成した「新しい社会的養育ビジョンは、原則就学前の子どもの施設措置を停止し、3歳未満についてはおおむね5年以内に、それ以外の就学前の子どもについてはおおむね7年以内に里親委託率75％以上を実現し、学童期以降はおおむね10年以内をめどに里親委託率50％以上を実現するとしている。

社会的養護の基本的原理については、国が通知として発出している児童養護施設運営指針、乳児院運営指針、児童心理治療施設運営指針、児童自立支援施設運営指針、母子生活支援施設運営指針、里親およびファミリホーム養育指針において共通事項として示されている。社会的養護の基本理念として、「子どもの最善の利益のために」と「すべての子どもを社会全体で育む」の2つが示され、その理念に基づき、以下の6つの内容が原理として示されている。これらは社会的養護における実践

の基本的原則ととらえることができる。具体的には以下のとおりである。

❶家庭的養護と個別化

・すべての子どもは、適切な養育環境で、安心して自分をゆだねられる養育者によって、一人ひとりの個別的な状況が十分に考慮されながら、養育されるべきである。

・一人ひとりの子どもが愛され大切にされていると感じることができ、子どもの育ちが守られ、将来に希望がもてる生活の保障が必要である。

・社会的養護を必要とする子どもたちに「当たり前の生活」を保障していくことが重要であり、社会的養護を地域から切り離していったり、子どもの生活の場を大規模な施設養護としてしまうのではなく、できるだけ家庭あるいは家庭的な環境で養育する「家庭的養護」と、個々の子どもの育みをていねいにきめ細かく進めていく「個別化」が必要である。

❷発達の保障と自立支援

・子ども期のすべては、その年齢に応じた発達の課題をもち、その後の成人期の人生にむけた準備の期間でもある。社会的養護は、未来の人生をつくり出す基礎となるよう、子ども期の健全な心身の発達の保障をめざして行われる。

・特に、人生の基礎となる乳幼児期では、アタッチメント関係や基本的な信頼関係の形成が重要である。子どもは、アタッチメント関係や基本的な信頼関係を基盤にして、自分や他者の存在を受け入れていくことができるようになる。自立にむけた生きる力の獲得も、健やかな身体的、精神的および社会的発達も、こうした基盤があって可能となる。

・子どもの自立や自己実現をめざして、子どもの主体的な活動を大切にするとともに、さまざまな生活体験などをとおして、自立した社会生活に必要な基礎的な力を形成していくことが必要である。

❸回復をめざした支援

・社会的養護を必要とする子どもには、その子どもに応じた成長や発達を支える支援だけでなく、被虐待体験や分離体験な

どによる悪影響からの癒やしや回復をめざした専門的ケアや
心理的ケアなどの治療的な支援も必要となる。
・また、近年増加している被虐待児童や不適切な養育環境で過
ごしてきた子どもたちは、被虐待体験だけでなく、家族や親
族、友だち、近所の住人、保育士や教師など地域で慣れ親しん
んだ人々との分離なども経験しており、心の傷や深刻な生き
づらさを抱えている。さらに、情緒や行動、自己認知・対人
認知などでも深刻なダメージを受けていることも少なくな
い。
・こうした子どもたちが、安心感をもてる場所で、大切にされ
る体験を積み重ね、信頼関係や自己肯定感(自尊心)を取り戻
していけるようにしていくことが必要である。

❹家族との連携・協働

・保護者の不在、養育困難、さらには不適切な養育や虐待など、
「安心して自分をゆだねられる保護者」がいない子どもたち
がいる。また子どもを適切に養育することができず、悩みを
抱えている親がいる。さらに配偶者等による暴力(DV)など
によって「適切な養育環境」を保てず、困難な状況に置かれ
ている親子がいる。
・社会的養護は、こうした子どもや親の問題状況の解決や緩和
をめざして、それに的確に対応するため、親と共に、親を支
えながら、あるいは親に代わって、子どもの発達や養育を保
障していく包括的な取り組みである。

❺継続的支援と連携アプローチ

・社会的養護は、そのはじまりからアフターケアまでの継続し
た支援と、できる限り特定の養育者による一貫性のある養育
が望まれる。
・児童相談所等の行政機関、各種の施設、里親等のさまざまな
社会的養護の担い手が、それぞれの専門性を発揮しながら、
巧みに連携し合って、一人ひとりの子どもの社会的自立や親
子の支援をめざしていく社会的養護の連携アプローチが求め
られる。
・社会的養護の担い手は、同時に複数で連携して支援に取り組
んだり、支援を引き継いだり、あるいは元の支援主体が後々

まで関わりをもつなど、それぞれの機能を有効に補い合い、重層的な連携を強化することによって、支援の一貫性・継続性・連続性というトータルなプロセスを確保していくことが求められる。

・社会的養護における養育は、「人との関わりをもとにした営み」である。子どもがあゆんできた過去と現在、そして将来をよりよくつなぐために、一人ひとりの子どもに用意される社会的養護の過程は、「つながりのある道すじ」として子ども自身にも理解されるようなものであることが必要である。

❻ライフサイクルを見通した支援

・社会的養護のもとで育った子どもたちが社会に出てからの暮らしを見通した支援を行うとともに、入所や委託を終えた後も長く関わりをもち続け、帰属意識をもつことができる存在になっていくことが重要である。

・社会的養護には、育てられる側であった子どもが親となり、今度は子どもを育てる側になっていくという世代をつないで繰り返されていく子育てのサイクルへの支援が求められる。

・虐待や貧困の世代間連鎖を断ち切っていけるような支援が求められている。

また「家庭的養護」あるいは「家庭養護」における「家庭」の要件について、里親およびファミリーホーム養育指針において明確化されている。それは以下の5つの内容である。

①一貫かつ継続した特定の養育者の確保
・同一の特定の養育者が継続的に存在すること。
②特定の養育者との生活基盤の共有
・特定の養育者が子どもと生活する場に生活基盤をもち、生活の本拠を置いて、子どもと起居を共にすること。
③同居する人たちとの生活の共有
・生活のさまざまな局面やさまざまなときを共に過ごすこと、すなわち暮らしをつくっていく過程を共に体験すること。
④生活の柔軟性
・一定一律の役割、当番、日課、規則、行事、献立表は、家庭になじまない。

⑤地域社会に存在

・地域社会の中でごく普通の居住場所で生活すること。

　こうした要件は家庭養護の原則としてとらえられ、子どもが生きるうえでの土台形成に大きく寄与すると考えられる。施設生活においてはこうした要件をすべて十分に満たすことは困難である。したがって施設入所は原則短期間とし、家庭での暮らしが可能となる専門的ケアの提供を行う必要があるといえよう。

社会的養護における保育士等の倫理と責務

1　支援における倫理の必要性

(1)　施設ケアにおける職員の責務と倫理

　児童福祉施設に限らず、入所型の福祉施設の利用者にとって、福祉施設は生活の拠点となるだろう。そのため、入所型施設の職員の役割として、その施設が利用者一人ひとりにとって、地域における生活の場となるような実践を行うことが求められる。入所施設の職員は、利用者の日々の生活において、食事や住環境、あるいは趣味・娯楽、学習、社会参加の活動など、利用者の暮らし全体を視野に入れた生活の質(Quality of Life ; QOL)の向上をめざす営みが求められる。

　このように、入所施設においてケアを担う職員には、利用者の生活の質をより高めていくことができるよう支援を行うことが求められる。そして、職員は利用者の生活全体に密接に関わりをもち、利用者の人としての尊厳や権利と関わることになるため、同時に、その支援の実践には高い倫理観が要求される。

　このことは、子どものケアを行う社会的養護の担い手についても同様である。

（2）　社会的養護における倫理の必要性

　現在、社会的養護の対象となる要保護児童数は増加傾向にある。また、虐待やネグレクトを受けた経験のある子どもも増加しており、児童養護施設に入所している児童の約半数は、程度の差はあるが虐待やネグレクトを受けているのが現状である。

　社会的養護は、要保護児童に対して実親に代わりケアを提供するが、子どもたちはそれまでの生活の中で形成された一定の行動パターンや対人関係パターンを有していることが推察できる。

　社会的養護の担い手には、複雑なニーズを有する子どもの安心・安全の確保とともに、子どもの権利の尊重、子どもの最善の利益を保障した支援を行うことが求められる。そのため、社会的養護の担い手にも高い倫理観が求められることはいうまでもないだろう。「児童福祉施設の設備及び運営に関する基準」において、児童福祉施設の職員について「児童福祉施設に入所している者の保護に従事する職員は、健全な心身を有し、豊かな人間性と倫理観を備え、児童福祉事業に熱意のある者であつて、できる限り児童福祉事業の理論及び実際について訓練を受けた者でなければならない」とされており、子どものケアを行う職員には「豊かな人間性と倫理観」が求められている。

2　保育士の倫理と専門性

（1）　全国保育士会倫理綱領

　保育士の専門職倫理として、全国保育士会が平成15(2003)年に策定・採択した「全国保育士会倫理綱領」がある。「全国保育士会倫理綱領」は、前文と8つの条文(①子どもの最善の利益の尊重、②子どもの発達保障、③保護者との協力、④プライバシーの保護、⑤チームワークと自己評価、⑥利用者の代弁、⑦地域の子育て支援、⑧専門職としての責務)から成り立っている。

　前文では、どのような視点で子どもをとらえ、保育を行うかという保育士の基本姿勢を表し、子どもの育ちに関わるすべて

の保育士のための倫理綱領として「子どもの育ちを支える」「保護者の子育てを支える」「子どもと子育てにやさしい社会をつくる」ことが謳われている。

8つの条文の概要は次のとおりである。

①「子どもの最善の利益の尊重」では、子どもの最善の利益を尊重し、保育の実践において追求する姿勢を示している。

②「子どもの発達保障」では、子どもが主体的・意欲的に活動できるよう、一人ひとりの発達段階に応じた関わりを行うことや、乳幼児期の個人差に配慮しながら安全な環境を整えることについて言及している。

③「保護者との協力」では、子どもをめぐる家庭・家族の状況や子育てに対する保護者の意向を受け止めながら、保護者との相互理解を図るよう努め、信頼関係を築き、子どもと保護者の支援を行うことを示している。

④「プライバシーの保護」では、社会福祉の専門職としての保育士の守秘義務について明記されている。

⑤「チームワークと自己評価」では、職員間の連携および関連する地域の諸機関との多職種連携の必要性について言及している。また、保育士自らの専門性や保育所の機能の強化のために、自らの実践の振り返りと評価を行う必要性を示している。

⑥「利用者の代弁」では、保育士が子どもの代弁者となること、また、保護者などの子育て家庭の代弁者となることについて言及している。

⑦「地域の子育て支援」では、子どもの「育て」と「育ち」を支えるため、地域の人々や関係機関とのネットワーキングの必要性を示している。

⑧「専門職としての責務」では、研修や自己研鑽をとおして保育士の専門性の向上に努めることが求められている。

(2) 保育士の責務と専門性

厚生労働省「保育所保育指針」（平成29年厚生労働省告示第117号）では、保育所の保育士について、「保育所の役割及び機能が適切に発揮されるように、倫理観に裏付けられた専門的知識、技術及び判断をもって、子どもを保育するとともに、

子どもの保護者に対する保育に関する指導を行うものであり、その職責を遂行するための専門性の向上に絶えず努めなければならない」としている。「保育所保育指針」では、保育における留意点を6点あげている。

---

①一人一人の子どもの状況や家庭及び地域社会での生活の実態を把握するとともに、子どもが安心感と信頼感をもって活動できるよう、子どもの主体としての思いや願いを受け止めること。

②子どもの生活のリズムを大切にし、健康、安全で情緒の安定した生活ができる環境や、自己を十分に発揮できる環境を整えること。

③子どもの発達について理解し、一人一人の発達過程に応じて保育すること。その際、子どもの個人差に十分配慮すること。

④子ども相互の関係づくりや互いに尊重する心を大切にし、集団における活動を効果あるものにするよう援助すること。

⑤子どもが自発的・意欲的に関われるような環境を構成し、子どもの主体的な活動や子ども相互の関わりを大切にすること。特に、乳幼児期にふさわしい体験が得られるように、生活や遊びを通して総合的に保育すること。

⑥一人一人の保護者の状況やその意向を理解、受容し、それぞれの親子関係や家庭生活等に配慮しながら、様々な機会をとらえ、適切に援助すること。

「保育所保育指針」

保育士は、これらの点に配慮しながら子どもや保護者と関わることが求められる。また、日々の保育では保育に関する専門的知識や技術だけでなく、倫理観に裏付けられた判断が求められる。こうした専門性を養成するために、日々の実践のなかで保育士自身が常に自己を振り返り、状況に応じた判断を行うとともに、保育士の成長を支援する指導体制や研修の受講機会を保障をすることが保育士の専門性の維持・向上にもつながるだ

ろう。

３　支援における倫理の意味

(1)　倫理綱領の意義

　倫理綱領は専門職が専門的スキルを実践するうえでの行動の指針であるが、個別的あるいは具体的な実践場面でとるべき行動を詳細に規定しているわけではない。

　対人支援において、支援者に高い倫理観が求められることはすでに述べた。専門職としての行動規範が倫理綱領であり、専門職団体によりこうした倫理綱領を定められていることが専門職としての要件の１つでもある。社会的養護に関わる専門職も、それぞれの専門的価値に基づき支援を行うが、その際の基準を倫理綱領において定めることで、倫理的判断を行う際の指針となるのである。

(2)　社会的養護に関わる専門職の専門性と倫理

　社会的養護において支援者は、子どもが安心できる環境で継続的に生活することができるよう、子どもの最善の利益・子どものウェルビーイングを追求することが求められる。しかし、児童虐待の増加にともない、子どものケアはますます複雑になり、支援者には専門的な知識や技術が求められる場面もある。虐待場面を再現しようとする行動や、試し行動などによって、支援者が疲弊していき、**マルトリートメント**に発展してしまうことを防ぐため、支援者自身の専門性の向上や、他の専門職との連携が必要となる。

　平成22(2010)年度に、全国児童養護施設協議会において「全国児童養護施設協議会倫理綱領」が策定されるなど、施設職員の倫理を明確にしようとする動きがみられる。また、令和4(2022)年6月に成立した改正児童福祉法では、子どもへのわいせつ行為によって保育士の登録を取り消された者等の再登録基準が厳格化された。

　こうした取り組みは、子どもが安全かつ安心して生活できる

マルトリートメント
虐待を含む、児童への不適切な関わりのことをマルトリートメント（maltreatment/child maltreatment）という。

環境づくりにおいて重要であり、また、社会的養護の原則の1つである「子どもの最善の利益の保障」にもつながっている。

　子どもが安心して生活できるよう、社会的養護に関わる専門職は日々の実践において、倫理綱領等に基づき、支援者が自身の支援を振り返ることも重要となるであろう。

🕐 学習のふりかえり

1 社会的養護で生活する子どもたちの人権擁護および権利保障のとらえ方や、その具体的保障のあり方について理解することは保育士として勤務するうえで重要なことである。

2 社会的養護における子どもの人権および権利の意義について理解し、人権擁護や権利保障施策のあり方について理解できた。

3 児童の権利に関する条約における子どもの権利保障の枠組みや、その内容およびアドボケイトの役割などについて理解できた。

4 社会的養護における基本原則や家庭養護の基本的意義や要件、さらには社会的養護に勤務する保育士としての倫理や責務についても理解を深め、それらを念頭に置き子どもに関与する必要がある。

参考文献：
1. 秋元美世『社会福祉の利用者と人権』有斐閣、2010年
2. 栄留里美「イギリスの子どもアドボカシーから学ぶ」堀正嗣・子ども情報研究センター編著『子どもアドボカシー実践講座　福祉・教育・司法の場で子どもの声を支援するために』解放出版社、2013年
3. ジェーン・ダリンプル（Dalrymple、Jane）「子どもアドボカシーのジレンマと対処方法」堀正嗣・子ども情報研究センター編著『子どもアドボカシー実践講座　福祉・教育・司法の場で子どもの声を支援するために』解放出版社、2013年
4. 谷川友美「保育を学ぶ学生の倫理教育に関する研究―道徳的推論および道徳的発達段階の調査より―」別府大学短期大学部紀要第30号、2011年
5. 小山隆「ソーシャルワーク関係における『自己決定』」嶋田啓一郎監修・秋山智久・高田真治編著『社会福祉の思想と人間観』ミネルヴァ書房、1999年

6. 小山隆「福祉専門職に求められる倫理とその明文化」加茂陽編『ソーシャルワーク理論を学ぶ人のために』世界思想社、2000 年

7. 小山隆「ソーシャルワークの専門性について」『評論・社会科学』第 57 号、同志社大学人文学会、1997 年

8. 外崎紅馬「福祉専門職としての援助者の質に関する研究」『会津大学短期大学部研究年報』第 63 号、2006 年

9. 厚生労働省「社会的養護の現状について」2014 年 3 月

10. 『月刊福祉』第 86 巻 11 号、全国社会福祉協議会、2003 年 9 月

11. 高橋久雄「施設養護の専門性に関する考察―児童養護施設事例検討スーパービジョンから見る養護担当職員に求められる専門性―」『學苑・人間社会学部紀要』Vol.761、昭和女子大学、2004 年

12. 新保育士養成講座編纂委員会『社会的養護（新 保育士養成講座 5）』全国社会福祉協議会、2011 年

13. 山縣文治、林浩康『よくわかる社会的養護 第 2 版』ミネルヴァ書房、2013 年

14. 太田義弘ほか『ジェネラル・ソーシャルワーク』光生館、1999 年

Ⅰ 社会的養護に関する基本的内容

第3章

社会的養護の
実施体系

学習のポイント

　社会的養護は児童福祉法に限定された施策の一つである。社会的養護の理解を深めるためには、児童福祉法の理念や法に規定されている行政機関、児童福祉施策、専門職等の役割について学ぶ必要がある。

　さらに児童虐待の防止等に関する法律をはじめ、社会的養護に関連の深い法律について学ぶことで、社会的養護の機能について理解を深めることができる。

社会的養護の制度と法体系

1 児童福祉法

　社会的養護に関する規定は、さまざまな法律や省令等で示されているが、その根幹にあるのが児童福祉法である。児童福祉法は、戦後の新憲法のもと、児童福祉に関する基本法として昭和22 (1947)年に公布され、翌年施行された。当時は戦災孤児や引揚孤児の保護が喫緊の問題であった。その後は、社会構造の変化とともに発生する諸問題に対応するために改正が加えられてきた。

　第1章の総則では、平成28 (2016)年の児童福祉法の改正にて、「全て児童は、児童の権利に関する条約の精神にのっとり、適切に養育されること、その生活を保障されること、愛され、保護されること、その心身の健やかな成長及び発達並びにその自立が図られることその他の福祉を等しく保障される権利を有する」(第1条)、「全て国民は、児童が良好な環境において生まれ、かつ、社会のあらゆる分野において、児童の年齢及び発達の程度に応じて、その意見が尊重され、心身ともに健やかに育成されるよう努めなければならない」(第2条)とされ、児童の福祉を保障するための原理が示されている。

2 児童福祉法における基本的定義

　児童福祉法において、特に社会的養護に関連する部分を表Ⅰ-3-1に示した。

　児童福祉法では児童を18歳未満と定義しているが、児童養護施設等で生活する子どもの自立支援の視点から、生活が不安定な場合は、18歳以降も20歳に達するまでの措置延長等を積極的に活用することが必要である。令和4 (2022)年の児童福祉法改正では、社会的養護経験者等に対する自立支援の強化が図られ、都道府県知事が認めた時点までの児童自立生活援助事業

第1節

表Ⅰ-3-1　児童福祉法における社会的養護に関する主な定義

児童 (第4条第1項)		満18歳に満たない者
	乳児	満1歳に満たない者
	幼児	満1歳から、小学校就学の始期に達するまでの者
	少年	小学校就学の始期から、満18歳に達するまでの者
障害児 (第4条第2項)		身体に障害のある児童、知的障害のある児童、精神に障害のある児童、難病の児童
児童福祉施設 (第7条第1項)		①乳児院　②児童養護施設　③母子生活支援施設　④児童心理治療施設　⑤児童自立支援施設　⑥障害児入所施設　⑦助産施設　⑧保育所　⑨児童厚生施設　⑩児童発達支援センター　⑪児童家庭支援センター　⑫幼保連携型認定こども園　⑬里親支援センター（令和6年度施行）
妊産婦 (第5条)		妊娠中または出産後1年以内の女子
特定妊婦 (第6条の3第5項)		出産後の養育について出産前において支援を行うことが特に必要と認められる妊婦
保護者 (第6条)		親権を行う者、未成年後見人その他の者で、児童を現に監護する者
要支援児童 (第6条の3第5項)		乳児家庭全戸訪問事業の実施その他により把握した保護者の養育を支援することが特に必要と認められる児童
要保護児童 (第6条の3第8項)		保護者のない児童又は保護者に監護させることが不適当であると認められる児童

作成：中安

等の実施が可能となった。

3　児童福祉法の近年の改正

❶平成24（2012）年の改正

　障害児支援の強化を図るため、障害児施設・事業の一元化が図られ、通所による支援は児童発達支援センターとなり、実施主体は市町村へ移行された。入所による支援は、「福祉型障害児入所施設」と「医療型障害児入所施設」に分けられ、「障害児入所施設」に位置づけられ、都道府県が引き続き実施主体となっている。

❷平成28（2016）年の改正

　児童の福祉を保障するための原理の理念の明確化、児童虐待の発生予防、児童虐待発生時の迅速・的確な対応、被虐待児への自立支援が柱として進められた。児童虐待の発生予防から自立支援まで一連の対策の強化等を図るため、母子健康包括支援センター（子育て世代包括支援センター）の全国展開、市町村および児童相談所の体制の強化や、家庭での養育が困難な子ども

第3章　社会的養護の実施体系

に対しては、里親等の家庭と同様の環境における養育の推進等が示された。

また、市区町村は、子どもが心身ともに健やかに育成されるよう、市区町村子ども家庭支援拠点の整備に努めなければならないことが規定された。市区町村子ども家庭支援拠点は、子どもとその家庭(里親および養子縁組を含む)および妊産婦等を対象に、必要な実情の把握、子ども等に関する相談全般から通所・在宅支援を中心としたより専門的な相談対応や必要な調査、訪問等による継続的なソーシャルワーク業務を行う機能を担うことが示された。

❸令和4(2022)年の改正

子育てに困難を抱える世帯がこれまで以上に顕在化してきている状況から、家庭・養育環境の支援の強化が行われた。概要として、①子育て世帯に対する包括的な支援のための体制強化及び事業の拡充、②一時保護所及び児童相談所による児童への処遇や支援、困難を抱える妊産婦等への支援の質の向上、③社会的養育経験者・障害児入所施設の入所児童等に対する自立支援の強化、④児童の意見聴取等の仕組みの整備、⑤一時保護開始時の判断に関する司法審査の導入、⑥子ども家庭福祉の実務者の専門性の向上等が示された。

4　児童福祉法と関連する主な法規

❶　児童の権利に関する条約

児童の権利に関する条約は、平成元(1989)年、第44回国連総会において採択され、日本は平成6(1994)年に批准している。前文と本文54条から構成されている。第1条で「児童」を18歳未満すべての者と定義し、第3条において、「児童に関するすべての措置をとるに当たっては(中略)児童の最善の利益が主として考慮されるものとする」と示されている。

本条約は、子どもの生存や発達についての保障(第6条)等の受動的権利だけではなく、意見表明権(第12条)等、子どもの権利行使を保障する能動的権利についても明記されており、画期的な内容であった。

平成28(2016)年の児童福祉法改正にて、「全ての児童は、児

童の権利に関する条約の精神にのっとり、適切に養育されること」（第1条）と改正されたことからも、日本における児童に関する法律において重要な位置づけとなるものである。

❷児童虐待の防止等に関する法律（児童虐待防止法）

　児童の権利に関する条約を批准した平成6(1994)年以降、平成12(2000)年の社会福祉事業法の改正等により、子どもの権利擁護を図る体制も整備される。「児童虐待の防止等に関する法律」（以下、「児童虐待防止法」）は平成12(2000)年5月に公布され、同年11月に施行された。

　本法は、児童虐待の定義、国および地方公共団体の責務、児童虐待の早期発見、児童虐待を受けた児童の保護および自立の支援等について定められている。児童虐待の定義では、「身体的虐待」「心理的虐待」「育児放棄・拒否（ネグレクト）」「性的虐待」について定義されているが、平成16(2004)年の改正で「心理的虐待」の定義に「児童が同居する家庭における配偶者（婚姻の届出をしていないが、事実上婚姻関係と同様の事情にある者を含む）に対する暴力」が加えられた。

❸母子保健法

　母子保健法は、母性ならびに乳幼児の健康の保持・増進を図るため、保健指導、健康診査、医療その他の措置を講じ、国民保健の向上に寄与することを目的とされている。

　平成28(2016)年の母子保健法の改正により、妊産期から子育て期までの切れ目のない支援を提供する「母子健康包括支援センター（子育て世代包括支援センター）」を設置するよう市町村は努めることになった（第22条）。また、国・地方公共団体では、母子保健施策が児童虐待の発生予防・早期発見に資するものであることに留意しなければならない旨（第5条第2項）が明記されたことから、母子保健施策と児童虐待防止対策との連携が強化された。

❹児童福祉施設の設備及び運営に関する基準

　児童福祉法第45条に基づき省令で定められている。昭和23(1948)年に定められた児童福祉施設最低基準（平成23〔2011〕年より「児童福祉施設の設備及び運営に関する基準」に変更）の

目的は、児童福祉施設に入所している者が、明るく衛生的な環境において、適切な訓練を受けた職員等の指導により、心身ともに健やかにして、社会に適応するように育成されることを保障することである。

　第1章の総則に「児童福祉施設の一般原則」「職員の一般的要件」「職員の知識及び技能の向上」「虐待等の禁止」「懲戒に係る権限の濫用禁止」「秘密保持」「苦情への対応」等が規定されている。第2章以降で各施設における「設備基準」「職員の資格要件や配置基準」等が規定され、乳児院、児童養護施設、児童心理治療施設、児童自立支援施設、母子生活支援施設には自立支援計画書の策定が規定されている。

　平成23(2011)年には、「児童福祉施設最低基準等の一部を改正する省令」にて、職員の配置基準や設備基準の改正が行われ、例えば児童養護施設においては、家庭支援専門相談員、個別対応職員等の配置義務化や、居室の定員がそれまで15人以下だったものが4人以下(乳幼児のみの居室にあっては、6人以下)と引き下げられた。

第2節 社会的養護の仕組みと実施体系

1　国および地方公共団体

　国および地方公共団体は、児童福祉法にて、児童の保護者と共に、児童を心身ともに健やかに育成する責任を負い(第2条)、児童が家庭において心身ともに健やかに養育されるよう、児童の保護者を支援しなければならない(第3条第2項)と規定され、社会全体で家庭を支援する必要性が示されている。

　国は、児童家庭に関する福祉行政全般についての企画調整、監査指導、事業に要する費用の予算措置等の中枢的機能を担っている。このための機構として、厚生労働省が設置されており、子ども家庭局が社会的養護に関する業務を担っている。また、令和5(2023)年度には、こども家庭庁が内閣総理大臣の直

属の機関として創設される。子どもと家庭の福祉の増進・保健の向上等の支援、子どもの権利利益の擁護を任務とする等、これまで別々に担われてきた福祉、保健、教育等に関する司令塔機能がこども家庭庁に一本化され、社会的養護についても移管されることになった。

　都道府県は、市町村を包括する広域の地方公共団体である。児童福祉に関しては、都道府県内の児童福祉事業の企画や予算措置に関することをはじめ、児童福祉施設の認可・指導監督、児童相談所や福祉事務所、保健所の設置運営、市町村に対する必要な援助、児童家庭相談のうち専門的な知識・技術を必要とするものへの対応をすることとなっている。なお、政令指定都市は、都道府県とほぼ同様の権限をもっている。

　市町村は、地域住民に最も身近な地方公共団体である。近年は核家族化や夫婦共働き世帯の増加などにより、地域の子育て支援サービスの提供体制の整備が求められている。平成16(2004)年の児童福祉法改正により、市町村は児童家庭相談に応じる第一義的機関と位置づけられている。また、平成27(2015)年には、子ども・子育て支援法が施行され、市町村が作成する「子ども・子育て支援事業計画」に従い、地域子ども・子育て支援事業が展開されている。

2　児童相談所

　児童相談所は、子ども家庭福祉に関する相談等に対して、市町村と連携をとりながら必要な援助や情報提供を行い、子どもの福祉と権利擁護を図ることを主たる目的とした行政機関である。児童福祉法第12条により、都道府県、政令指定都市の設置が義務付けられ(中核市・特別区は任意)、令和4(2022)年7月1日現在、全国に229か所設置されている。

　児童に関する家庭等からの相談を受けた後、個々のケースに応じて調査・診断の方針、安全確認の時期や方法、一時保護の要否等を検討し、専門的な調査、診断が実施される。その後、判定会議を経て、援助内容が決定され、在宅指導や児童福祉施設への入所措置等が行われる(図Ⅰ-3-1)。児童相談所の運営等は「児童相談所運営指針」にて示されている。

　児童相談所には、子どもの福祉に関する相談に応じ、社会診

図Ⅰ-3-1　児童相談所における相談援助活動の体系・展開

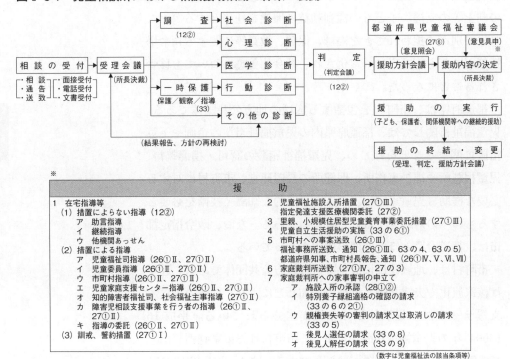

出典：厚生労働省子ども家庭局「児童相談所運営指針」2022年3月30日

断や必要な支援・指導等を行う児童福祉司、心理診断や心理療法等を行う児童心理司、医師などが配置され、**一時保護所**には保育士や児童指導員が配置されている。

　児童相談所への虐待相談件数が令和2(2020)年には20万件を超えている。子どもや家庭をめぐる問題が複雑・多様化し、問題が深刻化する前の早期発見・早期対応を図るとともに、地域におけるきめ細かな援助が求められている。

　このようななか、平成28(2016)年の児童福祉法改正では、政令で定める特別区に児童相談所が設置されることになり、政府は中核市・特別区が児童相談所を設置できるように、支援等の必要措置を講ずることが示された。また、児童心理司、医師または保健師、指導・教育担当の児童福祉司(スーパーバイザー)を置くとともに、弁護士の配置(またはこれに準ずる措置)を行うことや、児童福祉司の配置標準の見直し等がされた。同じく平成28(2016)年の児童虐待防止法の改正では、臨検・手続きの簡素化や、医療機関や学校等は、被虐待児童等に関する資料等を児童相談所が求めた場合、提供できることとなった。

　令和4(2022)年の児童福祉法改正では、一時保護の判断の適

正性や手続きの透明性の確保を目的として、一時保護開始時の司法審査が開始されることになった。児童相談所は、親権者等が一時保護に同意した場合、請求までに一時保護を解除した場合、親権者等がいない場合を除いて、保護開始から7日以内または事前に裁判官に一時保護状を請求する（令和6〔2024〕年4月施行）。このように、児童相談所の体制強化を行うとともに、児童虐待に迅速・的確に対応できる体制が整備されている。

3　児童福祉審議会

　児童、妊産婦および知的障害者の福祉に関する事項を調査審議するため、児童福祉審議会が児童福祉法に規定されている。都道府県・政令指定都市に設置することとされ、市町村は任意設置である。主な職務は、都道府県知事等の諮問に応える（答申）とともに、関係行政機関に意見を述べること（意見具申）である。児童等の福祉を図るため、芸能、出版物、玩具、遊戯等の推薦を行う一方で、それらを製作、興行し、販売する者等に対し、必要な勧告をすることもできる。なお、国においては、「社会保障審議会」が設置され、厚生労働大臣の諮問機関となっている。

　平成28(2016)年の児童福祉法改正により、児童福祉審議会は関係者に対し、調査審議のための必要な報告や資料等の提出を求め、意見を聴くことができるなどとされた。

4　福祉事務所

　福祉事務所は、社会福祉法第14条に「福祉に関する事務所」として規定され、都道府県・市（特別区含む）に設置が義務付けられている（町村は任意）。福祉事務所は福祉6法（生活保護法、児童福祉法、母子及び父子並びに寡婦福祉法、老人福祉法、身体障害者福祉法、知的障害者福祉法）に定める援護、育成または更生の措置に関する事務をつかさどっている。

　子ども家庭福祉に関しては、母子生活支援施設の利用手続きや、児童や妊産婦の福祉に関する情報の把握や相談等を行っている。児童虐待の通告先ともなっており、児童相談所等との連携が求められている。

福祉事務所は、査察指導員、現業員、身体障害者福祉司、知的障害者福祉司等が配置されている。また、福祉事務所には、子ども家庭福祉に関する相談業務の強化を図ることを目的として、家庭児童相談室を設置することができ、社会福祉主事と家庭相談員が配置されている。

5　保健所・市町村保健センター

保健所と市町村保健センターは、地域保健法に規定されている。保健所は、地域保健における広域的・専門的・技術的拠点として、都道府県・政令指定都市・中核市・その他の政令で定める市と特別区に設置が義務付けられている。

一方、市町村は、市町村保健センターを設置することができ、地域の特性に合わせたサービスを実施している。児童虐待が深刻化するなか、配置されている看護師、保健師等による乳幼児健診や訪問事業等をとおして、児童虐待の早期予防・発見から家庭支援につなげることも期待されている。

6　児童委員・主任児童委員

児童委員は、担当する区域の児童および妊産婦の生活状況を把握し、福祉サービス等の必要な情報を提供するなどの役割をもつ。また、その職務に関し、都道府県知事の指揮監督を受ける。また民生委員も兼ねている。職務として、児童および妊産婦の生活および環境の状況を把握し、サービスを適切に利用するための必要な情報の提供その他の援助および指導を行う。また、児童福祉司や福祉事務所の社会福祉主事に協力することなどが求められている。

また、区域を担当せず児童福祉に関する事項を専門的に担当する主任児童委員は、児童委員の中から厚生労働大臣により指名され、職務として、児童の福祉に関する機関と児童委員との連絡調整を行うとともに、児童委員の活動に対する援助および協力を行うこととされている。

なお、令和5（2023）年度のこども家庭庁創設にともない、児童委員はこども家庭庁が所管するが、委嘱および主任児童委員の指名は引き続き厚生労働大臣が行う。

7 児童家庭支援センター

児童家庭支援センターは、平成9(1997)年の児童福祉法改正時に創設され第2種社会福祉事業として位置づけられている。令和3年(2021)年現在、全国に159か所設置されている。在宅支援を中心とした児童福祉施設として地域に密着した相談機関としての役割がある。

事業内容としては、①地域の児童に関する家庭その他からの相談のうち、専門的な知識・技術を必要とするものに応じた助言・援助、②市町村の求めに応じた技術的助言・援助、③児童相談所からの受託により、施設入所までは要しないが要保護性がある児童、施設を退所後間もない児童等、継続的な指導措置が必要であるとされた児童やその家庭についての指導、④里親・ファミリーホーム(小規模住居型児童養育事業)からの相談に応じるなどの支援、⑤児童相談所、児童福祉施設等の関係機関との連携・連絡調整とされている。

児童家庭支援センターには、相談・支援を担当する職員と心理療法等を担当する職員が配置されている。

8 こども家庭センター

令和4(2022)年に、児童福祉法と母子保健法が改正され、これまでの、子ども家庭総合支援拠点と母子健康包括支援センター(子育て世代包括支援センター)を一体化した相談機関として、こども家庭センターが創設された。設置は各市町村の努力義務となっている。すべての妊産婦、子育て世帯、子どもへ一体的に相談支援を行う機能を有する機関として、子ども・妊産婦等の実情把握、情報提供、相談支援等を行うとともに、支援を要する子どもや妊産婦等への支援計画(サポートプラン)の作成等を行う(令和6［2024］年4月施行)。

9 里親支援センター

令和4(2022)年の児童福祉法改正にて、里親養育包括支援機関(フォスタリング機関)が里親支援センターとして児童福祉施設に位置づけられた。

これまで里親支援事業は、都道府県知事等が認めた者へ委託が可能とされているものの、自治体によっては、虐待相談対応等に追われている児童相談所で業務が行われていることもあった。そのため、里親等支援をより効果的に行い、里親等の養育者や委託された子どもが相談しやすい環境を用意するためには、一貫した体制で継続的な支援体制を整える必要がある（令和6〔2024〕年4月施行）。

社会的養護の対象

1 社会的養護を必要とするとき

どのようなときに社会的養護を必要とするのだろうか。平成25（2013）年度の社会的養護全体の措置理由[注1]を見ると、上位から、父・母の虐待・酷使（17%）、父・母の放任・怠惰（14%）となっており、これらを合わせると約3割を占めている。次いで、父・母の精神疾患等（13%）、養育拒否（6%）、破産等の経済的理由（5%）、父・母の就労（5%）、父・母の行方不明（5%）、父・母の拘禁（4%）、父・母の入院（4%）、児童の問題による監護困難（3%）、父・母の死亡（3%）、父母の離婚（3%）、不詳（3%）、父母の不和（1%）、特になし（1%）となる。また、少数ではあるが、棄児、両親の未婚、次子出産、家族の疾病の付添によるものもある。保護者の抱えるさまざまな課題によって養育が困難となり、子ども（と）の暮らしが維持できなくなることがうかがえる。

また、図Ⅰ-3-2は、社会的養護の各形態における虐待の経験のある子どもの割合である。

社会的養護を必要とした背景にはさまざまな事情があるものの、そのもとで暮らす子どもたちの中には、不適切な環境での生活経験や虐待を受けた経験をもつ子どもが少なくない。子どもにむき合うには、それぞれの子どもや家族がこれまでどのような生活を送っていたのかを理解し、子どもの状態をとらえる

ことが大切である。

2　社会的養護の対象

(1)　予防的支援の対象と支援

　児童虐待による死亡事例は、令和元(2019)年度で78人と
なっている。また、第17次の「子ども虐待による死亡事例等の
検証結果」(社会保障審議会児童部会児童虐待等要保護事例の
検証に関する専門委員会)によると、心中以外の虐待死では、0
歳児が49.1％、なかでも0か月児の割合が39.3％と高くなって
いる。また3歳児以下の割合が72.0％を占め、加害者の割合で
最多であるのは、実母(52.6％)であった。この背景として、母
親が妊娠期からひとりで悩みを抱えているケースや、産前産後
の心身の不調、家庭環境の問題などがあると考えられている。
　また、市町村の窓口に妊娠の届出がなく母子健康手帳が未交
付であったり、妊婦健診が未受診であったりする妊婦を把握す
ることがむずかしい。こうした課題に対応するためには、妊婦
等自身からの相談を待つだけでなく、支援を行うことが特に必

図Ⅰ-3-2　種別ごとの虐待の経験

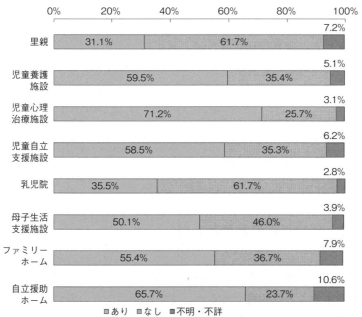

出典：厚生労働省「児童養護施設入所児童等調査結果(平成25年2月1日現在)」

要と認められる妊婦(特定妊婦)に積極的にアプローチすることが必要である。

このため、平成28(2016)年に改正された児童福祉法においては、支援を必要とする母子等に日ごろから接する機会が多い病院、診療所、児童福祉施設、学校等が「要支援児童等と思われる者」を把握した場合には、情報を市町村に提供するよう努めなければならないこととされた。関係機関からの情報提供をもとに、早い段階から市町村の支援につなげていくことが期待されている。

また、令和4(2022)年の児童福祉法および母子保健法改正では、すべての妊産婦・子育て世帯・子どもの包括的な相談支援等を行う「こども家庭センター」を設置することとしたほか、支援を確実に受けられるよう、妊婦健診未受診等、社会から孤立した妊婦に対して家庭訪問によるアウトリーチ型の状況把握の取り組みを推進する「妊婦訪問支援事業」が新たに創設されることとなった。

(2)　在宅措置の対象と支援

児童福祉法において「国及び地方公共団体は、児童が『家庭』において心身ともに健やかに養育されるよう、児童の保護者を支援することとする。(児童福祉法第3条の2)」と規定されるように、第一には、子どもが家庭で生活できることを支援することが求められている。

市区町村が保護者や子どもへの支援を提案しても、保護者が必要な支援を拒否するなど、子どもの最善の利益を確保できないと市区町村が判断した場合は、児童相談所の指導措置(児童福祉法第27条第1項第2号)委託を活用して、児童相談所の措置のもと、市区町村が必要な支援を保護者や子どもに確実に行う必要がある。

(3)　代替養育の対象と支援

一方、保護者による虐待が行われているなど、家庭において養育することが困難であるか、または適当でない場合には、当該児童は家庭から分離され、代替養育が提供される。

平成28(2016)年に改正された児童福祉法では、代替養育の場合においても「家庭における養育環境と同様の養育環境」において継続的に養育されることとし、さらに、それが適当でない場合は、児童ができる限り「良好な家庭的環境」において養育されるよう、必要な措置を講ずること(児童福祉法第3条の2)が規定された。「家庭における養育環境と同様の養育環境」とは、養子縁組による家庭、里親家庭、小規模住居型児童養育事業(ファミリーホーム)をさす。また、「良好な家庭的環境」とは、施設のうち小規模で家庭に近い環境(小規模グループケア〔分園型〕やグループホーム等)をさす。

　家族や親族との同居や家族再統合が不適当な場合においては、永続的解決(パーマネンシー)を目的としたプランニングや対応が求められる。その1つの方法として、**普通養子縁組**や**特別養子縁組**があげられており、これにむけた支援も今後の社会的養護の対象として拡大していくことが考えられる。

第4節

家庭養護と施設養護

1　社会的養護の中の家庭養護と施設養護の位置づけ

　日本はこれまで施設養護が中心となって社会的養護が展開されてきた。しかし、日本が平成6(1994)年に批准した児童の権利に関する条約や平成28(2016)年6月に改正された児童福祉法によって、日本において、施設養護から家庭養護、大規模施設から小規模施設への転換の重要性が高まっている。

　図Ⅰ-3-3は社会的養護の体系である。家庭養護には里親と小規模住居型児童養育事業(ファミリーホーム)があり、施設養護には児童養護施設、乳児院、児童心理治療施設、児童自立支援施設、母子生活支援施設、児童自立生活援助事業(自立援助ホーム)がある。

　家庭的養護とは近年施設養護を小規模化していくなかで行わ

図Ⅰ-3-3　社会的養護の体系

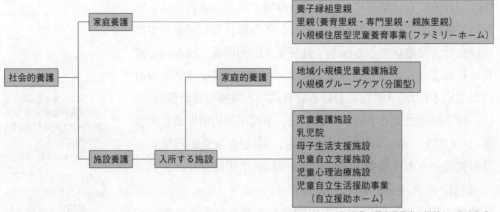

出典：厚生労働省の資料より山本作成。

れている仕組みである。

2　家庭養護

(1)　家庭養護とは何か

　家庭養護は里親、小規模住居型児童養育事業(ファミリーホーム)をさす。「里親及びファミリーホーム養育指針」では、家庭養護の要件として次のようなものがあげられている。つまり、家庭養護とは24時間365日養育者が変わらず、地域に存在する養育者の家庭で養育を行うことである。

---

① 一貫かつ継続した特定の養育者の確保

② 特定の養育者との生活基盤の共有

③ 同居する人たちとの生活の共有

④ 生活の柔軟性

⑤ 地域社会に存在

(里親及びファミリーホーム養育指針)

表Ⅰ-3-2　里親の種類

里親の種類	養育里親		養子縁組里親	親族里親
		専門里親		
子どもの対象	要保護児童（保護者のない児童または保護者に監護させることが不適当であると認められる児童）	要保護児童のうち①児童虐待等の行為により心身に有害な影響を受けた児童②非行等の問題を有する児童③身体障害、知的障害または精神障害がある児童	要保護児童（保護者のない児童または保護者に監護させることが不適当であると認められる児童）	①当該親族里親に扶養義務のある児童②児童の両親等の扶養義務を要するものが死亡、行方不明、拘禁、入院等の状態となったことにより、これらの者により、養育が期待できないこと

作成：山本

第3章

社会的養護の実施体系

(2)　里親の種類

里親制度には、養育里親、専門里親、養子縁組里親、親族里親の４つの種類がある（表Ⅰ-3-2）。

一般に里親をさすのが養育里親であり、養育里親のなかで虐待を受けた子どもや障害児などの専門的なケアを行うために研修を受け認定された里親を専門里親と呼ぶ。また、親族間での委託をする場合は、親族里親となる。

養子縁組里親とは、特別養子縁組が成立する前の半年から数年の間に子どもを引き取って育てる里親のことをさす。養子縁組は民法に基づいて法的な親子関係を成立させる制度であり、養親が子の親権をもつ。そのため、養子縁組が成立した子どもは社会的養護の数には含まれず、金銭的な支援も成立した時点でなくなる。

(3)　小規模住居型児童養育事業（ファミリーホーム）

平成20(2008)年の児童福祉法改正によって新たに設立された小規模住居型児童養育事業は第2種社会福祉事業である。小規模住居型児童養育事業は一般的に「ファミリーホーム」と呼ばれ、要保護児童5～6人を養育することができる。

「小規模住居型児童養育事業（ファミリーホーム）実施要綱」に養育者の設置について、「ファミリーホームには、2人の養育者及び1人以上の補助者を置かなければならない。なお、この2人の養育者は一の家族を構成しているもの（夫婦であるもの）とする」と明記されている。小規模住居型児童養育事業は、家庭

養護を促進するためにはじまった事業なので、基本は夫婦であり、「ファミリーホームの養育者は、子どもにとって職員としての存在ではなく、共に生活する存在であること」とされている。

3 施設養護

(1) 乳児院

乳児院は児童福祉法第37条で「乳児（保健上、安定した生活環境の確保その他の理由により特に必要のある場合には、幼児を含む。）を入院させて、これを養育し、あわせて退院した者について相談その他の援助を行うことを目的とする施設とする。」とされている。親の精神疾患や就労、虐待等の理由により、保護者が養育することができない場合に施設に入所させ、養育を行う。生後1週間で入所してくる乳児から幼児に至るまで、発達が著しい子どもたちが生活している。養育においては、愛着形成は重要な課題となる。また、家族再統合をめざし、退所後の子育て環境の整備にむけた取り組みが行われる。施設数は145、利用児童数は2,472人[注2] である。

注2・・・・・・・・・・・・・・・
施設数、利用児童数等は「福祉行政報告例」（令和3年3月末現在）より。

(2) 母子生活支援施設

母子生活支援施設は、児童福祉法第38条で、「配偶者のない女子又はこれに準ずる事情にある女子及びその者の監護すべき児童を入所させて、これらの者を保護するとともに、これらの者の自立の促進のためにその生活を支援し、あわせて退所した者について相談その他の援助を行うことを目的とする施設とする。」とされている。入所理由として、DV被害や経済状況、母親の精神疾患があげられる。母子世帯（母親と子ども）で利用するため施設の形態はアパートのようで、各世帯のプライバシーが確保できるようになっている。支援内容は、住宅提供、相談、就労支援、保育支援、子どもの健全育成等である。施設数は217、利用世帯数は3,266（児童数5,440人）[注2] である。

(3)　児童養護施設

　児童養護施設は、児童福祉法第41条で「保護者のない児童（乳児を除く。ただし、安定した生活環境の確保その他の理由により特に必要のある場合には、乳児を含む。以下この条において同じ。）、虐待されている児童その他環境上養護を要する児童を入所させて、これを養護し、あわせて退所した者に対する相談その他の自立のための援助を行うことを目的とする施設とする。」とされている。乳児院同様に、親の精神疾患や就労、虐待等の理由により、保護者が養育することができない場合に養育を行う。通常、幼児から高校生までの幅広い年齢の子どもたちが、一緒に暮らしている。養育だけでなく、治療的支援や自立支援、家族再統合の取り組みが行われる。施設数は612、利用児童数は2万3,631人[注2]である。

(4)　児童心理治療施設

　児童心理治療施設は、児童福祉法第43条の2で「家庭環境、学校における交友関係その他の環境上の理由により社会生活への適応が困難となつた児童を、短期間、入所させ、又は保護者の下から通わせて、社会生活に適応するために必要な心理に関する治療及び生活指導を主として行い、あわせて退所した者について相談その他の援助を行うことを目的とする施設とする。」とされている。児童虐待の被害に遭った児童の入所が多い。平成28(2016)年の児童福祉法改正までは情緒障害児短期治療施設の名称であった。施設数は53、利用児童数は1,321人[注2]である。

(5)　児童自立支援施設

　児童自立支援施設は、児童福祉法第44条で「不良行為をなし、又はなすおそれのある児童及び家庭環境その他の環境上の理由により生活指導等を要する児童を入所させ、又は保護者の下から通わせて、個々の児童の状況に応じて必要な指導を行い、その自立を支援し、あわせて退所した者について相談その他の援助を行うことを目的とする施設とする。」とされている。

施設内に近隣の中学校等の分校(または分教室)などが設置され
ていることが多く、施設という枠の中において入所児童の生活
を支援していく方法をとる。施設数は58、利用児童数は1,145
人[注2]である。

(6) 家庭的養護
••

　施設において家庭的な雰囲気のもとで養育を行うことを家庭
的養護と呼ぶ。ここでは特に、地域小規模児童養護施設と小規
模グループケアについて述べる。

　地域小規模児童養護施設とは、平成12(2000)年に制度化さ
れ、「地域社会の民間住宅等を活用して近隣住民との適切な関係
を保持しつつ、家庭的な環境の中で養護を実施することにより、
子どもの社会的自立の促進に寄与することを目的とする」とあ
り、児童養護施設の一部である。入所児童の人数は6人までと
なっている。

　小規模グループケアとは、「児童養護施設、乳児院、児童心理
治療施設及び児童自立支援施設において、小規模なグループに
よるケア(養育)を行う体制を整備することにより、児童養護施
設等のケア形態の小規模化を推進することを目的とする」とあ
り、入所児童の定員は、施設の種別に応じ、原則として①児童
養護施設6人以上8人以下、②乳児院4人以上6人以下、③児
童心理治療施設および児童自立支援施設5人以上7人以下、と
なっている。

(7) 児童自立生活援助事業(自立援助ホーム)
••

　児童福祉法第6条の3において、児童自立生活援助事業とは
「なんらかの理由で家庭にいられなくなり、働かざるを得なく
なった原則として15歳から20歳(一部22歳まで延長可能)ま
での青少年が共同生活を営むべき住居における相談その他の日
常生活上の援助及び生活指導並びに就業の支援(以下、「児童自
立生活援助」)を行い、あわせて児童自立生活援助の実施を解除
された者に対し相談その他の援助を行う事業」とされている。

　家庭、児童養護施設等の児童福祉施設、里親家庭等から入所
し職員や入所する青少年と共同生活を行っている。自立援助

ホームから職場、高校、専門学校などに通いながら自立をめざしている。令和4(2022)年の児童福祉法改正により、20歳以降も都道府県が必要と判断する時点まで引き続き自立支援が可能となった。

第5節 社会的養護に関わる専門職

1 求められる専門性

社会的養護の現場で働く専門職は、子どもの人権を尊重し、権利を擁護しなくてはならない。近年は児童虐待や発達障害などがある子どもの増加により、一人ひとりに合わせたきめ細やかな対応が求められている。さらに、実親等の家族を含めた支援も必要であることから、社会的養護の実践現場では、子どもの発達段階に応じた支援とともに家庭のニーズに合わせた支援が求められる。そのためには、ソーシャルワークの基本的価値に基づいた実践や保育士としての専門職の倫理綱領（全国保育士会倫理綱領）を守ることが必要である。

2 国家資格と任用資格

社会的養護に関連した資格は、大きく分けると次の2つがある。保育士、看護師、社会福祉士などの「国家資格」と、社会福祉主事や児童福祉司などの「任用資格」がある。さらに、国家資格には、医師、看護師などの「業務独占」の資格と保育士などの「名称独占」の資格がある。

「業務独占」とは、法律に定められた資格を有する者のみが、その業務に従事できる資格である。「名称独占」とは、資格を有していなくても、その業務に従事することはできる。しかし、資格を有していない者が資格名称を名乗ることは法律で禁止されている。

児童福祉関連の「任用資格」にはほかに、児童指導員、児童

自立支援専門員、児童生活支援員、母子支援員、少年を指導する職員（少年指導員）などがある。

❶保育士

保育士は、平成11（1999）年、「保母（保父）」という名称を「保育士」へ変更し、男女共通の名称となっている。また、平成13（2001）年にそれまでの政令資格から国家資格へと法改正され、平成15（2003）年より施行されている。保育士は児童福祉施設のほとんどの施設に配置され、子どもに対する日常的なケアを主に担っている。

児童福祉法第18条の4に、保育士とは、「専門的知識及び技能をもつて、児童の保育及び児童の保護者に対する保育に関する指導を行うことを業とする者」であると定義されている。また、保育士の資格取得は、2通りの方法があり、①都道府県知事の指定する保育士を養成する学校その他の施設を卒業した者、②保育士試験に合格した者と規定されている。

❷児童指導員

児童指導員は多くの児童福祉施設に配置されている。細かい業務の内容はそれぞれの施設や施設の種別によって異なっているが、保育士と連携して業務を行うことも多い。日常生活による直接的な子どもの支援を中心に、自立支援計画の作成、学習指導など幅広い業務を担当している。

児童指導員は任用資格であり、要件は「児童福祉施設の設備及び運営に関する基準（以下、設備運営基準）」第43条に規定されている。①都道府県知事の指定する児童福祉施設の職員を養成する学校その他の養成施設を卒業した者、②社会福祉士もしくは精神保健福祉士、③大学（大学院）で、社会福祉学、心理学、教育学もしくは社会学を専修する学科またはこれらに相当する課程を修めて卒業した者、④小・中・高のいずれかの教員免許取得者で都道府県知事が適当と認めた者、⑤高等学校などを卒業し2年以上児童福祉事業に従事した者、等に該当する者とされている。

❸児童自立支援専門員および児童生活支援員

児童自立支援専門員は、児童自立支援施設に配置されている

表 I -3-3　直接ケアを提供する職員の配置基準

施設	主たる職員	各施設の配置基準（児童数：職員数）	
乳児院	看護師 （保育士）	0、1歳　1.6：1　　　2歳　2：1 3歳以上　4：1	
母子生活支援施設	母子支援員	10世帯以上：2	20世帯以上：3
	少年指導員	20世帯以上：2	
児童養護施設	保育士 児童指導員	0、1歳　1.6：1　　　2歳　2：1 3歳以上の幼児　4：1　　就学児以上　5.5：1	
児童心理治療施設	保育士 児童指導員	4.5：1	
児童自立支援施設	児童自立支援専門員 児童生活支援員	4.5：1	

出典：厚生労働省「児童福祉施設の設備及び運営に関する基準」をもとに中安作成

表 I -3-4　専門職の配置基準

職種名	各施設の配置状況
家庭支援 専門相談員	必置：乳児院、児童養護施設、児童心理治療施設、児童自立支援施設
	配置義務なし：母子生活支援施設
心理療法 担当職員	必置：児童心理治療施設
	配置：乳児院、母子生活支援施設、児童養護施設、児童自立支援施設 （心理療法を行う必要があると認められる利用児者10人以上に心理療法を行う場合）
個別対応 職員	必置：乳児院、児童養護施設、児童心理治療施設、児童自立支援施設
	配置：母子生活支援施設 （暴力を受けたこと等により個別に特別な支援を行う必要があると認められる母子に当該支援を行う場合）
医療的ケアを 担当する職員	配置：児童養護施設 （医療的ケアを必要とする児童が15人以上入所している場合）

出典：厚生労働省「児童福祉施設の設備及び運営に関する基準」厚生労働省通知「家庭支援専門相談員、里親支援専門相談員、心理療法担当職員、個別対応職員、職業指導員及び医療的ケアを担当する職員の配置について」をもとに中安作成

児童の自立支援を行う者である。児童自立支援専門員の資格は、設備運営基準第82条に規定され、①医師（精神保健に関して学識経験を有する者）、②社会福祉士、③都道府県知事の指定する児童自立支援専門員を養成する学校を卒業した者、④大学（大学院）で社会福祉学、心理学、教育学もしくは社会学を専修する学科を卒業し1年以上児童自立支援事業に従事した者、等の規定がある。

　児童生活支援員は、設置運営基準第83条に規定されている。児童自立支援施設において児童の生活支援を行う者であり、児童自立支援専門員と共に児童の生活を支えている。児童生活支援員は保育士または社会福祉士の資格を有する者、あるいは3年以上児童自立支援事業に従事した者とされている。

❹母子支援員および少年を指導する職員（少年指導員）

　母子支援員は母子生活支援施設に配置されている。母子支援員の資格は設備運営基準第28条に規定され、①都道府県知事の指定する児童福祉施設の職員を養成する学校等を卒業した者、②保育士、社会福祉士、精神保健福祉士のいずれかの資格を有する者、③高等学校等を卒業し2年以上児童福祉事業に従事した者と規定されている。現在、ドメスティック・バイオレンス（DV）の理由で入所するケースが増えており、心理的なケアも行うことが求められている。

　少年を指導する職員（少年指導員）は、母子生活支援施設に配置される職員として設備運営基準第27条に規定されているが、具体的な業務内容や資格要件については明記されていない。

❺子ども家庭福祉ソーシャルワーカー（仮称）

　令和4（2022）年の児童福祉法改正では、「子ども家庭福祉の実務者の専門性の向上」を目的とし、子ども家庭福祉の現場にソーシャルワークの専門性を十分に身に付けた人材を輩出するため、一定の実務経験のある有資格者や現任者について、国の基準を満たした認定機関が認定した研修等を経て取得する認定資格（子ども家庭福祉ソーシャルワーカー［仮称］）を導入することが決定した。この新たな資格は児童福祉司の任用要件として位置づけられる。児童の福祉に関し専門的な知識および技術を必要とする支援を行う者に関して、その能力を発揮して働くことができる組織および資格のあり方については、国家資格を含め、令和6（2024）年の認定資格の施行後2年を目途としてさらに検討がされ、必要な措置が講じられることとなった。

3　児童虐待等の対応のための専門職

❶家庭支援専門相談員（ファミリーソーシャルワーカー）

　家庭支援専門相談員（ファミリーソーシャルワーカー）は、児童養護施設、乳児院、児童心理治療施設、児童自立支援施設に配置されている。家庭支援専門相談員の資格は、①社会福祉士もしくは精神保健福祉士、②それぞれの施設において乳幼児や児童の指導に5年以上従事した者、③児童福祉司の任用資格をもつ者のいずれかであることが規定されている。

業務内容は、対象児童の早期家庭復帰のための保護者等に対する相談援助業務、退所後の児童に対する継続的な相談援助、里親委託の推進のための業務、養子縁組の推進のための業務、地域の子育て家庭に対する育児不安の解消のための相談援助、要保護児童の状況の把握や情報交換を行うための協議会への参画、施設職員への指導・助言およびケース会議への出席、児童相談所等関係機関との連絡・調整など幅広く、家庭復帰だけではなく里親や養子縁組の促進のための業務も含まれている。

❷心理療法を担当する職員（心理療法担当職員）

虐待やドメスティック・バイオレンス(DV)等で心理療法を必要とする母親や児童等に、遊戯療法・カウンセリング等の心理療法を実施し、心理的な困難を改善し、安心感・安全感の再形成および人間関係の修正等を図ることにより、対象児童等の自立を支援することを目的としている。

心理療法担当職員は、乳児院、児童養護施設、母子生活支援施設の場合は、大学（大学院）で心理学を専修する学科等を卒業した者であって、個人および集団心理療法の技術を有する者またはこれと同等以上の能力を有すると認められる者と規定されている。また児童自立支援施設、児童心理治療施設の場合は、さらに大学で心理学に関する科目の単位を優秀な成績で修得したことにより、大学院への入学を認められた者であり、かつ、心理療法に関する1年以上の経験を有する者と規定されている。

❸個別対応職員

個別対応職員は、児童養護施設、乳児院、児童心理治療施設、児童自立支援施設、母子生活支援施設に配置されている。虐待を受けた児童等の施設入所の増加に対応するため、被虐待児等の個別の対応が必要な児童への1対1の対応、保護者への援助等を行う職員を配置し、虐待を受けた児童等への対応の充実を図ることを目的としている。

特に資格の要件はないが、虐待等により個別の対応が必要な子どものケアを行うことが求められている。

❹医療的ケアを担当する職員

　医療的ケアを担当する職員は、医療的ケアを必要とする児童が15人以上入所している児童養護施設に配置される。被虐待児や障害児等継続的な服薬管理などの医療的ケアおよび健康管理を必要とする児童に対し、日常生活上の観察や体調把握、緊急時の対応などを行い医療的支援体制の強化を図ることを目的としている。

　医療的ケアを担当する職員は、看護師が資格要件とされている。

4　里親支援をする専門職

❶里親支援専門相談員（里親支援ソーシャルワーカー）

　平成24(2012)年から、里親支援を行う児童養護施設と乳児院に里親支援専門相談員（里親支援ソーシャルワーカー）を配置することができるようになった。

　里親支援専門相談員は、地域の里親およびファミリーホームを支援する拠点としての機能を有し、児童相談所の里親担当職員、里親委託等推進員、里親会等と連携して、所属施設の入所児童の里親委託の推進、退所児童のアフターケアとしての里親支援、所属施設からの退所児童以外を含めた地域支援としての里親支援を行い、里親委託の推進および里親支援の充実を図ることが目的とされている。

　資格要件として、①社会福祉士もしくは精神保健福祉士、②医師等、児童福祉法第13条第3項各号のいずれかに該当する者、③児童養護施設等において児童の養育に5年以上従事した者とされ、里親制度への理解およびソーシャルワークの視点を有する者でなければならないと規定されている。

学習のふりかえり

1 児童福祉法等に規定されている社会的養護を担う機関および児童福祉施設等の役割と現状について理解している。

2 社会的養護と関連の深い児童福祉法以外の法律とその内容について理解している。

3 社会的養護を担う専門職が果たす役割について理解している。

参考文献：
1. 佐久間美智雄「社会的養護の制度と法体系」『新 保育士養成講座』総括編纂委員会編『新 保育士養成講座第5巻 社会的養護』全国社会福祉協議会、2018年
2. 林浩康「子どもの権利と児童養護」山縣文治・林浩康編著『社会的養護の現状と近未来』明石書店、2007年
3. 網野武博「子どもと家庭の権利保障」網野武博・柏女霊峰・澁谷昌史編著『児童や家庭に対する支援と児童・家庭福祉制度第6版』中央法規出版、2016年
4. 佐久間美智雄「社会的養護の仕組みと実施体系」『新 保育士養成講座』総括編纂委員会編『新 保育士養成講座第5巻 社会的養護』全国社会福祉協議会、2018年
5. 才村純「子ども家庭福祉の実施体制」網野武博・柏女霊峰・澁谷昌史編著『児童や家庭に対する支援と児童・家庭福祉制度 第6版』中央法規出版、2016年
6. 厚生労働省「市町村児童家庭相談援助指針」
7. 新たな社会的養育の在り方に関する検討会「新しい社会的養育ビジョン」2018年
8. 厚生労働省「児童養護施設入所児童等調査結果」2013年
9. 厚生労働省「社会的養護の現状について」2017年
10. 厚生労働省子ども家庭局家庭福祉課「社会的養育の推進に向けて」2022年
11. 社会保障審議会児童部会児童虐待等要保護事例の検証に関する専門委員会「子ども虐待による死亡事例等の検証結果等について（第1次～第13次報告）」
12. 厚生労働省「地域小規模児童養護施設の設置運営について」
13. 厚生労働省「児童養護施設等のケア形態の小規模化の推進について」
14. 厚生労働省「小規模住居型児童養育事業（ファミリーホーム）実施要綱」
15. 厚生労働省「里親及びファミリーホーム養育指針」
16. 児童育成協会監修『基本保育シリーズ　社会的養護＜第2版＞』中央法規出版、2017年
17. 大竹智「社会的養護の専門職」『新 保育士養成講座』総括編纂委員会編『新保育士養成講座第5巻 社会的養護』全国社会福祉協議会、2018年
18. 山本真知子「社会的養護の専門職・実施者」相澤仁・林浩康編著『社会的

養護』中央法規出版、2015 年

19. 厚生労働省通知「家庭支援専門相談員、里親支援専門相談員、心理療法担当職員、個別対応職員、職業指導員及び医療的ケアを担当する職員の配置について」2016 年

20. 厚生労働省「市区町村子ども家庭総合支援拠点設置運営要綱」

21. 厚生労働省「児童福祉法等の一部を改正する法律案について」

I 社会的養護に関する基本的内容

第4章

社会的養護の内容

学習のポイント

　要保護児童への支援は、支援対象となる児童のもつ背景や家族との関係性に配慮したものでなければならない。被虐待体験やアタッチメント上の課題等の傷つき体験に対しては、暮らしの場の提供だけでなく治療的支援が必要となる。また、施設退所後の生活を見据えた自立支援も必要である。

　本章においては、児童の生活をどのように支援していくのかについて学ぶ。

社会的養護における
子どもの理解

1　支援・対応の前に必要な子どもの理解

　社会的養護とは何らかの理由により、保護者と一緒に生活を続けられない子どもに対して、保護者の代わりに社会が公的に養育の責任を果たすことである。ここでは第2・3節で述べる子どもへの対応・支援について考える前に社会的養護が必要な子どもをどう理解するかについて述べる。具体的には、子ども自身の生まれながらの特性（さまざまな障害、特に発達障害）や出生後の環境（虐待やネグレクト、アタッチメント、トラウマ）の影響、そして近年この領域でも取りあげられるようになったLGBTQ(Lesbian, Gay, Bisexual, Transgender, Questioning)等について理解すると、養育者が自身の経験や感覚に基づいて想像したのでは思い付くことのできない社会的養護下の子どものニーズに気づくことが可能になる。LGBTQ については、それぞれの子どもがもつさまざまな性的側面をグラデーションとしてとらえ、その多様性を他の特性と同様に子どもの個性として養育者が受容し、その言葉や対応から子どもが受容されたと感じられることが重要である。また、乳幼児期から長期にわたって社会的養護のもとに置かれてきた子どもについては、生来の特性や措置される前の経験・環境の影響だけでなく、措置された後の生活の影響、すなわち一般の家庭では当たり前に得られる経験や関係が得られにくいことによる子どもへのさまざまな影響について留意する必要がある。

　国の示すデータによれば（以下いずれも平成25年2月時点）、社会的養護下で障害等のある子どもは増加傾向にあり、知的障害、自閉スペクトラム症(ASD)、注意欠如・多動症(ADHD)、限局性学習症(LD)など何らかの障害のある子どもの割合は児童養護施設入所児童28.5％、乳児院28.2％、里親20.6％、ファミリーホーム37.9％であった。また、第Ⅰ部第3章第3節図Ⅰ-3-2(53頁)にもあったように被虐待経験のある子どもの割合

は、児童養護施設59.5％、乳児院35.5％、里親31.1％、ファミリーホーム55.4％となっており、さらに、虐待の種類（複数回答）については、ネグレクトが最も多く児童養護施設63.7％、乳児院73.9％、里親68.5％、ファミリーホーム63.6％であった。

このように施設と里親で差はあるものの、どちらにも発達障害の特性のある子どもや虐待を受けた子どもが措置されていることがわかる。また、被虐待経験としてはネグレクトが最も多いことにも留意する必要がある。児童相談所での児童虐待対応件数として最も多いのは心理的虐待であるが、実際に家庭から離され施設等に措置される、つまりより深刻な状況に置かれている子どもの経験としては、ネグレクトが多いということである。このような子どもと関わるにあたっては、発達障害、虐待、特にネグレクトの影響、さらにこれに関連してアタッチメント（愛着）の問題やトラウマの影響等について基本的な知識と対応について熟知しておくことが、個々の子ども理解に不可欠である。

子どもが、施設等に措置されるまで、そして現在までの自分のストーリーをどのように理解しているか把握しておくことも重要である。自身の出生に関する基本的な情報さえ与えられていない子どもや、措置に至った経緯を十分説明されず自責的に理解している子ども、また措置後の見通しを何も与えられていない子どもがいる。これら未整理の出生・成育歴や社会的養護の場で新たに積みあげられていく生活を、将来につなげていけるよう、本人の中で1つのまとまったストーリーとして形づくっていくこと（ライフストーリーワーク）も重要である。

もって生まれた特性や、逆境体験を生き抜くために身に付いた特徴を、養育者がありのままに受け入れるために必要な理解について、以下発達障害と虐待による影響を中心に示す。

2 発達障害についての理解

発達を遅れ（知的障害）と偏り（発達障害等）の2つの軸で考えると、子どもの障害を理解するうえで役立つ。発達の偏りとは、発達のアンバランスがあることをいう。他と同様またはそれ以上にできることもあるため、できないことを不真面目や反抗ととらえられるなど周囲から誤解されやすい。社会的養護下

の子どものなかには、遅れも偏りもある子ども、遅れだけある子ども、偏りだけある子ども、どちらもない子どもがいる。いずれも入所にあたって児童相談所で評価されるが、一時保護中に診断を確定することがむずかしい場合も多い。それは、虐待やネグレクトといった環境が子どもの発達に大きな影響を与え、特性が生来のものか、出生後の環境によるものなのか判断するのがむずかしいからである。その判断には、子どもが安全・安心を感じられる環境で、一定期間安定した生活を続ける必要がある。したがって、現場では子どもの理解はその時点での仮説的なものとしてとらえ、具体的な生活や支援を検討することになる。

　発達障害としては限局性学習症(SLD)、注意欠如・多動症(ADHD)、自閉スペクトラム症(ASD)等がある。これら3つの障害は重なり合うことがあることに常に留意する。3つのうちどれか1つが疑われる、または診断される場合には、他の2つの特徴もある、または今後明らかになってくる可能性を常に念頭に置く必要がある。発達障害を理解することでわかりにくい子どもの行動の意味が理解できる場合がある。例えばADHDの子どもの言動の根底にある特性を、「ブレーキのかかりにくい脳のはたらき」によるものと理解する。すると、動きにブレーキがかからず多動になり、思い付いたことにブレーキがかからず、すぐに言ったりやってしまったりという衝動性が強い行動を理解することができる。また、刺激があると1つのことに注意をとどめられず、別のことに移ってしまう不注意の傾向も見られる。このように特性を理解できると、子どもに「次はやらないように。注意するように」と言うことや反省文を書かせるといった対応は、ほとんど効果がないことがわかる。ADHDの子どもは、最初は大人に言われたとおり、次は動かないでおこう、言わないでおこうと思うのだが、障害特性のためにそれが叶わず繰り返してしまい、大人からまた怒られる。この経験の繰り返しによって子どもは自信を失い、最初あった頑張りたい気持ちも消えて自暴自棄になってしまうこともある。子どもの特性に気づき、脳のブレーキがかかりにくくてもできる方法で、達成可能なことを養育者が考え、養育者の側からこれまでの関わりを変えていく必要がある。

　また、ASDの子どもは対人社会性やコミュニケーションの課

題、イマジネーションの課題を抱えているが、これらをふまえて子ども個々の世界の感じ方や見方をしっかりととらえる必要がある。子どもがほかとは違ったとらえ方をする脳をもっていることを養育者が理解することで、対応が変わる。ASDの子どもは目に見えるもの、具体的なものの理解はとてもよいが、見えないものや抽象的なものの理解はむずかしい。また、他者とのイメージの共有もむずかしいことが多い。同じ場面にいても1人だけ別のことを感じ、考えていることがある。養育者にとって子どもの言動が、奇妙であったり、場違いであったり、失礼であったりと感じられるのは、子どもの言動の背景にあるこのような世界の感じ方や見方について養育者が理解できていないからである。

3　虐待・ネグレクトの影響についての理解

　虐待環境が子どもの発達に与える影響については、さまざまな研究成果がわが国でも多く紹介されている。心理的虐待は子どもの心を傷つけるだけでなく脳も傷つけていることが示され、また、厳格な体罰や小児期の性的虐待経験も脳の発達に影響することが明らかにされている。虐待によって、これまで考えられてきたよりも深い傷が子どもに残されることがわかってきた。これらの事実から虐待の影響は広範な領域に見られ、長期にわたることも理解できるだろう。

　また、家庭内で直接ではなくとも暴力にさらされ続けた場合、言動や精神症状など表面的には問題がない子どもでも、その脳機能には影響が及んでいることが報告されている。怒りや悲しみの表情への脳の反応が、戦時下の兵士と同様であったという。子どもからすれば本来安全なはずの家庭で繰り返される暴力は戦時下にいる兵士が見る戦いの光景と同様の意味あいを脳に与えているといえるだろう。子どもの脳がこの異常事態に通常とは違った反応をすることは適応の1つともいえる。ただこの適応が戦時下ではない場における学校や施設等では、ほかの子どもとは違う過剰な反応（問題行動）として現れてしまう。この子どもは生まれながらにそのような脳をもっていたわけではないが、環境によってそのような脳をもたざるを得なかった。発達障害の子ども同様、このような子どもにとっても身に

付いた反応はコントロールがむずかしい。一時保護所や施設、里親に委託された当初の子どもが示す多動や不注意、衝動性の強さなどを理解するにあたっては、これまで説明した発達障害と虐待の影響、両方の知識が不可欠となる。

　もう1つ、ネグレクトの影響について述べる。先行研究では親からの情緒的ネグレクト(親と子どもの間の相互的情緒関係の欠如)について、後のうつや不安、暴力などとの関連が指摘されている。また、身体的虐待に比べて認知の問題や学業成績不良、社会的ひきこもりや限定的な仲間との相互関係、外に発するよりは内面的な問題などが特徴的といわれる。虐待(通常の家庭にはなく、あってはならないこと)の影響について我われは心配するが、ネグレクト(通常の家庭には当たり前にあるものやあるべきものがない状況)の影響についてはあまり明確にイメージしないことが多いと思われる。特に乳幼児期のネグレクトは、アタッチメント形成も含めて子どもの発達に大きく影響するものであり、この影響について十分理解しておく必要がある。また、どの程度をネグレクトとするのか、その線引きもむずかしいが、大人がある基準で認めたネグレクトではなく、子どもにとって「ない」こと、子どもがそう感じていることが子どものメンタルヘルスに影響するという報告もある。前述の社会的養護下の子どもにはネグレクト経験者が多い状況を考えると、子どもを理解するにあたってはネグレクトの影響もしっかり理解しておく必要がある。

第2節

日常生活支援

1 施設や家庭それぞれの場で、個々の子どもの経験から考える

　イギリスの児童精神科医ウィニコット(Winnicot, D.W)は次のように言っている。

　「最初に重要なことは子どもをふさわしい場所に置くことで

あり、ふさわしい場所はそれだけで、かなりのケースに対して治療として機能します」[*1]

　さまざまな問題を抱えた子どもにとって、治療の前に生活の場を個々の子どものニーズを満たす場としていくこと、それまで不足・欠如していたものを補う場としていくことの重要性を指摘したものである。

　これまでわが国で社会的養護における日常生活支援といえば、実質8～9割の子どもが生活している施設での生活を意味していた。しかし、今後は国が示した家庭養育優先原則に基づき、家庭養護の割合が高くなっていくことを念頭に置き、里親やファミリーホームにおける生活も含めて子どものニーズに合わせた支援を考える必要がある。施設と家庭の強み、弱みそれぞれを理解したうえで子どものニーズを考え、どこで生活するのが子どもにとって最善の利益を保障することになるのかを検討すべきである。その際、資源がないために子どものニーズに合わない施設または里親で対応し、その状態が漫然と継続されることがあってはならない。施設と里親では、子どもにとっての日常生活は大きく異なる。施設は家庭となることはできないが、家庭的な環境を提供しながらより専門性の高いケアを提供できる。里親では家庭を提供できるが、施設のような集中的・治療的な対応は現時点ではむずかしい。それぞれの強みを生かし、弱みによる子どもへの影響を最小化できるよう、子どものニーズに沿って協働していく必要がある。

　国からの方針と各都道府県における計画策定により、今後施設は小規模かつ地域分散化や高機能化、多機能化・機能転換を図っていくことになる。施設は今後も子どものニーズを満たす重要な資源として存在し続けるが、新たなシステムに合わせ、対応すべき子どものニーズに合わせて変化していく必要がある。特に小規模かつ地域分散化が進むことで、日常生活における当たり前の経験はこれまでより提供しやすくなるが、一方である程度の大きさの集団だからこそできていたことがむずかしくなる。特に職員が分散されることで、職員個々への負担増加や、集団が小さくなること、密室化することにより施設内虐待が見えにくくなることも懸念される。社会的養護内の虐待（職員・里親から子どもへの暴力、子ども間暴力の放置等）については、施設、家庭どこでも起こり得るものであり、システムとし

ての要因も検討し、改善を図るべきである。措置されている子どもはもちろん、施設職員や里親、また里親家庭において同居している実子の安全・安心も守る必要がある。

2 日々の生活の中で当たり前の経験・関係の不足・欠如を補う

　施設・家庭の形態にかかわらず、一人ひとりの子どもがどのような経験をしているか、感じているかが重要であり、当たり前の経験や関係の不足・欠如があれば、その改善にむけてそれぞれの施設・家庭の枠の中で日常生活のあり方を常に評価し必要な工夫を続けていく必要がある。養育者は当たり前の経験の重要性に気づき、日々の生活の中で意識的に補うことが大切である。ルーマニア孤児院での研究は、ネグレクトよりもさらに深刻なデプリベーション（はく奪）状況で乳幼児期を過ごした子どもの発達への影響を明らかにしている。現在の日本の社会的養護とは比較できない過酷な環境に置かれた子どもについての研究ではあるが、養育者の頻繁な交代と子どもが当然しているべき経験の欠如・不足が施設におけるデプリベーションの特徴とされており、わが国においても一人ひとりの子どもが経験し感じていることをふまえて、その影響を考えてみる必要がある。研究結果として以下が示されている。

①大規模施設での不適切な養育は、子どもの発達に大きく影響する。

②一方でこのような施設から養子縁組や質の高い里親養育に移行することで改善もする。生後半年から２年までの間、できる限り早期に良好な家庭養育へ移行し「安定したアタッチメント形成」を可能にする個別の関係性を得ることが重要。形式ではなく個別の養育の質が子どもにとって最重要。

　これらをふまえると、社会的養護下の子どもの生活において最も重視されるべきは、養育者との個別の関係構築である。日々の生活の中で生じる子どもへの細かな対応については、養育者が子どもの問題行動に目を奪われるのではなく、子どもの真のニーズを見極めて対応できるようになる必要がある。また、日常における養育者の子どもへのさまざまな対応は、子どもとの良好な関係を築く過程でもあることに十分留意しなければな

らない。さらに家庭における日常生活では、養育者自身が子どものモデルとなっており、子どもの態度や行動を変えようとする前に、養育者自身が考えや態度を変えることが子どもとの関係改善の第一歩となることも多い。子どもの低い自尊感情の改善のために、子どもが自分でできることを増やし、子どもを褒める機会を積極的につくることが推奨されるが、養育者自身の自尊感情やエネルギーの回復も忘れてはならない。養育者が日々の生活の中で発する何げない言葉や行動を子どもがモデルとして取り込むことを考えると、養育者自身が養育の合間に十分な休息をとり、回復できるような支援が必須である。

　施設においては施設内での調整や連携があるが、里親においては今後各都道府県で整備される里親養育包括支援機関(フォスタリング機関)[注1]がその役割を果たすことになる。里親は1人で子どもを養育するのではなく、養育チームの一員としてサポート、スーパーバイズを受けながら子どもと日々の生活を送る。また、日々の生活の中で子どもがさまざまな課題に自ら気づき、自分でコントロール・解決できるよう取り組んでいけるようにすることも養育者の重要な役割である。ルールもなく予測不能ななか、問題が生じても自分ではどうすることもできず、大人に決められたことを受け入れるしかなかった子どもが、自分で何が問題か、またその解決にむけて何ができるのかを考え、実行に移し、その結果を自らの決断の結果として受け入れて前に進んでいくという経験を1つでも多くできるような対応が日々の生活の中で求められる。

注1‧‧‧‧‧‧‧‧‧‧‧‧‧‧‧‧
　51頁、第I部第3章第2節9項を参照。

3　日々の生活の中でアタッチメントの考えを生かす

　アタッチメント[注2]とは「くっつく」ことを意味する。子どもが親と分離されたり、見知らぬ人が近づいたり、知らない場所に置かれたり、恐怖、疲れ、眠気などを感じたりすると、通常子どもは特定の養育者(アタッチメント対象)に接近し、くっつこうとする。くっつくと安心し、安全を感じる。このように養育者は子どもにとっての安全基地として機能する。幼い子どもは1日の生活の中で何度もこれを経験する。これによって他人に対する基本的信頼感や自分に対する基本的肯定感が育ち、精

注2‧‧‧‧‧‧‧‧‧‧‧‧‧‧‧‧
　20頁、第I部第1章第2節3項および125頁、第I部第6章第1節3項を参照。

神、心理、社会的な発達の基礎が形成される。このような安定型のアタッチメント・パターンをもつ子どもは、安全基地で安心した後、周囲に関心を移し、新しい環境や人に興味をもって近づいたり、遊びはじめたり、いわゆる探索行動に移る。これによって子どものさまざまな感覚が刺激され、子どもの発達全般が促される。自身の子育て経験からこのような想像はむずかしくないが、里親やファミリーホームに委託される子どもは、このような想像や経験とは異なる反応を示すことがある。養育者の子どもに対する感受性・応答性・一貫性が保たれていること、養育者と子どもとの相互作用の経験が重要であるが、社会的養護下の子どもにはこれらが欠ける、または不十分なため、不安定型のアタッチメント・パターンを示すことがある。不安定型には回避型、抵抗型・アンビバレント型、無秩序・無方向型と呼ばれる3つの型があり、養育者との分離場面と再会場面での子ども(1、2歳)の反応をもとに分類される。

　回避型は養育者と分離されても物で遊び続け、再会時にもあまり気にしていないように見える。感受性や応答性の低い養育者からこれ以上拒否されないように、子どもがアタッチメント行動を最小限に抑制している状況といえる。養育者の日々の不十分な対応に、子どもが合わせた形がこのように見える。抵抗型・アンビバレント型は再会場面でも泣き続ける。一貫性がなく予測不能な養育者の注目を最大限にひき付けようとする形といえる。これも養育者の不安定な日々の対応に子どもが合わせた形が見えている。無秩序・無方向型は分離時や再会時に子どもがどのような行動をとるかわからない。固まったり、近づいたと思ったら離れたりと、一貫しない。被虐待児の6〜8割がこの型を示すとの報告もある。本来安全基地であるはずの養育者が安全ではなく、逆に養育者から危害を加えられることで、子どもの対応はこのように非常に混乱したものとなる。

　こうした不安定型のアタッチメント・パターンの子どもが養育者のもとに委託されたと想像してみる。子どもはそれまでの生活で身に付けたパターンで新しい養育者に対応し続ける。そうすると養育者はその対応を自分の対応への返しだと思うかもしれない。必死に世話をしているのに無視されていると感じたり(回避型)、わがまますぎると感じたり(抵抗型・アンビバレント型)、何を考えているのか、どうしたいのかわからない(無秩

序・無方向型)と思うかもしれない。次に養育者がとる子どもへの対応はこれらの感情や考えに基づいたものとなり、子どもの真のニーズには気づけず、子どもとの関係も混乱したものとなる。アタッチメント・パターンに関する前述の知識があると、このような子どもの表面的な行動にまどわされることなく、その奥にあるニーズ(それまで満たされたことがないため子ども自身も気づいていないようなニーズ)に気づくことができ、適切な対応につなげることが可能になる。

第3節

治療的支援

1 安定した生活を前提とする治療的支援

ここでもウィニコットの言葉を最初にあげる。

「『あの子さえいなくなればみんなうまくいくのに』こうなったら非常に危険です。……キーワードは治療や癒しではなくて、むしろ生き残るということです。あなたが生き残れば、その子どもは、もし不運な環境崩壊によって不幸が起きていなければ、その子が当然なっていたであろう人物に成長するチャンスが与えられるのです」[*2]

養育者が子どもと一緒に居続けることの重要性、子どもがそう感じられることの重要性が述べられている。養育者が理解や対応に困難を感じる子どものそばで「生き残る」ためには、養育者の支援体制や、養育者の個別対応スキルの向上が必須である。

また、同時に忘れてはならないのは、自分たちの枠組みの中だけで、自分たちにできる治療的対応のみですべてを解決することを考えるのではなく、現在の養育の枠組みの中での最善を保障すること(子どものそばにあり続けること)に全力を尽くしつつも、他の養育の枠組みにおける可能性にも留意し、その対応が子どもにとって最善と考えられる場合には、子どもにとって必要な移行準備の後、速やかな移行を図ることも子どもに

とって重要な治療的支援といえる。

　逆境体験を生きてきた子どもに対して、トラウマ体験とその影響についての理解を前提としたトラウマインフォームド・ケアを実施できる体制を整えることも重要である。さらに、子どもが生きているすべての場、すなわち生活の場だけでなく、学校や地域においても子どもがどのように過ごしていくのかは治療的に重要な意味をもつ。社会的養護においては生活支援と治療的支援を明確に分けることはむずかしく、生活支援の中に治療的意味あいが含まれ、また生活とまったく離れた治療的支援は考えにくい。以下、発達障害、アタッチメントに問題を抱えている場合などの治療的支援についていくつか具体的に述べる。

2　発達障害特性から子どもの行動を理解し対応する

　第1節で述べた、注意欠如・多動症(ADHD)の子どもと自閉症スペクトラム症(ASD)の子どもが呈する表面的には同じに見える問題行動への対応について考えてみよう。たくさんの子どもが並んでいる列に、いつも割り込んでしまう子どもでもADHDとASDでは対応が異なる。ADHDであれば割り込みが悪いことは理解しているのだが、どうしてもほしいものがあるときに、ほしいと思ったその気持ちにブレーキがかからずそのまま行動してしまう。怒られれば反省はできるが、次も列に割り込んでしまうかもしれない。一方、ASDの子どもはそもそも並ぶことの意味、ルールがわからない。どうして皆が早くほしいと思っているのにわざわざ後ろに並ぶ(離れたところに行く)のかわからない可能性がある。このような子どもに怒ったところで、なぜ怒られたのか意味がわからない。「順番に並んで待つ」ことについて、本人が理解できるように説明する必要がある。

3　問題行動の背景にある子どものニーズを理解し対応する

　ADHDでもASDでもない子どもが列への割り込みをすることもある。その子どもはなぜ割り込みをするのか、どのような

ニーズを満たすためにこのような行動をとるのか、子どもの具体的な行動の背景には何らかのニーズがある。それを把握するために子どもの特性を考えることに加えて、子どもの行動の前後に何が起きているかを観察することが有効である。これには認知行動療法のABC分析が役立つ。割り込みをした子どもの行動の前（きっかけ）と後（結果）に何が起きているか、毎回記録をとるなかで、例えば割り込みをした後は、別室に連れていかれて個別対応で怒られることが繰り返されているとしたら、この個別に怒られることに意味があるのかもしれない。大人からすれば注意、指導であったとしても、子どもからすると、よいことをしても、悪いことをせずに頑張っていても得られなかった大人からの注目が、悪いことをした時にだけ得られる状況になっているのかもしれない。社会的養護下の子どもが家庭で経験してきたことはこのようなものであることも多く、マイナスの注目でも注目が何もない（無視）よりはよい状況となっていることがある。そうだとすれば、大人がしっかり怒れば怒るほど子どもの行動はなくならず（なくなると子どもは怒られるという報酬を失う）、続くといったことが起こり得る。この場合割り込みをなくすためには、いったんその行動を選択的に無視し、別の機会に正しい行動や養育者が望む行動（列に並ぶ）について伝え、その行動が見られたときに見逃さず「きょうは本当に偉いね」「さすがだね」「しっかりできてうれしいよ」などと伝え、プラスの注目を与えるようにする。ほかの子どもであれば当たり前にできているような行動であっても、その子どもにとっては特別にできた行動として養育者がすぐに気づき、個別に注目（プラスの注目）を与える。あらゆる行動の背景には何らかのニーズがあり、それを子どもの視点で理解することが何よりも大切である。

4 子どもが「一緒にいてくれる人がいる」と思えるように

　ある社会的養護当事者の声を以下に記す。

　「施設で生活した私が施設に求めるのは『いっしょに生きてくれる人』を失った子どもたちにとって、『いっしょに生きてくれる人』が見つかる場所であってほしいということです」[3]

第2節冒頭であげたウィニコットの言葉とも一致する、社会的養護下の子どもにとってまず満たされるべきニーズが見えてくる。生活の場が、実家、養子縁組家庭、里親家庭、施設のどこであれ、子どもが生まれて幼少期を過ごし、学校に通い社会に出ていくまでを過ごすその生活の場に一緒に生きてくれる人、一緒に居続けてくれる（生き残ってくれる）人が必要だということである。

　ここでは具体的に安定したアタッチメントを養育の途中から形成し、同時に子どもに肯定的な注目を与えることで自尊感情も改善させるための具体的な方法を紹介する。イギリスの里親トレーニングプログラムであるフォスタリングチェンジの中にアテンディングというスキルがある。アテンディングとは一緒にいるということであり、子どもが遊んでいる間、子どもと一緒にいて肯定的にサポートする。子どもが何をして、何に興味を示しているかに気づき、子どもに対して何をすべきか示したり、質問したりすることをせずに、今子どもが取り組んでいることを実況中継したり、子どもの取り組みに興味を示したり、できたことを褒めたり、養育者が感じた肯定的な感情を表出したりする。子どものサインやリードに添って対応し、養育者が方向を定めたり、さえぎることはしない。このような対応によって、子どもは養育者が一緒にいてくれて自分に注目してくれていることを実感し続ける。これは赤ちゃんとの間では自然で当たり前な関係として、多くの人が自然ともつことのできる関係である。これまで大人からあまり多くの注目を与えてもらえなかった子どもにとっては、非常に効果的な方法である。定期的（1日10分）にこれができると、養育者と子どもの間に信頼関係が形成され、子どもは自分自身をより肯定的に感じるようになる。このような具体的な方法を確実に日々の生活の中で実践し、その効果を確かめていくことが治療的支援といえる。

　また、前述のルーマニア孤児院研究では、養育環境の違いと精神病理症状についての介入効果が検討され、養育の形態と精神病理症状が直接結び付くのではなく、アタッチメントの安定性を媒介として、それぞれが関連していることが示されている。里親や施設という養育形態が精神病理症状を生じさせるのではなく、子どもが安定したアタッチメントを形成できたかどうかが鍵となることを示している。物理的な養育環境を整える

だけでなく、安定したアタッチメント形成こそが最重要であり、アタッチメントの安定性はその後の精神病理症状に対して防御因子として機能する。この意味で日々の生活における対応こそが精神疾患や症状については治療的（予防的）支援ともなっているといえる。安定型のアタッチメント・パターンを示す子どもが日々の生活の中で当たり前に受けられている、特定の養育者からの敏感で応答性が高く一貫した対応を、委託された子どもに提供することが養育者の重要な役割になる。養育者として子どもとの間に安定したアタッチメントを形成することが、養育者のもとを短期間で去るかもしれない子どもの一生を左右する可能性があることに気づいておく必要がある。社会的養護の中で、安定したアタッチメントを形成することは、その後の家庭復帰や養子縁組等による別れを想像するとつらく思われるかもしれないが、養育者としてはそのような見通しをもちながら、子どもの人生初期の安定したアタッチメント形成にしっかり取り組むことが重要である。

　養育される子ども集団が大きくなればなるほど、養育の個別化がむずかしくなる傾向がある。しかし日々の生活において食事や着替え、学校の準備、入浴、遊びなど子どもの基本的な生活を維持するための支援と、ここで述べた養育者との基本的な信頼関係を構築するための支援（関わり）の両方が子どもにとっては必要であり、時間や人手が少ないからといってどちらかが（実際には後者の関わりが少なくなることが多い）仕方なく取り組まれなくなることがあってはならない。社会的養護において、これら２つの支援は子どもの発達や子どもの将来にとっていずれも重要なものであり、どちらかが欠けたり不足したりすることがあってはならない。

第4章

社会的養護の内容

自立支援

1 社会的養護を離れるとき

(1) 措置を離れるということ

　子どもたちにとって、社会的養護を離れることは大きな意味をもつ。社会的養護からの措置解除の理由を整理すると、①家庭へ戻ることなく社会へ出て自活する場合（自立）、②再び家族と共に生活する場合（家庭復帰）、③入所中に問題が変化し、別の施設等へ移る場合（措置変更）の大きく3つに分けられる。

　措置変更以外の場合には、措置解除後の日常の家事や生計を立てることが子どもたち自身に課せられることも多く、社会的養護のもとで育った若者が、社会へ巣立ったあとの生活状況が厳しいものであることが明らかとなっている。

(2) 措置解除後の生活

　社会的養護から社会へ出て自活する場合、おおむね18歳で措置のもとから離れることになる。一般的に、同年代の多くの子どもたちは親と生活を共にし、さまざまな支えを得ている時期である。しかし、社会的養護を必要とした子どもたちは、措置解除後も、家族の支援を期待できないことが多い。そのため、社会的養護を巣立った若者の生活保護受給率が同年代の若者と比較して高い割合を示しており、経済的に困難な状況に陥りやすいことがうかがえる。

　また、経済的困窮とあいまって、周囲の若者たちとの違いから不遇感や孤立感が強くなり、精神的な葛藤が生じることも多い。こうした精神的な不安定さが、社会的なつながりをもつことを困難にし、孤立した状況に追いやってしまうこともある。

2 自立にむけた支援

　平成16(2004)年の児童福祉法改正によって、児童福祉施設を退所した者に対する相談やその他の援助を行うことが規定され現在の社会的養護の実践は、措置前後のアドミッションケアから社会的養護のもとでのインケア、社会的養護からの巣立ちにむけたリービングケア、社会的養護のもとを巣立った後のアフターケアまでの連続したプロセスによって、自立にむけた支援がめざされている。

(1) 措置解除にむけた支援(リービングケア)

❶頼れる関係づくり

　リービングケアでは、子どもたちが直面する困難を想定し、家事の仕方や社会保障、医療、司法制度などひとり暮らしに必要な情報について伝える機会をもち、自立のための支援を行う。

　同時に、リービングケアの中核は、社会のさまざまな関係性の中で周囲に助けを求めたり、つながり合って生きる力を育むことにある。こういった力は、短期的な取り組みで体得できるものではない。インケアを含む日々の関係性の中で、養育者だけでなく周囲とつながる力、頼る力を育むことがリービングケアの大切な部分となる。

　そして、措置解除後に養育者が提供できるアフターケアと子どもたちが希望しているケアについて話し合い、互いの思いに相違が生じない工夫も有効である。

❷人生の選択肢の保障

　また、進路選択についての支援も重要となる。かつて大きな課題とされていた児童養護施設からの高校進学は、令和2(2020)年現在94.9%となり、一般家庭からの進学率98.8%との差も縮まっている。

　一方で、児童養護施設からの大学等進学率は、17.8%と全高卒者の進学率52.7%の3分の1程度と非常に低くなっている。大学等への進学は、その後の就労や生涯獲得賃金に大きな影響を与えるものである。子どもに使用できる奨学金情報を提示す

るなどの特別なケアが求められている。

　特に、進学にかかる経済的な方策の確保は重大な課題である。平成28(2016)年には、措置解除後に進学した場合に、生活費や家賃の貸し付けが受けられ、5年間の就業継続等によって返還免除となる「**児童養護施設退所者等に対する自立支援資金貸付事業**」が創設されている。また、令和2(2020)年度より「**高等教育の修学支援新制度**」が開始されている。この制度では、一定の要件を満たすことを国等が確認した大学、短期大学、高等専門学校、専門学校に通う学生のうち、住民税非課税世帯やそれに準ずる世帯の学生を対象に授業料・入学金の免除または減額と、返還を要しない給付型奨学金の拡充が図られている。こうした制度や奨学金制度などの情報を把握し、積極的に活用するためのサポートをすることが重要である。

❸ゆるやかな措置解除

　措置解除の時期を遅らせるという支援の方法もある。児童福祉法において、「児童」は18歳未満とされているが、児童養護施設や里親では、必要な場合に20歳未満まで措置延長ができる。特に、子どもの自立を図るための継続的な支援が必要とされる場合には、この措置延長を積極的に活用するよう通知が出されている。

　また、自立援助ホームを活用し、ケアを継続することもできる。平成28(2016)年の児童福祉法改正において、大学等就学中の場合には、22歳の年度末までの間、自立援助ホームを利用できることとされた。

　令和4(2022)年の児童福祉法改正では、社会的養護経験者等に対する自立支援の強化として、児童自立生活援助事業等の対象者の見直しが行われた。具体的には、20歳まで自立援助ホームや、措置延長により児童養護施設等に入所していた児童等又は里親等の委託を受けていた児童等においては、20歳以降は、都道府県が必要と判断する時点まで引き続き児童自立生活援助事業等を活用し、それまで入所していた児童養護施設等や自立援助ホーム、委託を受けていた里親などにより自立支援を受けることを可能とする年齢制限の撤廃が行われた。

　また、施設等を退所した児童等や児童相談所等へ一時保護されたものの措置には至らず、在宅指導等のみを受けた児童等に

児童養護施設退所者等に対する自立支援資金貸付事業

　児童養護施設等を退所した者等であって、保護者がいないまたは保護者からの養育拒否等により、住居や生活費など安定した生活基盤の確保が困難またはそれが見込まれる者に対しては、①就職の場合、家賃貸付として家賃相当額(生活保護制度における当該地域の住宅扶助額を上限)とし、2年間の期間で貸付する。②大学等への進学の場合、家賃貸付として家賃相当額(生活保護制度における当該地域の住宅扶助額を上限)、生活費貸付として月額5万円を、正規修学年数の期間貸付する。

　また、児童養護施設等に入所中の者等であって、就職に必要な各種資格を取得することを希望する者は、資格取得貸付として実費(上限25万円)を貸付する。

　なお、これらの貸付金は、家賃貸付および生活費貸付は5年間の就業継続、資格取得貸付は2年間の就業継続を満たした場合には返還免除となる。

対して、相互交流の場の提供、自立した生活に関する情報提供、就労に関する相談支援や助言、関係機関との連絡調整等を実施する場所として社会的養護自立支援拠点事業を創設し、自立支援の提供体制の強化が図られることとなった。

こうした改正は大きな前進と考えられるが、これらの制度の運用に自治体間または施設間の格差が生じないよう留意が必要である。

(2) 措置解除後の支援（アフターケア）

措置が解除された後にも続く支援が「アフターケア」である。措置解除後の支援については、平成16(2004)年の児童福祉法改正によって、法的にも義務付けられたものの、前述したとおり、措置解除後の生活には困難が多い。

アフターケアはそれまでに提供したケアのありようによって大きな影響を受けるものである。

❶ つながる支援

しかし、現状では、アフターケアが十分実施できる体制とは言い難い。退所後3年のうちに、30％の退所者に連絡がとれなくなるという調査結果もある。子ども（若者）たちとのつながりを維持できるよう、特に困難を抱えやすい措置解除後の数年間は、アウトリーチを含めたアフターケアを行うことが必要である。

また、アフターケアをもとの養育者や施設のみで実施するには限界がある。措置解除前から、地域の資源やNPO等と連携をとり、周囲の支援を活用することも効果的である。**社会的養護自立支援事業、身元保証人確保対策事業**等の自立のための制度も整備されつつあり、措置解除前から連携していくことも重要である。

❷ 「生の不安定さ」に対する支援

自分の家族や出自について知ることは、誰もがもつ権利である。しかし、社会的養護のもとで暮らす子どもたちは、自分の誕生や措置された理由について、知らされていないことが多い。さらには、自身の命や存在について否定的に扱われることもある。このような経験から、「自分が何者か」というアイデン

社会的養護
自立支援事業
里親等への委託や、児童養護施設等への施設入所措置を受けていた者で18歳（措置延長の場合は20歳）到達により措置解除された者のうち、自立のための支援を継続して行うことが適当な場合について、原則22歳に達する日の属する年度の末日まで、個々の状況に応じて引き続き必要な支援を実施することなどにより、将来の自立に結び付けることを目的とする事業。

身元保証人
確保対策事業
児童養護施設や婦人保護施設等を退所する子どもや女性が就職したり、アパート等を賃借する際に、施設長等が身元保証人となる場合の損害保険契約の保険料に対して補助を行う制度。

ティティが大きく揺るがされ、生きづらさを招くこととなる。

　こうした感情に対して、過去から現在までの生い立ちや家族との関係を整理し、自責の感情を修正しながら、過去との連続性を取り戻し、アイデンティティを確立していくことを支援する「生い立ちの整理」や、分断されてきた育ちをつなぐために、子どもが養育者(専門家)と共に自身の生い立ちを理解していく「ライフストーリーワーク」といった取り組みが重要視されている。

❸人生の主体性を取り戻す支援

　社会的養護を必要とする多くの子どもたちは、これまで家族の問題に翻弄され、さらに、保護や措置、養育者の変更や措置解除など、自分の人生に関わる大きな事項を周囲の大人たちに決定されてきた。いわば、自分の人生でありながら、その主体であることが許されてこなかったといえる。その一方で、措置解除後には、同年代よりも早期に「自立」が求められ、独力で生活を決定しなければならなくなる。このギャップに苦しむことは想像に難くない。

　社会に出た際にも主体的な生活が可能となるよう、ケアのもとにあるときから日々の生活の中で主体的な選択の機会や意見を聴かれ、尊重される経験が重要である。こうした積み重ねによってはじめて「自立」が可能となるだろう。

🕐 学習のふりかえり

1 社会的養護を利用する子どもたちの理解に必要となる、障害特性や被虐待体験による心身の影響などについて理解している。

2 日常生活支援と治療的支援の必要性を認識し、暮らしの中でどのように取り組むべきかについて理解している。

3 社会的養護を利用する子どもたちにとって、自立支援がなぜ必要なのかについて認識し、その方法について理解している。

引用文献：

＊1. ウィニコット著、西村良二監訳「戦時下と平和時における子どもたちの宿舎（1948 年）」『愛情剥奪と非行』岩崎学術出版、2005 年、78 頁

＊2. ウィニコット著、西村良二監訳「セラピーとしての居住型ケア（1970 年）」『愛情剥奪と非行』岩崎学術出版、2005 年、245 頁

＊3. NPO 法人社会的養護の当事者参加推進団体『「日向ぼっこ」と社会的養護』明石書店、2009 年

参考文献：

4. 厚生労働省雇用均等・児童家庭局『児童養護施設入所児童等調査結果（平成 25 年 2 月 1 日現在）』2015 年 1 月

5. カレン・バックマン他著、上鹿渡和宏他監訳『フォスタリングチェンジ 子どもとの関係を改善し問題行動に対応する里親トレーニングプログラム（ファシリテーターマニュアル）』福村出版、2017 年

6. クレア・パレット他著、上鹿渡和宏訳『子どもの問題行動への理解と対応 里親のためのフォスタリングチェンジ・ハンドブック』福村出版、2013 年

7. 御園生直美・上鹿渡和宏「乳幼児期における愛着障害の長期予後」『精神科治療学』星和書店、第 31 巻 7 号、2016 年

8. ラター，M. 他著（2009）、上鹿渡和宏訳『イギリス・ルーマニア養子研究から社会的養護への示唆』福村出版、2012 年

9. Nelson, C., Fox, N., Zeanah, C., (2014), *Romania's Abandoned Children: Deprivation, Brain Development, and the Struggle for Recovery,* Harvard University Press.

10. 友田明美『いやされない傷』診断と治療社、2012 年

11. Eamon, J, Mccrory et.al. (2011) 'Heightened neural reactivity to threat in child victims of family violence', *Current Biology, Vol21, No23.*

12. Young, R., Lennie, S., Minnis, H., (2011) 'Children's perceptions of parental emotional neglect and control and psychopathology', *Journal of Child Psychology and Psychiatry,* Vol52, No8.

13. 浅野恭子・亀岡智美・田中英三郎「児童相談所における被虐待児へのトラウマインフォームド・ケア」『児童青年精神医学とその近接領域』第 57 巻 5 号、2016 年

14. 厚生労働省「児童養護施設入所児童等調査結果」2013 年

15. 厚生労働省「社会的養護の現状について（参考資料）平成 29 年 12 月」

16. 永野咲、有村大士「社会的養護措置解除後の生活実態とデプリベーション―二次分析による仮説生成と一次データからの示唆」『社会福祉学』54（4）、2014 年

17. リチャード・ローズ、テリー・フィルポット著、才村眞理監修・翻訳『わたしの物語 トラウマを受けた子どもとのライフストーリーワーク』福村出版、2012 年

18. 才村眞理『生まれた家族から離れて暮らす子どもたちのためのライフストーリーブック』福村出版、2009 年

19. 社会福祉法人東京都社会福祉協議会児童部会リービングケア委員会「Leaving Care 児童養護施設職員のための自立支援ハンドブック 改訂 4 版」、2008 年

20. トニー・ライアン、ロジャー・ウォーカー著、才村眞理、浅野恭子、益田啓裕監訳『生まれた家族から離れて暮らす子どもたちのためのライフストーリーワーク実践ガイド』福村出版、2010 年

21. 永野咲『社会的養護のもとで育つ若者の「ライフチャンス」―選択肢とつながりの保障、「生の不安定さ」からの解放を求めて』明石書店、2017 年

I 社会的養護に関する基本的内容

第 5 章

社会的養護の実際

学習のポイント

　本章では、社会的養護サービスを利用している子どもたちが実際にどのような生活をしているのかについて学習するとともに、施設職員や里親がどのように子どもたちの養育、支援を行っているのかについて具体的に学習する。子どもにとって社会的養護の場は生活の場であるが、施設職員にとっては高度な専門性が求められる職場となる。どのような専門性が必要となるのかについて理解を深める。

施設養護の生活特性および実際

1 施設養護における子どもの暮らし

(1) 子どもとしての暮らしの保障

　社会的養護サービスを提供する場が施設であろうと、その暮らしが一般の家庭と大きく変わることは、子どもの権利擁護の観点から許されるべきではない。朝起きて、身支度を調え、食卓を囲み、食事をして、学校等に通う。帰宅後はおやつを食べたり、遊んだり、勉強をしたり。夕食の後にテレビを見たり、団らんをしたり、入浴したり。そしてあたたかい布団に入り1日を終える。そこには楽しいとき、悲しいとき、腹立たしいときなど、共感してくれる養育者があり、その存在によって子どもは安心して過ごすことができる。このように、子どもは発達状況に合わせた環境の中で「子どもらしく」育つことが望ましい。「子どもらしく」とは、発達に応じて、適切な生活環境や体験が養育者から提供され、養育者に対する十分な依存を経験することによってもたらされるものである。

　ただし施設は家庭とは異なる。異なる事柄としては、①社会的養護が子どもにとって一時的な生活の場であること、②そこで養育を担うのは保育士等、専門職であること、③そこで共に生活するのは血縁関係のない子どもたちであることの3つがあげられるであろう。これらはいくら施設を家庭環境に近づけたとしても、変わらない施設養護の特徴である。施設は家庭にはなり得ないが、こうした特徴を生かした支援を行うことができる。なお、社会的養護は原則として家庭で生活を再開するまでの一時的な養育の場であるが、一時的だからといって子どもたちに提供される暮らしがおざなりになってはいけない。

(2)　支援プログラムとしての暮らし

　施設に入所してくる子どもたちの多くは、入所以前、不適切な養育環境に置かれていた経験をもつため、それまでに「子どもらしく」育つ体験をしてこなかったことが多い。そのため、1日3食を定時に食べる習慣がなかったり、学校に通った経験がなかったり、あいさつなど他者とのコミュニケーションの仕方を学んでいなかったりする。このような生活習慣や社会性を年齢相応に身に付けるべきことができない状況がある。こうした状況の子どもたちには適切な養育環境を提供するだけでなく、それまでの生活の中で得られなかった体験を提供する機会を設ける必要がある。

　また、施設の家庭とは異なる点に関しての配慮も必要である。例えば多くの家庭では親が食材の買い出し、調理、配膳、片付けを行う。子どもはそれを生活の中で親と共に体験する。献立についても施設のように1か月分の献立表があるわけではなく、買い物の際に子どもと相談したり、家族の体調等を考慮したりしてそのつど決められる。子どもはこうした生活体験をとおして、自立に必要な事柄を学んでいく。しかし、施設では食材の発注は栄養士や調理師が行うことも多い。こうした場合、食材の購入や調理等を子どもが体験する機会は少ない。ほかにも銀行に行ってお金を下ろす体験や玄関の鍵を閉める体験など、家庭であれば知らず知らずのうちに体験する事柄が得られないことがある。

　したがって施設での暮らしにおいては、暮らしを支援プログラムとして構造化するという視点が必要なのである。

2　施設養護における子どもへの支援

(1)　生活の流れ

　表I-5-1 はある児童養護施設の1日の流れである。この時間どおりに子どもたちが動かないといけないというものではなく、目安である。子どもたちの暮らしはその発達状況や学年ごとに異なる。就寝時間については、身体の発達状況によって必

表Ⅰ-5-1　児童養護施設の１日

平日	幼児	小学生	中高生
6:00	起床・洗面	起床・洗面	起床・洗面
7:00	朝食	朝食	朝食
8:00		登校	登校
9:00	登園		
14:00	降園		
15:00	おやつ	下校・おやつ	
16:00			
17:00			
18:00	夕食	夕食	
19:00	団らん・入浴	団らん・入浴・学習	帰宅・夕食
20:00	就寝		団らん・入浴・学習
21:00		就寝	
22:00			
23:00			就寝

作成：和田上

要とされる睡眠時間が異なるため、学年が低いほど早い時間に床につくことになる。また幼稚園の保育時間は9時から14時までの園が多く、帰宅時間は早いが、中高生が部活に入った場合、帰宅は遅くなる。そのため、中高生は夕食の時間は年少児よりも遅くならざるを得ない。

　それぞれの発達状況や学年に応じて生活時間は異なるため、集団で暮らしている施設養護において、一斉に何かに取り組むのは困難であることが多い。表Ⅰ-5-1では起床・洗面と朝食は同じ時間で書いてあるが、部活の朝練などがある場合に中高生は年少児よりも早く朝食を済ませて登校することになる。施設の日課は子どもたちの生活に合わせて柔軟に提供される必要がある。

　ただし、集団で暮らす施設養護の特性を生かした取り組みを行うことも重要な意味をもつ。共用部分の清掃などの役割を子どもたちに担ってもらうことは、一緒に暮らすほかの子どもたちの役に立っているといった認識をもたせることができる。同時に自立にむけた生活体験としてそれを位置づけることもできる。食事の準備を当番制にして、それぞれができることを担当してもらうという方法も同様であろう。

　また食事や夜の団らんの時間などに、職員が子どもたちと、また子どもたち同士で和やかな時間を過ごすことも必要なこと

である。子どもたちは、親と離れて暮らさざるを得ない境遇にあるという点では皆、同じである。そこでは「自分だけがつらいわけではない」という感情をもつことも可能になるであろうし、共有できる感情も多くあるであろう。生活を直接担当する職員は、子ども集団の暮らしを集団援助技術の取り組みの場としてとらえ、子どもたちの共感性の高まりや葛藤などに着目した支援を行う。

　こうした集団援助技術の取り組みは、日々の生活だけでなく、夏のキャンプやクリスマス会など施設で取り組む年間行事においても活用できる。そこには明確な目標となるプログラムが存在するため、その目標にむけて取り組む子ども集団の日々の暮らしでは表れづらい感情の動きなどに着目することができる。行事を単にレクリエーションとして終わらせてしまうのではなく、支援プログラムの一環として認識することが重要である。

（2）　子ども同士の関係

　子どもたちの集団での暮らしは、個々のもつ問題性を高めることもあるが、個々のもつ問題の解消につながる機会をもたらすこともある。

　施設に入所してくる子どもたちは、それまで暮らしてきた家庭において傷を負っていることが多い。そのため、他者に対して攻撃的であったり、他者との関わりをもつことが困難であったりすることがある。そういった子どもたちが複数で暮らしているのだから、集団生活の中で問題が生じる可能性は高くなる。

　例えば、家庭において父親からの身体的暴力を経験してきた子どもは、父親への怒りとともに暴力を用いた対人関係形成の方法を学んでいるかもしれない。そういった子どもは施設の中で自分よりも弱い年少児に対して威圧的であったり、暴力を振るうかもしれない。こうした生活が職員により改善されなければ、この子どもは施設外でも同様の行為を行い、結果として孤立するかもしれない。また、威圧的な対応をされたり、暴力を振るわれたりした年少児たちは自身の傷つきをさらに深めるとともに、自身が成長した際に同じような態度を自分よりも小さい子どもたちにとるかもしれない。悪循環が続くことになる。

　こうした子どもたちの傷つきを癒やし、適切な社会性を身に

付けさせるのが施設の役割であるため、子どもたち同士の不適切な関係には迅速に対応する必要がある。その際には、個別対応と集団への対応という2つの視点が必要となる。

　子どものもつ問題行動の背景にはそれまでの生活体験があるため、単に叱るなどの行為だけでなく、治療的な視点で対応していく必要がある。その際には、その子どもの担当職員だけでなく、施設全体として問題を共有する。施設の特徴の1つである職員が専門性を有するという点は、施設においてチームアプローチによって大きな効果を発揮する。また、児童相談所や心理治療を行う外部機関などとの連携も重要である。

　施設養護は集団生活によって形づくられる。問題とされる事象が起きた場合には、集団に属する個々の関係性に目をむけることも必要である。なぜ問題行動が発生したのか、問題を直接起こした子どもとほかの子どもとの関係、職員との関係について検討することで、その背景が見い出せる場合もある。問題は子どもたちの中にある傷つきが表面化した状態であるととらえれば、治療的支援をするチャンスとなることを職員は意識する必要がある。

　また、子どもたちが一緒に暮らすことにより、よい影響を与え合うこともある。年長児が年少児の世話をすることで、年長児は周りから褒められ、自己効力感を高めることにつながる。年少児は世話をしてもらうことで、大切にされているとの感覚を得ることになる。ほかにも不登校だった子どもが、施設内の同級生に誘われて登校しはじめたとか、対人関係に怖ろしさを感じていた子どもが、同室の年の離れた年少児と関わることで、徐々にほかの子どもたちとも関われるようになったなど、さまざまな事例が見られる。子ども同士一緒に暮らしているからこそ、職員とは異なる関わりが互いにでき、それがよい影響を与えることもある。

(3)　子どもと職員の関係

　直接子どもたちへの支援を行う職員は、親に代わって子どもたちと暮らしを共にするという役割をもつことから、子どもと長時間一緒に過ごすことになる。一緒に遊んだり食事をしたり、勉強を教えたりして過ごすこともあれば、掃除や洗濯などの家

事をしたり、調理などをして傍らで過ごしたりすることもある。子どもたちは職員と共に何かをすることで、また同じ空間にいることで安心感を得る。親から不適切な行為をされていた子どもたちに、適切な大人のモデルを示すことは子どもにとって重要な学びとなる。共に過ごす時間が長いということは、職員の素の部分も子どもたちの前に露呈しやすいため、職員は自身の言動には常に気をつけていく必要がある。

　職員には子どもたちが自立していくのに必要なマナーなど、社会性を身に付けさせる役割もある。知っている人に会ったらあいさつをする、感謝の気持ちを表すときには「ありがとう」と言う、嫌なことをされたら「やめて」と言うなどの対人関係上必要な事柄を、職員自身の言動で示しながら伝えていく。子どもたちが職員を含めた他者に対して威圧的で攻撃的な言動を発したときには当然、それを制止するとともに、その背景を考慮した対応を取ることも必要になる。入所前の「暮らし」の中で負った子どもたちの傷つきは、入所中の「暮らし」の中で整えていくことが有効といえる。

　こうした役割を職員が果たしていくためには、子どもたちとの信頼関係の構築が不可欠である。信頼のおける大人として子どもに認識してもらうためには、子どもたち個々との関わりにおいて誠実な対応を心がけるとともに、専門職としてコミュニケーション技術やペアレンティング技術、ソーシャルワークなどの専門性を駆使する必要がある。

　また、職員にとって施設は仕事場であるが、子どもたちにとっては暮らしの場である。職員自身が過度に緊張していると子どもたちはリラックスして過ごすことができない。職員は子どもたちに必要となる環境は何かを考え、自身の言動もその環境に影響することを考慮しなければならない。

家庭養護の生活特性および実際

1 里親制度の概要

(1) 里親になるまでの流れ

　里親とは、児童福祉法第 6 条の 4 において、養育里親および厚生労働省令で定める人数以下の要保護児童を養育することを希望する者であって、養子縁組によって養親となることを希望するものその他のこれに類する者として厚生労働省令で定めるもののうち、都道府県知事が第 27 条第 1 項第 3 号の規定により児童を委託する者として適当と認めるものと規定されている。

　里親は誰もがなれるのではなく、子どもを育てていくにあたっての大前提として、「心身ともに健康であること」や「里親制度の趣旨を理解していること」が里親の要件に含まれている。その他、里親になるための要件が児童福祉法に明記されている。

---

① 養育里親研修を修了したこと
② 養育里親になることを希望する者およびその同居人が欠格事由に該当しないこと
③ 経済的に困窮していないこと

---

　②の欠格事由とは主に、成年被後見人または被保佐人であることや、禁固刑を受けていない、児童ポルノや児童虐待などの法律に違反したことがない、などがあげられている。

　上記の 3 つを満たしていたとしても、次のような流れをふまえたうえで、都道府県知事の認定を受け、登録を行ってから里親となる。

> ① 児童相談所への相談：動機、家族状況、経済状況、健康面等聞き取る
> ② 基礎研修の受講
> ③ 必要書類の提出：同居家族の履歴書、家族の戸籍謄本、健康診断書、住居の平面図、世帯の経済状況が把握できるもの、ほか
> ④ 認定前研修（登録前研修とも呼ぶ）：③と同時期に行う
> ⑤ 訪問調査、面接：家族との面接、家庭訪問調査
> ⑥ 意見提出：児童相談所が②や④の状況をふまえ児童福祉審議会に意見を提出する
> ⑦ 児童福祉審議会で審議
> ⑧ 里親認定：都道府県知事が審議会の意見を参考に認定
> ⑨ 里親登録：里親名簿に登載

　また、養育里親名簿の登録の有効期間は5年となっており、5年を経過する日までに、更新研修を受講することが求められている。

(2)　里親研修について

　養育里親・養子縁組里親にはいくつかの研修が行われている。子どもを受託する前に受講する必要があるのが「基礎研修」と「認定前研修」である。

　「基礎研修」では、基本的な社会的養護や里親制度の理解、社会的養護のもとにいる子どもについての理解を行う。また、乳児院や児童養護施設などの見学も行われる。おおむね2日間である。「認定前研修」では、子どもの心理発達面、児童相談所等の連携機関の理解などの講義や、里親として子どもを養育している里親の話などがおおむね2日行われ、その後乳児院や児童養護施設等での実習が2日程度実施されている。3年以上児童福祉事業に従事した者は一部の研修を免除される。

　養育里親は5年ごとに「更新研修」を受講する必要がある。社会状況や法律改正の理解、養育上の課題に対応する研修などが1日程度行われている。

専門里親は、養育里親として子どもの養育経験を求められるため、養育里親の研修に加え、3か月以上にわたる専門里親の研修を受講する必要がある。

　養子縁組里親はこれまで研修が義務付けられていなかったが、平成29(2017)年4月から基礎研修および認定前研修が義務付けられた。養子縁組里親研修と養育里親研修は一体的に実施してもさしつかえないとされているため、自治体によっては同じ内容で行われている。

(3) 里親の経済的負担について

　里親には、子どもに必要な生活費や里親手当が支給される。子どもに必要な生活費とは、衣食に関わる一般生活費や教育費で、医療費も支払われる。「養育里親」「専門里親」の里親手当は、子ども1人目と2人目以降それぞれ支給される(具体的金額は第6章参考)。

2 小規模住居型児童養育事業(ファミリーホーム)の概要

(1) 小規模住居型児童養育事業(ファミリーホーム)とは

　小規模住居型児童養育事業(ファミリーホーム)とは、社会的養護の子ども5〜6人を養育者の家庭に引き取って育てる事業である。第2種社会福祉事業に位置づけられている。ファミリーホームは、平成20(2008)年の児童福祉法改正で制度化されたが、それまでは里親が家庭に5〜6人の子どもを引き取って育てていたものが母体となっている。そのため、基本的に夫婦が子どもを養育している。

(2) 小規模住居型児童養育事業(ファミリーホーム)を行うには

　ファミリーホームの養育者は以下の1つに該当しなければなら

ない(「小規模住居型児童養育事業(ファミリーホーム)実施要綱」)。

---

① 養育里親として委託児童の養育の経験を有する者
② 児童養護施設、乳児院、児童心理治療施設または児童
　自立支援施設の職員の経験を有する者
③ 児童養護施設等を設置する法人が、その雇用する職員
　を養育者とする

養育者の家庭に児童を迎え入れて養育を行う家庭養護であり、養育者はファミリーホームに居住していること、養育者は里親登録が必要であることが前提である。そのため、事業ではあるが日本においては家庭養護に含まれている。

3　家庭養護の生活特性および実際

(1)　家庭養護の特徴

　家庭養護の大きな特徴は、養育者が 24 時間 365 日変わらないということである。施設の場合、職員は交代勤務で働いており、子どもの養育を一貫かつ継続して行うことがむずかしい。一方、里親やファミリーホームは 1 つの家庭として地域に存在しており、食事時間なども柔軟に生活を送ることができる。

(2)　家庭養護の実際

　里親やファミリーホームに委託される子どもは 0 歳から 18 歳までの幅広い年齢である。実親のもとで生活することができない理由は、虐待、養育拒否、親の死亡、行方不明、親の疾病などさまざまである。児童養護施設や乳児院に入所している子どもの背景と同様であるが、実際の里親・ファミリーホームにおける生活は施設とは異なる点が多い。
　実際に里親家庭で生活している子どもは、施設との違いを次のように述べている。

- 施設と比べて自分の好きなものを選んで食べられること
が多い。
- 施設では残り物は翌日に食べないが、里親家庭では夕飯
で残ったものを翌日の朝に食べることがあり驚いた。
- 学校の友だちと遊んだり、家に遊びに来たりすることが
施設にいるときよりも自由にできるようになった。
- 里親さんのお友だちや知り合いなど、地域の大人の人と
の関わりができる。
- 決まりごとはあるけれど、一人ひとりに合わせたルール
を里親さんと決めることができる。

　家庭養護は里親やファミリーホーム養育者の家庭での生活が
基盤となっており、養育者は委託児童と24時間365日生活を
共にしている。同じ家に帰り、毎日生活を送っているため、入
所施設の勤務とは異なる。例えば、施設であれば感染する病気
に職員がなった場合、休むことが求められるが、家庭養護では
一般の家庭のように家庭内で協力し合うことが求められる。ま
た、食事の時間や入浴の時間など、複数人が一緒に生活する施
設では時間が決められていることがほとんどだが、家庭養護で
は柔軟に対応できる点も異なる。それこそが家庭での生活であ
り、子どもが自立し大人になった際にも里親家庭での生活を生
かしながら成長することができる。

　里親は研修を受けているとはいえ、専門職ではない。また、
ファミリーホームの養育者も子どもの養育経験があるとはい
え、困難な養育になることもある。そのため、家庭養護を支援
するために児童相談所や里親支援機関、乳児院・児童養護施設
にいる里親支援専門相談員、里親会などが子どもと養育者を支
援している。里親やファミリーホームの養育者は、児童相談所
や里親支援機関などの関係機関とチームで子どもを養育する。

アセスメントと 個別支援計画の作成

1 アセスメントとは何か

　社会的養護では、支援者が子どもを見て、よかれと思う支援を感覚的に提供したり、同じような課題に同じ支援を当てはめたりすることはしない。支援を展開するにあたっては、それぞれの子どもと、その子どもを取り巻く環境の状況を明確にし、社会的養護が必要になった理由を明らかにするプロセスをふんでいる。これを、アセスメントという。

　なぜ、アセスメントが重要なのだろうか。ここに、虐待を受けたAちゃんとB君がいるとする。AちゃんとB君は、「被虐待」という同じ問題をもってはいるが、その問題の起こった理由や状況は、個々に異なっている。2人の子どもの年齢、性別、個性はもちろん、いつからどのような虐待を誰から受けてきたかもそれぞれに違い、家族形態や家庭の養育者の抱えている課題も違う。2人の子どもにとって味方となる環境が、どの程度あるのかも違う。このように、それぞれに違った状況に対して、支援者が感覚的によかれと思う支援を提供しても、解決にはつながらない。また、子どもと家庭の状況によっては、家庭での**在宅指導**がよい場合、祖父母など親族に養育へ協力してもらうのがよい場合、施設入所がよい場合、里親委託がよい場合など、さまざまな選択肢がある。さらに、例えばAちゃんとAちゃんの家庭には在宅指導がよいと判断された場合であっても、在宅で誰がどの程度、どのようにこの子どもと家庭を支えていくのかなど、Aちゃんと家庭を取り巻く**環境**によって、その支援はまったく違ったものになってくる。児童相談所のワーカー以外、在宅で過ごすAちゃんと家庭を支える人や機関がまったくないかもしれないし、Aちゃんが通う保育所の先生が、日々のAちゃんと家庭のようすを見守ることに協力してくれるかもしれない。近隣に、Aちゃんを気にかけてくれるご近所さんがいるかもしれない。

在宅指導
　虐待等で家庭に課題がある場合であっても、すべての子どもを一時保護したり、施設等へ入所させたりするわけではない。むしろ、子どもが家庭での生活を続けながら、児童相談所等による指導を子どもや保護者等が受けるケースが多い。

環境
　子ども本人だけではなく、家庭、親族、保育所・幼稚園・学校、病院、民生委員・児童委員、近隣の住民など、子どもの周りにある環境への視点を含めた支援が重要である。

第5章

社会的養護の実際

2 個別支援計画とは何か

アセスメントで、子どもとその家庭の状況やその置かれている環境を、ていねいに見極めたうえで、個別支援計画の作成につなげていく。個別支援計画とは、その名のとおり個々の子どもに対して作成される支援計画である。子どもとその環境の見極めは、虐待を受けているAちゃんとその家族の「現在」の環境、心身の状況などはもちろんであるが、「過去」と「過去からの影響」も含めて行われる。現在の状況は、過去から続く課題の延長線上にあるからである。そして、「Aちゃんへの虐待」という問題のみが単体であるのではなく、複数の課題が複雑に絡み合っているからである。

つまり、養育者の知的障害や精神障害により、子育てをする余裕や能力が不足していた、養育者がどのように子育てをしていいかわからず相談する先も知らなかった、ドメスティック・バイオレンスから逃げられない状況が続いていた、生活困窮によりすべての意欲を失ってしまっていたなど、過去に支援を受けられなかった、支えてくれる人が身近にいなかったといった複数の課題の延長線上に、「虐待」という問題が発生することが非常に多いのである。

このため、子どもを支えるために一人ひとりに応じて作成される個別支援計画では、アセスメントで見極められた、Aちゃんとと Aちゃんを取り巻く環境の状況をもとに、虐待を受けているAちゃんへの支援、そしてそれに必要な家庭や学校、医療機関、地域などAちゃんを取り巻く環境へのはたらきかけについての検討も行われる。Aちゃんだけではなく、Aちゃんを取り巻く環境へのアプローチも同時に行うことで、Aちゃんの環境にある悪循環を解きほぐしていくことが重要だからである。

個別支援計画は、子どもの過去・現在の環境の見極めと課題の分析とともに、子どもの将来を見据えた支援の計画である。例えば、児童養護施設の個別支援計画では、

・子どもの年齢や性別、家族構成、入所理由など基本的事項
・児童相談所との協議の内容
・子ども本人の気持ち
・子どもの家庭の意向
・子どもと家庭に関わる関係者・関係機関の意見

・短期計画、中期計画、長期計画

などが記入されており、計画は個々の子どもに応じたものとなっている。

　個別支援計画は、一度作成したら終わりというものではない。定期的に見直しをかけ、子どもの成長や変化、家庭環境やその他の環境の変化などに対応したものにしている。子どもによっては、例えば施設入所中に養育者が死亡する、行方不明になるということもあれば、養育者が結婚する、離婚する、新しいパートナーができるということもある。入所している子どもの知らないうちに、きょうだいが産まれる、増えるということもあるからである。

　児童相談所との協議によっては、養育者の指導状況や生活状況が芳しくなかったり、養育者との**面会交流**について**制限**を設けなければならなかったりすることもある。どういった協議を行ったか、その内容と結果はどのようなものであったかを明記し残していくことで、子どもへの支援の連続性を守り、支援者同士が一貫した支援を提供することにつながる。

　また、子どもや家庭の意向も重要である。社会的養護においては、子どもと家庭の意向が異なることも多々ある。子どもの意向は「家に帰りたい」であるのに、「危険だから帰すことができない」という、子どもの気持ちと現実とのギャップが生じることも少なくない。さらに、子どもは帰りたくないのに、養育者が子どもを家庭に戻すよう求めてくる場合もある。子どもも家庭も、自身の人生や生活は自身で決めることが重要である。しかし、子どもにとっての安全・安心を最優先に考えることが、支援者には求められる。相反する意向があっても、支援者としては「子どもの最善の利益」を検討した支援を取らなければならないのである。このため、例えば社会的養護の措置が子どもの意向に反するときにも、無理に従わせようとするのではなく、子どもの安全を確保した措置を取ったうえで、子どもの声に耳を傾けることが必要である。そして、子どもの能力に応じた話し方で、それが今、かなえられない理由を伝えていくことが求められる。また、養育者に対しても、可能な限り意向を聞き、かなわないならば説明を行うことが重要である。

　子どもと家庭に関わる関係者・関係機関の意見も重要である。子どもと家庭には、親族をはじめ、保育所や幼稚園、学校、医

面会交流について制限

　できる限り子どもと家庭の交流を断つことはしないが、子どもの施設入所等への同意が得られない、虐待や依存症による影響など子どもへの危険が予測されるなどの場合、面会交流に制限がかかる。交流禁止もあれば、支援者同席に限定、外泊は不可だが外出は許可など、状況によって違いがある。

療機関、地域近隣の住民、民生委員・児童委員など、さまざまな人や機関が関わってきた場合もある。こういった関わりが悪循環を生んでいるならば、それをときほぐすとともに、関わってきた、あるいは関わっている関係者・関係機関の意見を取り入れた計画を策定しなければならない。子どもも家庭も、地域の一員である。その生活する地域の中で、支えになり、見守ってくれる存在を1つでも多く増やすこと、共に連携していくことが重要だからである。

こうしたことをふまえ、短期計画、中期計画、長期計画が策定される。例えば児童養護施設での短期計画では、子どもにもよるが、数か月以内など、比較的短期間に子どもが達成することができるものを設定する。トイレットトレーニングによりおむつからパンツに移行する、お箸を使う練習をする、小学校入学にむけて交通ルールを覚えるなど、子どもの能力と必要に応じた目標を立て、具体的にそれをどのように達成していくかを検討し、支援者が連携して支援にあたる。長期計画は、これも子どもにもよるが、半年から2年くらいのスパンを見越した目標である。次年度の高校受験にむけて受験対策をする、次年度の家庭復帰をめざして家庭との交流期間を長くしていく、次年度の**自立をめざして預貯金を増やす**など、その子どもの状況によって必要な計画を立てる。なかには、中期目標を短期・長期の間に設けている場合もある。

これらの計画策定においても、子どもの気持ちの尊重が重要であることはいうまでもない。生活支援をとおして、子どもの気持ち、意向を聞いていくなかで、それを尊重すると失敗することが目に見えている場合もある。しかし、社会的養護で支援ができるうちに、失敗の経験を重ね、なぜ失敗したのか、どこで失敗したのか、次はどうすればいいのか、誰に助けを求めたらいいのかなど、子どもが学ぶことは多くある。社会的養護にある期間を無難に過ごさせる、個別支援計画が達成できればよいというものではなく、子ども自身が生活する力、生きる力、自分で生活・人生をつくっていく力を身に付けられるよう支援していくことが、個別支援計画の実行の際には求められている。

また、計画策定、計画の実行において、支援者がどれだけその内容を共に検討し、共有しているかが大切である。支援者による支援方法の違いはあっても、その目標とするところを共有

**自立をめざして
預貯金を増やす**
自立後、家庭復帰する子どももいれば、家庭の援助なく、ひとり暮らしをする子どももいる。高校在学中からアルバイトをしてひとり暮らしや進学・就職に備える子どもも少なくない。

し、子どもが一貫した支援を受けられることが何より大切であるからである。

第4節

記録および自己評価

1 記録はなぜ必要か

　社会的養護の支援者は、永久に変わらないとはいえない。児童相談所のワーカーが異動したり、施設職員が退職したり、担当職員が変わったりすることもある。里親やファミリーホームも、子どもを見守り続けたいと思っても、子どものようすの急激な変化への対応ができなくなったり、自身の心身の健康上の事情や、介護等の家庭事情、経済状況の変化など、さまざまな事情により養育を続けられなくなる事態になったりすることもある。支援の場がどこであれ、どれほど継続して子どもを支援したくとも、永久に見守ることはできない場合が多い。

　また、支援者が日々の生活の中で交代することもある。例えば施設職員は**24時間365日の体制**でシフトを組んで、子どもの生活を支えている。しかし、職員も休暇が必要なため、決まった職員が、常に子どものそばで生活し続けることはできない。

　しかし、一方で、子どもの生活・人生は、途切れることなく続いていく。支援者側の理由による待ったはなしなのである。支援者が代わることによって、最も影響を受けるのは子ども自身である。誰よりも中心であるはずの子どもの意向に関係なく、前の支援者との別れを体験し、次の支援者との新しい関係性を築かねばならない、あるいは、1日の中で支援者が交代することに慣れなければならないという現実がある。

　そこで活躍するのが「記録」である。もし、記録がなければ、支援者は、子どもについての情報をもたぬままに子どもの生活・人生への介入をすることになる。その結果、子どもは支援者が代わるたびに同じことを何度も尋ねられる、支援者がいないと

> **24時間365日の体制**
> 盆休みや正月なども家庭に戻ることができない子どもが複数いるためである。
> 夜間は非常勤の宿直担当職員を配置している施設もある。

きにあったことを何度も説明しなければならなくなる、すでに叱られて解決したことが伝わっておらず何度も叱られる、支援計画が人の交代にともなって頻繁に変わる、積みあげてきた努力が無になるなど、子どもにとって不適切な状況に陥ることは容易に想像できる。

　記録には、支援者が代わっても、子どもの生活や人生を引き続き守っていくことができる力がある。いかに記録を誰もがわかる形で残せるかによって、また、いかに記録を的確に読みとることができるかによって、子どもへの負担を減らすことができるのである。

2　記録とは何か

　社会的養護の記録にはどんなものがあるのだろうか。児童養護施設を例として考えてみよう。

　まず、子どもとその家庭を支えるために活用されているのが、ケース記録と呼ばれる記録である。ケース記録は個々の子どもごとに管理されている。それぞれの機関・施設によって、記録の名称や内容などは違ってはいるが、一般的には、フェイスシートからはじまり、アセスメントシート、支援計画などが続く。

　フェイスシートには、子どもの名前、生年月日、性別、入所理由と入所日、家族構成、家族の連絡先などが書かれている。子どもの家族構成や家族の連絡先など、変更の可能性がある事柄もあるため、変更の際にはそのつど変更事項を記入するようになっている。

　アセスメントシートは、前述のアセスメントで把握した情報をまとめたものである。子どもと家庭を取り巻く過去から現在に至る状況や環境、障害や疾病の有無およびその通院先、子どもと家庭の関係者や関係機関とのつながりなど、個々の子どもへの支援計画を作成するのに必要な情報が詰まった記録である。

　前述の支援計画もケース記録の中に含まれている。アセスメントで把握している事項をふまえ、また、支援において新たに得た情報も加え、一人ひとりの子どもに適した支援計画を支援者が協力して立て、共有し、一貫した目標をもった支援を展開している。

この支援の展開が、どのような状況で行われているかという進行状況を記した記録、また、立てた計画に沿って実行した支援が結果的にどのようになったかの評価をする記録も含まれている。

　これらをもとに、アセスメント、支援計画を定期的に、あるいは**必要時に**見直しながら、子どもへの支援が適切に行われているか、支援者が確認し、それぞれの支援者がどういった役割をもって目標達成に貢献していくかを見直している。

　これらのケース記録に含まれる記録は、閲覧できる人に制限がもうけられている。また、紛失することのないよう、持ち出しについても制限がある。パソコン環境が整っている現代では、ケース記録をパソコンで作成・保管する場合も多い。このときも、外部に情報が漏れないよう、データの持ち出しやインターネット接続に関する細かなルールが課されている。これは、子どもや家庭の個人的な情報を守るために重要なことである。

　記録には、このほか子どもが受けた心理検査や健康診断などの結果、母子健康手帳、措置に関わる書類などもある。また、子どもが家庭と交流する際に送られてきた手紙やFAX、通知表などを預かる場合もあったり、関係するほかの機関等とやり取りをした際の文書も一緒に保管されたりしている。さらに、子どもへの支援を検討するため、ケースカンファレンス等で使用するためにまとめた資料などもある。

　これらの記録は、子どもがのちに、閲覧あるいは自身の生い立ちについての説明を希望するときにも活用できる。自身の生い立ちについて、措置や委託中に解決できる子どもばかりではない。施設や里親等を巣立ってから、自身の人生を振り返りたいと希望する子どももいる。このため、記録は、子どもの生い立ちの振り返り、ルーツの確認のためにも、大切に保管する必要がある。

　また、支援者が交代し、退所児童と面識がない場合も少なくない。こういった場合、どのような子どもであったかと記録を紐解くことは、**退所児童等支援**を展開するために必要である。このほか、貧困や虐待の世代間連鎖が必ずしも起こるわけではないが、世代を超えて社会的養護が必要になった場合にも、親となった退所児童を含めた支援に、記録は役に立つのである。記録は、現在だけではなく、子どもの人生をつなぐものである

必要時に
　子どもの状況の変化（病気や気持ちの変化など）、子どもの家庭環境の変化（保護者の死亡や行方不明、再婚・離婚など）などにより、アセスメントや支援計画の作成のし直しが必要となることがあるためである。

退所児童等支援
　施設や里親等によるアフターケアのほか、退所児童等支援として、各種相談や講演、就労支援、資格取得等のための学習支援、居場所づくりなど、さまざまな支援が行われている。インケアにある時期から退所児童等支援事業所等と関係をつくっている子どももいる。

という意識をもって、作成、保管、活用することが重要である。

3　記録と自己評価

　記録は、子どもや家庭に関するものばかりではない。支援にあたる支援者自身や支援者集団としての自己評価も、重要である。

　子どもへの日々の生活支援の中では、多種多様な業務に追われるうちに、自身の専門性を見失ったり、思わず感情的になったり、スキルアップする余裕を失ったりなど、支援者が自身の知識・技術を振り返る機会を失ってしまうことがある。また、支援者集団が慣例や慣れによって、組織としての支援のあり方を振り返る機会を逸するということにもなりかねない。このため、個々の子どものニーズに応じた複数の支援を、同時進行で行う社会的養護の支援では、「自分たちの支援は、子どもの最善の利益につながっているのか」と、常に自身や組織を振り返る意識と機会をあえてつくっておく必要がある。そのために「自己評価」が毎年行われている。

　さらに、自己評価として支援者が自分たちの支援を振り返るだけではなく、外部の目も入れて「第三者評価」が行われている。第三者の視点が入ることで、ふだんは気づかなかった点を発見し、あらためて振り返り、支援の質をさらにあげるという目的がある。

　社会的養護関係の施設等は、そこで生活する子ども自身が、自分の生活する施設などを選ぶことができない措置の制度をとっていること、虐待を受けた子どもが増加していることなどから、高い支援の質が求められているため、「自己評価」と「第三者評価」の**双方が、子どもの最善の利益のために**機能することが重要である。

　社会的養護関係の施設については、現在、３か年度ごとに１回以上、第三者評価を受審し、その結果を公表すること、毎年度自己評価を実施することが義務化されている。また、これら評価に関わる記録は、支援の質の向上に関わる重要な書類として保管されるとともに、この結果は公表しなければならないとされている。評価基準についても、おおむね３年ごとに見直すこととされており、社会的養護にある子どもの支援の質の保障

双方が、子どもの最善の利益のため
　これらの評価は、支援者や施設ができていないことを罰するためにあるのではない。子どもの最善の利益のため、支援の質をあげる気づきや取り組みを促すためのものである。

を、確実にするための取り組みが続いている。

保育の専門性に関わる知識・技術とその実践

1 保育の知識・技術への意識の変化

　一昔前のわが国では、保育には専門性に関わる知識・技術が必要であるという意識が薄かった。保育が一見、ただ保育所等で子どもを預かるだけ、子どもと遊ぶだけに見える、つまり、家庭における家事・育児の延長線上にあり、誰でもできることではないかというイメージが根強かったからである。また、特に幼少期にある子どもの養育は、家庭において、女性が行うことを求められることも少なくなく、「**保母**」と称されていたように、保育に関わる職業も、「専門職」というより、女性の仕事と位置づけられていた時代もそう遠い昔ではない。

　世代等によっては、いまだにその感覚は残っていることもないとはいえないが、現在の子どもや子育てを取り巻く環境の変化や、保育を取り巻く状況から、保育の必要性、保育の専門性に関わる知識・技術に関する意識は大きく変化していることも事実である。

　例えば保育所では、保育所を利用する子どものみではなく、その子どもの家庭も含めた環境の把握と、その状況の変化による子どもの小さなサインを見逃さないよう、日々の支援が続いている。利用している子どもだけではなく、その子どもの養育をしている家庭の双方を支えるという機能に加え、保育所に通っていない地域の子どもと子育て家庭への支援にも、その専門性が必要とされる時代となっている。地域の子育て家庭に対し子育てに関する講演会を開いたり、保育所の給食体験により離乳食や幼児食のあり方を学ぶ機会を提供したり、保育所の設備を開放して共に遊び、過ごしたりするなかで子育てを支えるなど、地域に対して求められる役割も非常に大きい。

　また、保育所を利用していなくとも保育所の機能を利用でき

> **保母**
> 　かつて「児童福祉施設で児童の保育に従事する女子を保母という」とされ、昭和52（1977）年の児童福祉法改正までは女性の仕事だった。その後、男女雇用機会均等法改正に合わせて、平成11（1999）年に「保育士」と名称変更され、平成13（2001）年に改正された児童福祉法（施行は平成15［2003］年）では、国家資格として位置づけられた。

ること、そこに保育の知識・技術をもった専門家がいることは、地域で子育てをする養育者が、気軽に相談をすることができる貴重な機会となっている。

2　保育の専門性に関わる知識・技術とは

　こういった多くの役割をもった保育は、ただ子どもを安全に過ごさせ、子どもが喜ぶ遊びを適当に提供しているのではない。子育て環境が変化し、家庭の養育機能を補う必要性もあることから、個々の子どもの年齢、発達、能力などに応じた支援を意図的に提供しなければならない。このためには、それに対応できるだけの専門性に関わる知識・技術が必要である。

　例えば、保育所における保育の専門性に関わる「知識」としては、何より就学前の子どもたちの心身の成長・発達についての深い理解が必要である。ただ「〇か月、〇歳になったら××ができるようになる」などと暗記するのではなく、なぜそのころにそういった変化が訪れるのか、その変化にどのような意味があるのか、変化を促すはたらきかけにはどのようなものがあるのか、変化が訪れない場合のリスクにはどういったものがあるかなど、個々に異なる子どもの状況に合わせた理解が必要である。

　また、保育所は子どもの家庭での不適切な関わりに気づくことのできる重要な場でもある。虐待を受けている子どもにとっては、子どもが小さければ小さいほど、その状況がその子どもにとっては普通であること、養育者から虐待の事実に関して口止めされること、子ども自身が養育者をかばってしまうことなどから、訴えを出すことができないことも多い。おままごとの中で、親役の子どもが日々家庭において体験している言葉がけや関わりを再現しているのに、保育者が気づかなかったらどうだろうか。繰り返される違和感のあるあざに対して、「転んだ」と言う子どもや養育者の説明を、保育者が鵜呑みにして、「転ばないように気を付けるんだよ」と返答しているばかりであったらどうだろうか。洗濯されていないだろう服を着て登園してくる子ども、家で歯磨きをしていないだろう子ども、給食を猛烈な勢いで大量に食べる子ども、急に凍り付いたようなようすになる子どもなどに、「お風呂に入るのよ」「おうちでも歯をちゃ

んと磨くのよ」「よく噛んで食べなさい」「なにボ～ッとしているの？」といった声かけで済ませてしまっていたら、どうだろうか。これでは、不適切な環境に置かれている子どもたちを救うことはできない。

　子どもたちは必ず何かしらのサインを出している。こういった子どもの成長や発達に関する知識、出しているサインについての知識などを、日々の支援の中で敏感にくみ取るために、専門知識の深い理解が必要なのである。さらに、その理解をもとに、子どもに適した支援を支援者が共につくりあげ、**連携**して提供していく「技術」が必要なのである。

　「技術」として、遊びを例に考えてみよう。遊びはいうまでもなく、子どもにとって重要なものである。では、保育にとっての遊びとはどういうものだろうか。例えば保育所では、ただ遊んでいるだけに見えても、その場面には、保育者による子どもの心身の状況変化の把握、子どもの月齢や個々の能力に応じた遊びの選択と展開、個人と集団の双方の活用、気候や天候、危機管理をふまえた環境設定など、保育の専門知識を駆使した、さまざまな配慮と工夫である技術が詰まっているのである。それらを総合的に検討して、支援として提供している。

連携
　支援者はシフトによって毎日同じとは限らない。また、支援者は子どもに対する共通理解をもって、一貫した関わりをもつことが重要であるため、連携は欠かすことができない。勤務先内での連携はもちろん、関係する機関、施設、地域などとの連携も重要である。

3　知識・技術を身に付けるために

　こういった保育ができるよう、例えば保育士養成課程では、従来から、主に乳児保育、心理学、子どもの保健、家庭支援、相談援助などに関する知識と技術が培われてきた。
　そのなかで、
・子どもの心身の双方の健康、安全、発達
・子どもの心身の健康、安全、発達のために必要な対応
・幼少期の子どもの発達と保育
・子どもの家庭への支援のあり方
・相談援助のあり方
など、前述したように、子どものみではなく、子どもとその家庭への支援にも携わる専門職の養成をしている。子ども、子育てを支える専門職に必要なことを学ぶ養成課程において、その知識、技術を身に付けているのである。子ども家庭福祉に関わる仕事は、保育士のほかにも多数あり、子ども家庭福祉に関わ

ることのできる資格はほかにも複数あるが、保育士の特に幼少期にある子どもたちを支える深い知識・技術は、保育士のもつ**強み**であろう。

強み
保育分野を専門としている支援者、それ以外の分野を専門としている支援者の双方が、互いの学問領域を理解し、尊重し合い、連携することが、子どもへの支援の質に重要である。

　しかし、保育士に求められる専門性は、近年さらに高いものとなっている。それは、平成27(2015)年の「子ども・子育て支援新制度」の施行や、0〜2歳児を中心とした保育所等を利用する子どもの増加などの保育をめぐる状況の変化があるからである。また、子育ての負担感や孤立感の高まり、児童虐待相談対応件数の変わらぬ増加といった、子どもが置かれている状況への危機感があるからである。子どもの保育を取り巻く社会情勢は、ますます厳しいものとなっており、保育士の知識・技術は必要性の高いものとなっている。

　このため、平成29(2017)年には保育所保育指針に、保育のねらいや内容を年齢層ごとに明確化すること、養護に関する基本的事項を明記すること、職員の資質や専門性の向上を図ることなど、10年ぶりの改定が加えられた。さらに、一定の技能や経験をもつ保育士等については、相応の処遇改善によって職場に定着できるよう、キャリアアップの仕組みもつくられた。

　このうえで、令和元(2019)年度から適用されている保育士養成課程においては、より実践力のある保育士を養成しようと、保育士養成課程等の見直しが図られている。具体的には、①乳児保育(3歳未満児保育を念頭に置いている)の充実、②幼児教育の実践力の向上、③「養護」の視点重視、④子どもの育ちや家庭支援の充実、⑤社会的養護や障害児保育の充実、⑥保育者としての資質・専門性の向上といった改善である。

　なかでも、⑥の保育者としての資質・専門性の向上は、本節に特に関わりの深い点であろう。保育者の資質・専門性は、養成課程を修了したから身に付く、というものではないといった厳しさがある。養成課程で学んだあと、実践経験をとおして、さらに学びを深めていかなければならないものである。子どもと子育て家庭を取り巻く環境は、ますます厳しくなっている。それにともなって、保育者は、より高度により多くのことを求められることとなっている。だからこそ、実際に子どもと子育て家庭に関わるようになったあとが肝心である。保育の仕事を続けながら、常に保育者としてのスキルアップを図り続けていかなければならない。

保育に関わる仕事の待遇は年々改善されてはいるが、いまだ十分とはいえない。しかし、専門性についての意識は変化してきている。プロとして子どもと子育て家庭を育てる意識のさらなる高まりが、今後求められる。

第6節 社会的養護に関わる相談援助の知識・技術とその実践

1 社会的養護における相談援助とは

相談援助とは何だろうか。面接室や応接室といった部屋で、机をはさんでむき合い、利用者の困りごとを聞くといったイメージだろうか。

例えば児童養護施設での相談援助では、もちろんこういった面接室のような場を使って行う必要のあるものもある。しかし、多くは子どもたちの生活をとおして行われる。支援者は子どもとお風呂に入りながら、添い寝をしながら、ご飯やおやつを食べながら、テレビを見ながら、夜食をつくりながらなど、生活の中に自然にある場面を使って相談援助をしている。

生活の中で、視線のあり方がいつもと違っていたり、妙にハイテンションだったり、イライラしていたり、投げやりだったり、口数がいつもより少なかったり、何か言いたそうなのに言えないようすだったりなど、子どものようすが気になることはよくある。また、子どもの持ち物が不自然に少なくなったり、逆に増えたり、子どもの服が不自然に汚れて帰ってきたり、子どもの生活圏では服につかない臭いがすることなどもある。こういった変化を、支援者が**五感**を使って感じとることによって、どれほど小さなものでも見逃さず、生活の中で子どもが緊張することなく話ができるように日々心がけている。

また、子どもが家庭との交流をしてきた、学校の進路相談が迫っている、自立のために自立訓練室で生活しているなど、子どもにとって大きな変化のあるときにも、その前後も含めてあえて支援者は注意を払って見守っている。時に別の空間で話を

> **五感**
> 生活をとおした支援とは、五感をはたらかせるということである。子どもや保護者、そしてそれらを取り巻く環境がどのようになっているか、また支援による変化などを、五感を使って感じることが求められる。

することがよいと判断した場合には面接室などを使い、生活の場で自然に聞き取ることがよいと判断した場合には生活の中で相談援助を展開する。

このように、子どもが安心して話をすることができる場と機会を逃さないためにも、生活の中で行う相談援助は重要である。

また、子どもによっては、自分の困りごとが何なのかがわからない、困っているはずなのにそもそも困っていると認識できていない、本人は困っていないが他者は困っているなどといったこともある。例えば、施設に入所する前、日常的に暴言暴力の飛び交う環境で育っていたり、いないものとして扱われて育っていたり、ご飯をもらえる日ともらえない日があるなかで育っていたり、掃除や洗濯、入浴をする習慣のない環境で育っていたりなどすると、子どもたちにとっての普通とはどのようなものになるだろうか。暴言暴力が飛び交わない環境、自分の存在を認めてくれる環境、毎日きちんとご飯を食べられる環境、衛生的な環境などは、その子どもにとっては普通ではなく、むしろ異常なことではないだろうか。ご飯がきちんと食べられなかった子どもにとって、毎日きちんとあたたかいご飯が出てくることを繰り返し体験してはじめて、自分が普通だと思っていた環境は何か違うのではという思いを抱くことができる。安心で安全な生活を繰り返すうちに、自身の生きてきた道の振り返りがはじまっていく子どももいる。この気づきが芽生えるときや、振り返りをしている**プロセス**を逃さず、支援者がいかに相談援助を展開できるかが重要である。このように、支援者は、子どもたちからの相談を待つだけではなく、日々、子どもの変化はないか、子どもに必要なことはないかとアンテナを張り続けることで、自ら必要な相談援助を行っている。

プロセス
自身の生い立ちを整理し、振り返るプロセスでは、疑問、不安、怒り、怖れ、孤独、願いなど、さまざまな思いが子どもたちの中に現れる。それにともなう、子どもの心身の状況、生活、気持ちなどの変化を支援者が連携しながら察知し、必要に応じて適切なときと機会を選んで支援を展開していく必要がある。

2 社会的養護における相談援助の知識とは

社会的養護における相談援助には、
・対象児・者の過去・現在の環境に関する知識
・社会的養護とその関連領域の法律、制度・政策等に関する知識
・社会的養護に関連する他職種に関する知識
・相談援助のプロセスに関する知識
・必要な社会資源に関する知識

・障害や依存症、自傷などに関する知識

など、幅広い知識が必要である。子どもは個々に特有の家庭背景をもち、虐待による影響、知的・精神・発達・身体障害など、もっている課題も異なっているからである。

　児童養護施設を例に考えてみよう。児童養護施設のように、対象児の年齢層が広い場合には、それぞれの年齢に応じた成長・発達や、学習、思春期や性などに関する知識も必要である。また、子どもの人生を支える支援者として、前述のように生活をとおした援助であるため、

・子どもの日々の生活や状況に関する知識

・子どもの家庭の現状に関する知識

・子どもの言動に対応するための知識

・生活環境を整えるための知識（食事・衛生など）

・常識やマナーに関する知識

・子どもの健康や発達、アレルギー等に関する知識

・学習や進学、就職に関する知識

・**ひとり暮らしのための知識**

なども必要である。これらには、支援者としての専門知識というより、大人としての知識、社会人としての知識といえるものも含まれている。しかし、もし支援者が、ひとり暮らしに必要な引っ越しの諸手続きや生活上のトラブル、その相談先などを知らなかったら、困るのは子どもである。そのような知識も正しく身に付けておくことによって、子どもが安心して人生を切り拓いていくことができるようになる。

　また、子どもだけではなく、子どもと密接な関係にある家庭に関する知識も不可欠である。例えば児童養護施設では、親の知的・精神・発達・身体障害、疾患、依存症、ドメスティック・バイオレンス、服役、行方不明や死亡など、さまざまな課題がある。子どもがどういう家庭でどのような思いをもって成長してきたのか、それによって考えられる影響や対応は何なのかといったことを検討するためにも、家庭の課題に関する知識は重要である。すべての子どもと家庭が特有であり、課題が重複して存在していることが多いため、関連する他職種や、法律や制度・政策、社会資源も含めて、求められる知識はとても多く、深い。

**ひとり暮らしの
ための知識**
　ひとり暮らしには、生活リズムや金銭の管理、衛生管理などのほか、買い物や調理の仕方、役所や銀行の利用方法など自分でしなければいけないことが多くある。また、ひとりだからこそ、防犯はもちろん、危険な人・物との出会いや、借金への危機意識、困ったときの相談相手について伝えておくことは重要である。

3　社会的養護における相談援助の技術とは

　社会的養護における相談援助の技術として重要なのは、環境を見極め、再構築する技術である。

　子どもの環境を見極めることは、一見簡単なことのように感じられるかもしれない。しかし、子どもの現在の環境は、過去から続くさまざまな環境の悪循環の延長線上にあることが多い。

　例えば、児童養護施設に入所してきた子どもの現在の状況だけ見ると、「コミュニケーションを取りづらい子」としかとらえられないかもしれない。それだけでは、この子どもがなぜコミュニケーションを取りづらいのかがわからず、障害の有無を確かめることに終始するといった対応になりかねない。必要に応じて障害の有無を検討することももちろん大切である。しかし、その子どもの過去を理解するなかで、人間として存在を認められた生活をしておらず、食事も時折もらうだけ、声などほとんどかけてもらえなかった、部屋の片隅の定位置から動くことも許されなかった、などという状況にあったということがわかったらどうだろうか。こういう生活を続けてきた子どもにとって、人とコミュニケーションを取るということは、自然なことではなく、あり得ないことであるかもしれないし、恐怖であるかもしれない。このように、過去から現在までの環境をていねいに紐解いて、現在の環境を理解することがまず求められる。ここには、相談援助プロセスの理解をはじめ、相談を受けるための知識、技術が必要とされる。

　また、環境の悪循環は、子どものために、解きほぐしていかねばならない。子どもの家庭、措置や委託をされている施設や里親等、幼稚園や学校、医療機関、住んでいた・住んでいる地域など、子どもに関わりのあった・関わりのある関係者、関係機関との関係性を見直し、どこが機能していないのか、どういった関係性が不足しているのかをていねいに検証していく必要がある。子どもと子どもの家庭のために、例えば精神疾患がありながら医療機関の受診ができていない養育者の通院をはじめる、学校の先生に日々のようすの確認を依頼するなど、好循環となるようなはたらきかけをしていく。さらに、地域で見守ってもらえるよう、民生委員・児童委員にお願いするなど、必要

にもかかわらず不足している関係性を新たに構築していくことも重要である。ここには、相談援助に関わる法律、制度・政策、社会資源、他職種などに関する幅広い知識とそれに基づく連携技術が必要とされる。

このように、社会的養護における相談援助には、知識と技術を駆使して、**過去から将来までを見通した環境**をつくりあげる力が必要である。前項のように、相談援助についても日々自己研鑽をし、知識と技術を磨いていくことが求められている。

過去から将来までを見通した環境
将来は、その子どもの将来だけではない。その子どもにできるかもしれない、次代の子どもの生活の安心・安全も視野に入れた支援をめざす必要がある。

学習のふりかえり

1 社会的養護における施設養護と家庭養護の違いについて比較し、それぞれの特徴について考えてみよう。

2 保育所等の保育士と入所施設の保育士がもつべき専門性の違いについて整理しよう。

3 アセスメントおよび個別支援計画の立案の重要性について考えてみよう。

参考文献：
1. 厚生労働省「養育里親研修制度の運営について」
2. 厚生労働省「養子縁組里親研修制度の運営について」
3. 厚生労働省「小規模住居型児童養育事業（ファミリーホーム）実施要綱」
4. 全国里親委託等推進委員会『里親ファミリーホーム養育指針ハンドブック』2013 年
5. 児童育成協会監修『基本保育シリーズ　社会的養護＜第 2 版＞』中央法規出版、2017 年
6. 養子と里親を考える会『里親支援ガイドブック』エピック、2016 年
7. 相澤仁、犬塚峰子他『子どもの発達・アセスメントと養育・支援プラン（やさしくわかる社会的養護シリーズ 3）』明石書店、2013 年
8. 増沢高『社会的養護児童のアセスメント』明石書店、2011 年
9. 厚生労働省子ども家庭局長等通知「社会的養護関係施設における第三者評価及び自己評価の実施について（令和 4 年 3 月 23 日付）」
10. 全国社会福祉協議会ホームページ「社会的養護施設第三者評価事業　評価基準について」
11. 厚生労働省保育士養成課程等検討会「保育士養成課程等の見直しについて（検討の整理）」2017 年
12. F.P. バイステック著、尾崎新他訳『ケースワークの原則』誠信書房、2006

年
13. 宮井研治編『子ども・家族支援に役立つ面接の技とコツ』明石書店、2012
年

I 社会的養護に関する基本的内容

第 6 章

社会的養護の現状と課題

学習のポイント

　「社会的養護の現状と課題」では、社会的養護を取り巻く現状や課題について学習する。

①社会的養護で生活する子どもたちの背景、諸外国の状況をふまえた社会的養護体制のあり方、社会的養護における市町村と連携した在宅支援のあり方について理解する。

②施設の運営管理の内容や運営費の仕組み、社会的養護における虐待（被措置児童等虐待）の実態や要因、社会的養護における地域支援のあり方について理解する。

③社会的養護で生活する子どもたちの家庭支援のとらえ方やあり方などについて学び、社会的養護の課題について理解する。

社会的養護に関する社会的状況

■ **1** 現代社会における養護問題

　いつの時代においても子どもの養育は家庭のみで完結するものではない。これまで親以外の親族や近隣の人々、さまざまな社会施設や機関などが協働して子どもの養育を支えてきた。しかしながら、都市化、産業化、核家族化、地域関係の希薄化や、養育を支える施設や機関の未整備などにより、親に養育上の負担が集中するようになってきた。地域や親族による養育機能が低下するなかで、何らかの危機に家族が直面したとき、それに対し家族でうまく対処できず、養育上の問題を生じ、親子分離を強いられることもある。こうした養育上の問題を養護問題と呼ぶ。

　養護問題は社会や経済状況と密接な関係にあり、その内容は時代とともに変化してきた。戦後児童福祉法が制定されたころの養護問題は、戦争により親や家を失ったいわゆる戦災孤児や、浮浪児問題が多くを占めていた。1950年代半ばごろから日本は急速な高度経済成長期に入り、産業構造の変化にともなう職住分離、地域関係の希薄化、人口の都市集中化、核家族化を招き、地域における養育機能の低下をもたらし、養護問題の発生が促された。

　近年における養護問題の内容を児童養護施設や乳児院への入所理由から見てみると、入所理由は多様化傾向にある。両親のいずれかが大部分の子どもたちに存在するなかで、親がいても適切な養育を受けられない子どもたちが増加している。近年増加傾向にあるのは、「母の精神疾患等」や虐待に関係する項目である。特に近年関心を集めているものとして、「父母の放任・怠惰」「父母の虐待・酷使」「養育拒否」といった虐待があげられる。

　こんにちにおいても多くの入所理由の背後には、根強く**貧困**問題が存在する。貧困により家庭が破綻し、施設入所を余儀なくされる子どもたちが存在する。要保護児童の親の多くは不安

定な就労状況にあり、生活保護世帯、非課税世帯および低所得者世帯が多い。また家族での協力関係は薄れ、家族機能が著しく低下し、基本的な生活も成立していない家族が多い。家庭不和、犯罪、ギャンブル、薬物やアルコール依存症、精神疾患といった状態などにある親のもとでの生活から、子どもの多くは基本的生活習慣も身に付いておらず、低学力で、非行問題をもつ者が多い。貧困は世代で継承されることもあり、社会的にその継承を断ち切ることが重要であり、養護実践にそうした機能が求められている。

■ 2 社会的養護体制のあり方

　子どもの養育は先に述べたように家族以外のさまざまな資源による支援があって成り立つものである。核家族化や地域関係の希薄化等により社会全体における養育機能が低下するなかで、社会的養護の場が果たす役割はますます重要になってきている。多くの子どもたちは、家庭での養育を基盤に、それを補完するさまざまな社会的支援を受けながら生活している。しかしながら、現代社会におけるさまざまな要因により、家庭での継続的な養育が困難となり、社会的養護の場で生活することを強いられる子どもたちが存在する。要保護児童が生活する社会的養護の場は大きく2つに分けられる。1つは家庭養護（family-based care）である。これには里親が代表的なものとしてあげられる。もう1つは施設養護（residential care）であり、乳児院、児童養護施設、施設の分園として存在する家庭的養護（family-like care）といえるグループホームなどがある。こうした用語は2009年に国連で採択された「児童の代替的養護に関する指針」に基づくものであり、本指針は日本の児童養護を家庭養護や家庭的養護に大きく転換する契機となった。

　日本における要保護児童の生活場所は、家庭養護より施設養護が圧倒的に多い。一方、一部の欧米・オセアニア先進諸国では家庭養護が主流である。それらの国々では施設養護の主たる機能は治療的機能としての短期入所に限定されている傾向にある。

　平成28（2016）年に改正された児童福祉法第1条において、すべての子どもは適切に養育され、心身の健やかな成長発達や

その自立が図られる権利を有することが明確化された。さらに第3条の2において、子どもを家庭において養育することが困難である場合や適当でない場合にあっては、子どもが家庭における養育環境と同様の養育環境において継続的に養育されること、また子どもを家庭や当該養育環境において養育することが適当でない場合にあっては子どもができる限り良好な家庭的環境において養育されるよう、必要な措置を講じなければならないとし、家庭養護優先の原則が児童福祉法においても明確化され、そうした環境で育つ子どもの権利が明記されたと理解できる。

これまでも**ホスピタリズム**論に代表される入所施設の問題性については指摘されてきた。そしてこれが主張された1950年代当時から比べれば、乳児院や児童養護施設は大きく改善されてきた。しかしながら、施設であるがゆえの限界が子どもの養育においては存在する。年齢や子どもの発達課題上、施設養護が望ましい子どもも存在するといわれるが、継続的な養育者による家庭養護が望ましい子どもたちがほとんどである。特に乳幼児の場合には家庭養護の可能性を十分に検討する必要があろう。

ホスピタリズム
不適切な養育環境において生じる情緒的問題や身体的発育の遅れなどを意味する。
20頁、第Ⅰ部第1章第2節3項を参照。

3 養護問題発生予防を目的とした支援の必要性

親子分離を予防する支援の充実の必要性を誰も否定しないが、社会的養護と連続性をもって議論を進めていくことに困難をともなうことがしばしばある。その困難な要因について管轄行政の違いをあげることができる。子育て支援は市区町村、社会的養護は都道府県、政令指定都市等が担っている。市区町村が子育て支援の充実を図ることで、社会的養護の場への子どもの措置を予防することができる。しかしながら現実には子育て支援は保護者支援に終始する傾向にあり、子どもの養育を直接的に担うサービスは限られている。保護者と継続的には生活することが困難であるが、その他の養育者のもとで暮らしながら、保護者との生活を継続するといった形の養育支援を行っている自治体は少ない。

こうした背景には、管轄行政の違いとともに、社会的養護と子育て支援の連続性に対する認識の希薄さも存在する。現実に

は社会的養護の場で生活しながらも、週末実家庭で生活したり、普段は家庭で生活しながらも、定期的に社会的養護の場で生活するといった養育を柔軟に認めている自治体も存在する。里親家庭で生活しながらも、場合によっては定期的に宿泊をともなった施設の活用が必要な場合も考えられる。柔軟な制度的運用を含め、多様な子どもの養育支援モデルの構築が重要であり、そうした養育支援モデルを含めて社会的養護について検討する必要がある。また市区町村においても親支援とともに子どもの養育支援の具体化が必要であろう。すなわち、社会的養護と在宅を基盤とした養育支援のあいだには、ゆるやかなグラデーションをもった多様な養育支援モデルを想定し、その具体化にむけ都道府県および市町村双方からのあゆみ寄りが必要である。

　一方、こうした多様な養育モデルとパーマネンシー概念あるいは**アタッチメント**理論との整合性についても検討が必要であろう。社会福祉学や保育学を学ぶ学生であっても、保育所は親のための施設であるという認識が強く、主たる養育者と断続的に分離して暮らすという養育のあり方への否定感は強いように感じられる。また複数の養育場所で生活することは、子どもにとって混乱をもたらす可能性があることが指摘されることもある。里親養育においても委託当初の一定期間は、夫婦のどちらかが仕事を控え、子どもを預けず養育することを求められる場合もある。あらためて養育理念や養育観、それに基づいた養育支援のあり方に関する議論の必要性や、複数養育者の理論的構築が必要である。主たる養育者が子どもに一貫して継続的に関わる必要があるが、そのことは決して常に子どもを自分の手だけで養育することを意味するのではない。主たる養育者以外の家庭内外の人たちによって気遣われたり養育されたりするという体験は、主たる養育者による養育と同等に子どもの成長・発達には大切である。すなわち主たる養育者とのアタッチメント形成と同時にそれ以外の者とのアタッチメント形成も重要であり、子どもはそれらを統合して成長・発達しているといえる。

　現状の社会的養護と家庭生活のあいだには非常に距離感があり、場合によっては家庭での生活が可能である子どもも親子分離を強いられることもある。どのような養育理念に基づいた養育支援モデルを具体化するか、それは家庭養護の推進において

アタッチメント
特定の養育者との間に形成される情緒的絆である。
20頁、第Ⅰ部第1章第2節3項および77頁、第Ⅰ部第4章第2節3項を参照。

もきわめて重要なテーマである。里親家庭における養育者との関係を柱としつつも、里親以外の養育者との出会いは、子どもにとってそれと同等に重要であるはずである。養育を一定の家庭に閉じ込めない、チーム・ペアレンティングやチーム養育の実体化や子どもの成長・発達を促進する主たる養育者以外の「その他の関係」のあり方を社会的養護および子育て支援双方の立場からより深く検討する必要性を感じる。こうしたことが主たる養育者との関係の継続や、住み慣れた場での生活保障にも大きく貢献するといえよう。

第2節

施設等の運営管理

1 児童福祉施設の運営主体

(1) 社会福祉法における事業経営の規定

入所型の児童福祉施設には、①乳児院、②母子生活支援施設、③児童養護施設、④障害児入所施設、⑤児童心理治療施設、⑥児童自立支援施設の6種別がある。

こうした入所施設は、利用者の生活への影響が大きく、経営安定を通じた利用者の保護の必要性が高い事業であるため、社会福祉法において第1種社会福祉事業として位置づけられている。そして、第1種社会福祉事業に規定されている施設は原則として地方公共団体もしくは**社会福祉法人**が経営することとなっている。

社会福祉法人
社会福祉法により創設された、「社会福祉事業を行うことを目的として、社会福祉法の定めるところにより設立された法人」をいう（法第22条）。

(2) 社会福祉法人の組織運営

施設の経営や運営について重要な決定を行うのは社会福祉法人であり、法人に役員として、理事6人以上、監事2人以上を置くことになっている。その構成は親族関係者の数に制限があ

り、地域や各界の有識者をもって構成される。

　社会福祉法人の業務の決定は、原則として理事会で行う。理事会においては、定款に基づき予算の決定や決算の承認など法人の目的に沿った経営管理に関する審議や、施設長の任免、事業計画の承認・決定、財産の管理などを行う。また、理事会や評議員会において、入所している子どもの権利を擁護していくことを十分に論議、決議し、運営管理規定や就業規則、苦情解決体制を整備し、子どもの権利擁護が運営の中心に置かれているかを常に確認していく責任がある。

■ 2　施設の運営管理

(1)　「児童福祉施設の設備及び運営に関する基準」
∙∙

　児童福祉施設においても、組織運営にともなう人事・労務などの管理業務は必要であり、民主的・効率的・効果的に事業を運営する必要がある。施設の運営管理の内容としては、人事・労務管理のほか、事務管理、施設・設備管理、防火・防災管理、福祉サービスの提供等があげられる。施設の運営管理は、理事会から任命された施設長が施設全般の運営・管理に責任をもち、経営理念やサービス目標の実現・達成をめざす。

　児童福祉施設の運営は、入所児童の健やかな成長、権利を保障し、適切な保護・自立支援・指導等の実施が求められる。このため、児童福祉施設の設備運営について一定の基準が定められている。

　児童福祉施設の設備運営の基準については、これまで、「児童福祉施設最低基準」(昭和23［1948］年厚生省令第63号)に規定されていたが、平成23(2011)年の児童福祉法改正にともない「児童福祉施設最低基準」は改正され、平成24(2012)年4月より「児童福祉施設の設備及び運営に関する基準(設備運営基準)」に変更された。

(2)　安定した生活環境の保障
∙∙

　社会的養護に関する施設は、社会的養護を必要とする子ども

に対して養護と自立支援を行うことを目的としており、子ども
が安定した環境で生活できるよう、運営管理がなされる必要が
ある。

❶健康管理と衛生管理

　子どもの健全な発達を保障するうえで、子どもの心身の健康
状況を把握しながら、健康保持に努めることが重要となる。そ
のため、入所前に子どもの健康診断が義務付けられている。こ
のほか、子どもの病歴や予防接種の有無、施設入所前に利用し
ていた医療機関など、子どもの健康状態や疾病に関する情報を
把握することが必要となる。また、子どもの日々の健康状態や
発育状況について記録し、職員間で情報を共有することが求め
られる。

　さらに、多くの子どもが生活を共にする施設においては、感
染症の予防は重要である。毎日の健康チェックなどを実施する
とともに、発症した場合に、感染拡大を防ぐために施設におけ
る対応方法をマニュアル化し、感染症発症時に備えることも必
要である。

❷危機管理と安全管理

　社会的養護に関する施設に入所する子どもは、虐待などによ
り適切な養育を受けずに入所する子どもも多く、安心して生活
できる空間と人間関係が必要となる。

　そのため、環境の安定を図ると同時に、安全の確保が重要で
あり、日常的に起こりやすい事故や事件(子どもの問題行動や、
子ども間のトラブル、交通事故、怪我や病気、接触を禁止され
ている保護者の来訪など)を想定し、適切に対応することや予
防意識を職員が常にもっておくことが求められ、そのための対
応マニュアルの作成や研修が必要となる。また、定期的に施設
の設備の保守点検作業の実施や、避難訓練の実施も子どもの安
全を保障するうえで重要である。

(1)　施設の利用方式

　子ども家庭福祉サービスの利用方式には措置制度や利用契約制度等があるが、社会的養護に関する乳児院や児童養護施設、里親などについては主に措置制度がとられている。

　措置制度とは、各社会福祉関連法に基づいて都道府県や市町村などの行政（措置権者）が行政処分や措置として、国民に社会福祉サービスを提供する公的な制度をいう。

　利用契約制度では、サービスを利用者が自ら選択し、事業者との契約に基づき利用する。障害児施設による入所・通所サービスについては基本的には利用契約制度が導入されているが、障害のある要保護児童の施設入所については措置制度をとる。

　なお、保育所を含む保育の利用方式については平成27（2015）年の「子ども・子育て支援新制度」の創設にともない、市町村の関与のもとに利用者（保護者）が事業者との利用契約を行う形となった。この方式は、保育の必要性の有無や必要量に応じたサービス（施設型給付施設〔認定こども園、幼稚園、保育所〕と地域型保育給付事業〔小規模保育、家庭的保育、事業所内保育、居宅訪問型保育〕）を提供するために創設された。新制度では、サービスの利用を希望する場合、保育の必要性の有無や必要量等について市町村の認定（支給認定）を受ける。利用者は、この認定区分に応じて、ニーズに合った施設・事業への利用申請を行う。

(2)　施設の財源

　措置制度による児童福祉施設は、「措置費」と呼ばれる国庫負担金を基本として運営されている。都道府県または市町村などの措置権者が児童福祉施設への入所措置や里親委託を行った場合、その児童の入所後または委託後の子どもの支援に必要な費用を措置費といい、国および地方公共団体から支弁される。

　なお、保育所にはこれまで保育所運営費が支弁されてきたが、子ども・子育て支援新制度で「施設型給付」（認定こども

園・幼稚園・保育所を対象とした財政支援)が新たに創設されたことにより、平成27(2015)年4月以降は、市町村の確認を受けた施設・事業に対して施設型給付費が支弁されている(私立保育所の場合は委託費として支弁)。

❶措置費の内容と支弁方法

措置費は事務費と事業費に大別される。

事務費は施設を運営するために必要な費用であり、「人件費」「管理費」からなる。「人件費」は最低基準を基礎にその職種と定数が定められており、その職員の人数分を確保し、必要な給与で構成されている。給与は、基本的には国家公務員の給与に準じて本俸や諸手当分が算定されている。「管理費」は施設の維持管理のための費用であり、旅費、嘱託医手当、被服手当、補修費、保健衛生費、職員健康管理費、施設機能強化推進費などがある。

事業費は入所している児童が生活するために必要とされる経費であり、「一般生活費」「教育諸費」「その他の諸費」に分けられる。「一般生活費」は食費や日常生活に必要な経費である。「教育諸費」は、学校教育を受けるために必要な費用(教材費、通学費、学校給食費、見学旅行費、入学支度金など)であり、「その他の諸費」は施設入所中に必要となる不定期な経費(医療費、就職支度費など)である。

措置費の支弁方法は、事務費については施設の利用定員をもとに支弁額を決定する「定員払い方式」であり、事業費はその月の初日在籍児童数に月額単価を乗じて支弁される「現員払い方式」である。

❷国庫負担の基本額と負担区分

措置費は、児童福祉法の「最低基準を維持するために要する費用」として国および地方公共団体から支弁される。施設等への「措置」によって、入所後の子どものケアに必要な費用は措置費として施設等に直接支払われている。原則として、利用者本人またはその扶養義務者からは応能負担として費用の一部または全部を徴収し、不足する部分について、国と地方公共団体とで負担することとなっている。負担の割合は、表Ⅰ-6-1のように、国が2分の1額を負担し、残りを都道府県と市町村が一

表Ⅰ-6-1　措置費の負担区分

施設種別	措置主体の区分	児童等入所先等の区分	措置費等の負担区分		
			市町村	都道府県	国
母子生活支援施設・助産施設	市及び福祉事務所を管理する町村	市町村立施設及び私立施設	1/4	1/4	1/2
		都道府県立施設	ー	1/2	1/2
	都道府県、指定都市、中核市	都道府県立施設、市町村立施設及び私立施設	ー	1/2	1/2
その他の児童福祉施設・ファミリーホーム・自立援助ホーム・里親	都道府県、指定都市、児童相談所設置市	都道府県立施設、市町村立施設及び私立施設	ー	1/2	1/2
一時保護所	都道府県、指定都市、児童相談所設置市	児童相談所(一時保護施設)	ー	1/2	1/2

出典：児童福祉法による児童入所施設措置費等国庫負担金について(平成11年4月30日厚生事務次官通知、平成23年改正)をもとに山口作成。

表Ⅰ-6-2　里親に支給される手当等

里親手当(月額)	養育里親 90,000円(2人目以降：90,000円)
	専門里親 141,000円(2人目：141,000円)
一般生活費 (1人当たり月額)	乳児 60,390円
	乳児以外 52,370円
その他	幼稚園費、教育費、入進学支度金、就職支度費、大学進学等支度費、医療費、通院費　など

出典：厚生労働省「社会的養育の推進に向けて」令和4年3月をもとに山口作成

定の割合で負担している。

(3)　里親に支給される手当等について

　里親には①養育里親、②専門里親、③養子縁組里親、④親族里親の4つの類型がある。里親には里親手当が支給されるが、支弁額は里親の種類によって異なる。養子縁組を前提とする養子縁組里親にはその性格上、里親手当は支給されない。なお、これまでは親族里親についても里親手当が支給されなかったが、平成23(2011)年に厚生労働省は、扶養義務者ではない3親等内の親族(おじ・おば等)も養育里親として里親手当を支給できるよう改正した。また、子どものケアにかかる費用として、一般生活費(食費、被服費等)やその他の諸費(幼稚園費、教育費、入進学支度金、就職支度費、大学進学等支度費、医療費 通院費等)が支弁される(表Ⅰ-6-2)。

第3節 被措置児童等虐待とは

1 被措置児童等の虐待防止の経緯と定義

(1) 被措置児童等虐待防止の経緯

被措置児童等
被措置児童等とは、さまざまな事情によって実家庭で暮らすことができず、公的に養育されるため保護された子どものことをさす。すなわち、児童福祉施設、小規模住居型児童養育事業に措置された子ども、あるいは里親に委託された子どものことをいう。

被措置児童等虐待が認識されるようになった発端の1つに、平成7(1995)年、千葉県の児童養護施設での被措置児童等虐待の事件発生がある。この事件は、当時の園長による虐待に耐えかねた児童らが自らそのことを訴え出たため、発覚したものである。

そうしたことから、厚生労働省は、児童福祉施設長の「懲戒権乱用の禁止」に焦点をあて、平成10(1998)年に通知を出した。さらに、平成16(2004)年には児童福祉施設の最低基準の改正があり、児童福祉施設職員による入所児童に対する虐待等の禁止が明記された。しかし、その後も、児童養護施設における性的虐待等の事件が発覚した。そこで、平成18(2006)年に「児童養護施設における施設内虐待の防止について」(厚生労働省児童家庭局家庭福祉課長通知)が出された。ここでは、行政文書としてははじめて「施設内虐待」という言葉が登場したものの、強制力をもつものではなかった。

施設等に措置される子どもは、健やかに養育される権利があり、その福祉は保障されねばならない。しかし、施設等における虐待は後を絶たなかった。そこで、平成20(2008)年の児童福祉法改正により、「被措置児童等虐待防止」が規定された。「施設内虐待」にとどまらず「被措置児童等虐待」としたのは、一時保護所や里親家庭等も視野に入れた、より広い意味での社会的養護を受ける子どものための虐待防止であることを意味すると考えられる。

それにともない、「被措置児童等虐待対応ガイドライン」が出された。このガイドラインは、通告に関すること、通告の際、

都道府県等が行う措置、被措置児童等の権利について述べている。さらに、令和元(2019)年の児童福祉法の改正では、児童福祉施設の長等の体罰の禁止が明記された。

(2)　被措置児童等虐待の定義

　被措置児童等虐待については、児童福祉法第33条の10において定義されており、その定義は児童虐待の定義(児童虐待防止法第2条)と同義である。

　児童福祉法第33条の11では、施設職員等に対して、こうした虐待を行ってはならないことを定めている。さらに第33条の12においては、被措置児童等虐待を受けたと思われる子どもを発見した者は速やかに通告しなければならない、という通告義務を課している。同時に、通告を行った職員が特定されるような情報は守秘されるという規定も置かれている。また、当然のことながら、虐待を受けた子ども自身も届け出ることができると定めている。

2　被措置児童等虐待の現状と課題

(1)　被措置児童等虐待の現状

❶被措置児童等虐待発生の背景
　被措置児童等虐待の発生の背景には、職員個人の要因と施設全体の要因が考えられる。

　職員個人の背景としては、①職員自身の自己コントロールの問題、②専門職としての倫理観や養育観の問題、③子どもとの信頼関係未形成の問題等があげられる。しかし、こうした職員個人の問題については、施設全体の取り組みの中で、変化させていくことが期待される。

　施設全体の背景として考えられることは、①職員配置の問題などによる職員の過重労働、②職員への研修等の不足、③スーパーバイザーの配置が十分でないなどの職員への支援体制の未整備、④職員間の連携が不十分、⑤施設全体で体罰を容認するなどの雰囲気、⑥子どもの権利を守る観点の不足、⑦施設の閉

塞性などがある。こうしたことから、職員が追い込まれていることも考えられる。

❷数字と事例で見る被措置児童等虐待の現状

ここで被措置児童等虐待の現状のうち、特に施設等の種別、虐待を行った職員等の年齢・実務件数について、数字から見てみよう。以下は、「令和元年度における**被措置児童等虐待届出等制度の実施状況**」からの抜粋である。

令和元（2019）年度においては、被措置児童等虐待の事実が確認された事例94件について、施設等の種別内訳は、児童養護施設が圧倒的に多く、50件発生している。ただし、児童養護施設は、その他の施設と比較して施設数が多いため、発生件数も多くなっていると考えられる。なお11件ではあるが、里親・ファミリーホームでも虐待の事実が認められている点には、注意が必要である。里親・ファミリーホームでは、少人数の養育という利点がある一方で、多人数の施設と比較して、子どもも養育者も逃げ場がなく、養育者が養育の行き詰まりを感じ、子どもに関する悩みごとを抱え込んでしまいやすい。里親・ファミリーホームなどでの虐待を防ぐためには、抱え込まない環境づくり、すなわち、施設をはじめとした関係機関が、里親等と連携を密にとり、支援していくことが重要である。

虐待を行った職員等の年齢については、29歳以下の職員が30.9％と最も多く、若い職員が虐待を行いがちであるようにも見える。しかし、30〜39歳、40〜49歳の職員もそれぞれ12.4％、21.8％が虐待を行っている。虐待を行った職員等の実務経験年数については、5年未満の職員が50.5％であり最も多くなっている。ただし、年齢と同様に実務経験年数にかかわらず、どの年数の職員も虐待を行っている。年齢や実務経験年数が低い職員からの相談を受ける機会を設けたり研修を行う機会などを増やすとともに、虐待はどの年齢についても起こり得ることを認識し、対応していくことが重要である。

なお、被虐待児童の年齢は、10〜14歳が最も多く37.7％であり、続いて5〜9歳が32.5％であった。また、行われた虐待の種別は、身体的虐待が62.8％と最も高く、心理的虐待20.2％、性的虐待13.8％と続く。ただし、性的虐待や心理的虐待は、身体的虐待と比較して第三者が発見しにくかったり、見極めにく

被措置児童等虐待届出等制度
被措置児童等虐待届出等制度は、平成20（2008）年4月に改正された児童福祉法により法定化された。施設職員等による被措置児童等虐待について、都道府県市等が児童本人からの届け出や周囲の者からの通告を受けて、調査等の対応を行い、その状況を都道府県知事等が公表する制度のこと。

かったりするため、通告はされなかったものの、より多く行われている可能性はあるのかもしれない。

次に、被措置児童等虐待として報告のあった事例について見てみよう。

> **事例**
>
> ・話の最中に職員の注意を聞かなかった子どもに対し、感情的になり、頭部を叩く(身体的虐待)。
> ・病院からの通告で、里父から頭部にげんこつされたことが発覚。里親はすぐに通院させることをしなかった(ネグレクト)。
> ・職員が子どもをしかる際に、必要以上に責め立て、他職員の制止もきかなかった(心理的虐待)。
> ・女子児童に対し、複数回に渡って性行為を行った(性的虐待)。

事例を見ると、「こんなことで虐待をしてしまうのか」と思うような事例があるかもしれない。しかし、日々の子どもの養育の中で積み重なっていったものが虐待として表出してしまうことがあることを心にとめ、虐待を発生させないような環境づくりが求められる。

(2) 被措置児童等の虐待防止の課題

施設や里親等に措置される子どもは、すでに虐待を受けた子ども、また虐待を受けていなくても施設に措置される過程において、さまざまな事情を抱えている子どもであることが多いため、措置先での虐待は、さらなる心身への負担をかけることになる。そのような事態を避けるべく、虐待を予防することが重要になる。

職員としては、虐待は誰もが起こし得る、つまり、自分自身も虐待を行ってしまう可能性があるということをよく理解し、虐待が起こらないような施設等の環境づくりを積極的に行っていくことが最も重要になるだろう。虐待が起こらない環境づくりのためには、第三者委員会などを活用したオープンな環境、また職員同士が連携し支援し合えるような環境、そして、それ

が子どもたちにも周知されている環境であることが重要である。

　さらに、虐待の予防として重要なことは、子どもの権利擁護への視点である。児童の権利に関する条約には、子どもの意見表明権が明記されているが、子どもの意見を十分にくみ取ることのできる体制が未整備であると虐待が起こりやすくなってしまう。まず、子ども自身に自分の意見や意思を表明するのはよいことであり、その意見や意思は尊重される、と理解してもらうことが重要である。そのためにも、「子どもの権利ノート」などを活用することが有効であり、その配布・説明が徹底されるべきである。また、外部からの評価を受け入れる体制の整備、虐待が起こった場合にも子どもから声をあげることができるような環境の整備が必要であろう。

第4節 社会的養護と地域福祉

1　社会的養護と地域福祉の関係

(1)　地域福祉とは

　地域福祉とは、高齢や障害、貧困などさまざまな困難があっても、人々が地域の中で日常的な生活を営めるよう、地域住民や行政、また社会福祉関係機関等が相互に協力し、地域の人々の福祉の充実を図ることをいう。

(2)　地域における社会的養護関係の児童福祉施設の位置づけ

　地域福祉は、地域に住むすべての住民を対象としている。社会的養護を受ける子どもたちもまた地域に住む住民であり、地域に住んでいる以上、地域とは何らかの関わりをもつ。

　実際、里親に委託されている子どもも同様であるが、施設に

入所している子どもも、地域の保育所や学童保育所、放課後等デイサービス事業所、児童発達支援センターなど地域のサービスを利用しながら、日々の生活を送っている。また、施設では、地域の祭りに子どもたちと参加したり、清掃活動に参加したり、施設の行事に地域住民を招待するなどの活動の中で地域住民との相互交流を行ってきた。

　そのようななか、施設に対して、地域に住む子どもの養育とその保護者への支援を行うという役割も期待されるようになってきた（児童福祉法第48条の2）。児童福祉施設は、地域において、社会的養護を受ける子どもたちの養育の担い手、また児童福祉の専門家としての相談援助・子どもの養育支援の担い手として位置づけられている。

　さらに、平成29(2017)年には「新しい社会的養育ビジョン」が発表された。これによれば、今後はより多機能化し、高度に専門化された機能を有する施設としての位置づけが期待されている。

2 地域福祉における児童福祉施設の役割の現状

(1) 地域のさまざまなニーズに対応する役割

　現在、地域における児童福祉施設の役割は、前述のように一地域住民としての地域との関わりや社会的養護を受ける子どもたちの養育の担い手のみにはとどまらない。例えば、近年、地域福祉が推進されるなかで、児童養護施設や乳児院において、児童家庭支援センターを付設している施設も多くみられる。**子育て短期支援事業の夜間養護等（トワイライトステイ）事業**における夜間の子どもの保育や、**短期入所生活援助（ショートステイ）事業**における短期入所やレスパイトサービス等の取り組みを行っている施設もある。子育て短期支援事業においては、令和4(2022)年度の児童福祉法改正により、保護者が子どもと共に入所・利用することができることになり、子どもが自ら希望する場合にも入所・利用が可能となった。また、地域子育て支援拠点事業として子育てひろばを運営する施設もある。さらに、

子育て短期支援事業
ひとり親家庭等が安心して子育てをしながら働くことができる環境を整備するため、児童の養育が一時的に困難となった場合に、児童を児童養護施設、母子生活支援施設、乳児院、保育所、ファミリーホーム等で預かる短期入所生活援助（ショートステイ）事業、夜間養護等（トワイライトステイ）事業を実施する事業。

夜間養護等（トワイライトステイ）事業
保護者等が仕事やその他の理由により平日の夜間、または休日に不在のため家庭において子どもを養育することが困難となった場合、あるいは緊急の場合に、その子どもを預かり、生活指導、食事の提供等を行う事業。

短期入所生活援助（ショートステイ）事業
保護者による子どもの養育が一時的にむずかしくなった場合、子どものみを養育することもあるが、それのみならず、保護者が子どもと共に入所・利用することも可能。また、子ども自らが入所・利用を希望した場合も入所・利用が可能であるとされている。

里親を支援する機関を付設する施設も増加してきた。地域の子育てを支援することで、親子関係が深刻化する前に相談できる場所として、また地域の中で親子に声掛けをしていける存在として、その役割を発揮している。

　親子分離の可能性のある家庭、あるいは、施設に入所していた子どもが家庭復帰となる際には、地域のさまざまな施設・機関と協働して家庭への支援を行うことになる。協働する機関としては、例えば、市町村の児童家庭相談や要保護児童対策地域協議会、保健所・保健センター、保育所・幼稚園・認定こども園、学校、地域の子育て支援事業、民生委員・児童委員、また児童相談所等がある。児童福祉施設は、施設に入所・利用している子どもたちを地域と共に育てるとともに、地域の子どもたちの養育ニーズに応え、その支援を行う役割もあるといえる。

(2)　社会的養護を受ける子どもたちに果たす役割

　施設が社会的養護を受ける子どもたちに果たす役割としては、施設に入所している子どもたちのさまざまな背景や状況とむき合いながらケアするとともに、子どもと保護者との親子関係の再構築にむけた支援が重要となってくる。入所中の子どものようすから、再構築にむけた支援の手掛かりを得たり、保護者が子どもに連絡した際に施設職員もあいさつをしたり、子どもが自宅に外出・外泊する際に迎えに来た保護者と少しでも話をしたりなど、子どもと保護者の関係がよい循環となっていけるようサポートすることは施設の大切な役割である。また、親子関係の再構築は、措置の決定・解除を行う児童相談所の役割でもあるため、児童相談所と連携しながら支援をしていく必要があろう。

　児童養護施設や乳児院では、家庭支援専門相談員（ファミリーソーシャルワーカー）、里親支援専門相談員、個別対応職員などの直接処遇のローテーションに入らない専門職員が、施設の地域支援機能を担う体制を整備することになっている。しかし、現状において、家庭支援専門相談員等の専門職員であっても、直接処遇に入らざるを得ない状況にある場合もある。職員等の体制、配置、また施設内で直接処遇に入らない専門職員の意義について職員全員で理解するための研修の実施などによ

り、専門職員として配置されている職員が、本来の役割で活動できるよう施設全体で取り組んでいかなくてはならない。

3 地域において今後求められる児童福祉施設の役割

　平成29（2017）年8月、前年の児童福祉法改正（平成28［2016］年）を受けて、「新しい社会的養育ビジョン」が出された。これは、在宅での支援、代替養育、養子縁組といった社会的養育分野の課題と改革の具体的な方向性を網羅するもので、その各分野に抜本的な改革を求めている。社会的養護関係の児童福祉施設についていえば、従来の役割のみならず、子どものニーズに合致させるために、さらに高度で多機能化・専門化した役割が期待されることになった。具体的には、以下のようなことが提唱されている。

　母子生活支援施設には、現在、多くの同施設が担っているドメスティック・バイオレンス（DV）から母子を保護するシェルター的機能だけではなく、妊娠期からの産前産後のケアや親への教育、親子関係の再構築といった専門的なケアの提供など多様なニーズに対応できる機関となることが求められている。また、乳児院にも、母子生活支援施設と同様に、妊娠期からのケアや親子への専門的ケアを行うことが期待されている。

　また障害児入所施設についても、家庭で養育が困難である子どもの入所が多いことも鑑みて、家庭支援専門相談員などの配置が必要であるとされた。

　社会的養護を受けることになった子どもたちも、乳児院では入所後から長くとも数か月以内、児童養護施設においては3年以内を目安に家庭復帰もしくは里親委託、養子縁組にむけて最大限の努力をすることが求められている。さらに、さまざまな子どものニーズを考えたときに、現行の施設の種別に合わせた子どもの措置先としてではなく、子どものニーズに合わせて施設を再編することが重要であるとされた。さらに再編に加えて、児童養護施設、児童自立支援施設、児童心理治療施設などは小規模化される必要がある。具体的には、多くとも6人の子どもを養育する小規模な施設、さらには、ケアニーズが非常に高い場合は定員を最大4人とし、子ども1人に職員2人が配置され

る、ごく小規模なケアを基準とした。

　「新しい社会的養育ビジョン」において、乳児院や児童養護施設は、里親委託・支援を担う里親支援事業（フォスタリング機関事業）を受託することも期待されている。里親は地域の一般家庭であり、施設のように組織としてあるわけではないため、里親への支援体制を強化することは喫緊の課題である。その点、里親と同様に社会的養護を受ける子どもたちを養育している児童養護施設や乳児院には専門的な養育の経験と知識が蓄積されており、里親が養育に悩んだときに有効な相談援助を展開できる可能性がある。同時に、里親家庭で生活する子どもたちに対しても、生活・実親との交流・学習・進路などの面で相談に応じるなど、具体的かつ直接的な支援をできる立場にある。これまで児童福祉施設が培ってきた技術と実践を、里親家庭とその子どもたちのために提供することができると考えられる。

　令和4（2022）年、児童福祉法が改正された。この改正の趣旨は、子育て世帯に対する包括的な支援のための体制強化を行うことにある。具体的には、子育て短期支援事業では保護者と子どもが共に入所・利用が可能となった。また、妊産婦に対する支援や家事・育児支援を行う訪問事業や、親子関係の構築にむけた支援が法定化されることになった。あわせて、これまで乳児院や児童養護施設が担うこともあった里親支援事業（フォスタリング機関事業）が、「里親支援センター」となり、児童福祉施設として設置されることになった。さらに、児童養護施設に入所する子どもは、原則18歳で措置解除となっていたが、その年齢制限が撤廃され弾力的に運営されることになった。これにより、自立がむずかしくても次の支援につながるまで施設での措置が継続されることになった（令和6〔2024〕年4月施行）。

　総じて、社会的養護関係の児童福祉施設が、地域に貢献する場はより広がりをみせ、今後はさらに高度に多機能化・専門化された施設としての役割が期待されている。

社会的養護における家庭支援

1 親子関係の再構築

　社会的養護に措置された子どもの多くには、実の父母もしくはいずれかが存在している。だが、不適切な養育など何らかの事情で実親と一緒に暮らすことができないため、児童養護施設や里親のもとで暮らしている。以前は社会的養護に措置されると、18歳で措置解除されるまで児童養護施設等で暮らし、就労自立していく子どもが多かった。しかし現在では、可能な限り早い段階で家庭復帰の可能性を探り、それにむけて支援するとともに、年齢による一律の利用制限を弾力化することになった。虐待により心に傷を負った子どもの回復には、親との関係の修復が重要な役割を果たす。一方親もまた、適切な養育の方法を学び、子どもとの関係を回復することで、ふたたび子どもを自分の手で育てる暮らしを取り戻せる。そのため、こんにちの社会的養護では親子関係の再構築が課題となっている。これは家族再統合とも呼ばれるが、家族再統合というと、子どもが実親のもとに家庭復帰することを意味しているように誤解されやすい。実際には実親のもとには帰らず、里親委託となる子どももおり、また社会的自立をしていく子どもと実親との関係修復も意味しているため、よりわかりやすい親子関係再構築という言葉を使うようになった。

　厚生労働省は、平成26(2014)年に「社会的養護関係施設における親子関係再構築支援ガイドライン」を策定し、そのなかで親子関係再構築を「子どもと親がその相互の肯定的なつながりを主体的に回復すること」と定義している。ここでも必ずしも家庭復帰のみを目標とするのではなく、親子が一定の距離をとりながら互いに納得できる関係を模索することや、子どもが自身の生い立ちを受け入れていく過程を支援することも親子関係再構築に位置づけられている。また、親子分離中の親子のみならず、分離に至らなかった親子への支援や、家庭復帰後の親子

表Ⅰ-6-3　親子関係再構築支援の種類

分離となった家族に対して
① 親の養育行動と親子関係の改善を図り、子どもが家庭に復帰するための支援
② 家庭復帰が困難な場合は、親子が一定の距離をとった交流を続けながら、納得してお互いを受け入れ認めあう親子の関係を構築するための支援
③ 現実の親子の交流が望ましくない場合、あるいは親子の交流がない場合は、子どもが生い立ちや親との関係において心の整理をしつつ、永続的な養育を受けることのできる場の提供

共に暮らす親子に対して
④ 虐待リスクを軽減し、虐待を予防するための支援
⑤ 不適切な養育を改善し、親子関係を再構築し維持するための支援
⑥ 家庭復帰後等における虐待の再発を防止し、良好な親子関係を維持するための支援(アフターケア)

出典：厚生労働省「社会的養護における親子関係再構築支援ガイドライン」2014 年をもとに大澤作成

に対するアフターケアまで含んでいる。具体的には親子関係再構築支援は表Ⅰ-6-3 のように分類されている。

　この①～⑥の親子関係再構築支援を、乳児院・児童養護施設・児童心理治療施設・児童自立支援施設・母子生活支援施設が担うこととされた。

2　親子関係再構築支援の担い手

　親子関係再構築の支援は、措置を行う児童相談所の業務であるとともに、実際に子どもを養育している社会的養護の施設の業務でもある。乳児院や児童養護施設、児童心理治療施設などの施設には、保育士・児童指導員といった子どもの生活を直接支援するケアワーカーのほかに、心理支援を担う心理療法担当職員、より個別的な関わりを必要とする子どもに対応する個別対応職員、社会的自立をめざす子どもを支援する職業指導員、家庭復帰や里親委託を支援する家庭支援専門相談員、里親を支援する里親支援専門相談員、その他看護師、栄養士などの専門職が働いている。施設に入所している子どもとその実親との関係再構築には、これらすべての職員のチームワークと、児童相談所との連携、さらには地域の関係機関との連携が不可欠となる。ここでは特に親子関係再構築支援を中心的に担う家庭支援専門相談員(ファミリーソーシャルワーカー)を取りあげる。

　家庭支援専門相談員は、早期の家庭復帰等を支援する専門職員として、平成 11(1999)年に乳児院に導入された。その後、平

成 16(2004)年には児童養護施設、児童自立支援施設、情緒障害児短期治療施設(現児童心理治療施設)にも導入され、親子関係再構築にむけた支援を行っている。児童相談所と社会的養護の施設との間の調整役になるとともに、施設やケアワーカーと子どもの家庭との間を調整する役割を担っている。具体的には、入所児童のうち家庭復帰をめざしている子どもとその家庭に対して、家庭訪問や親子の面会、外出・外泊の調整、家庭復帰後の相談援助などを行う。子どもの成長やよいところ、施設が行っている養育の工夫を親に伝える一方で、これまでの親の苦労や努力を認め、養育に自信を取り戻せるようエンパワーする関わりをもつ。面会のない親に対しても、子どもの生活のようすを電話や手紙で知らせ、子どもへの関心を取り戻してもらう支援をしている。実親のもとには帰れないが、家庭的養育を必要とする子どもに対しては、里親委託や養子縁組を推進する業務も行っている。さらに、社会的自立をする子どもに対しては、これまでの生い立ちや親子関係を整理し、親をあきらめていく過程を支援することになる。このように早期の家庭復帰等を支援する専門職ではあるが、実際には家庭復帰に至らない子どもに対しても多様な支援を行っており、そのすべてが親子関係再構築の支援といえる。

　措置解除等によって親子の生活を再開するにあたり、児童虐待の再発を防止し親子関係を安定させるため、令和 4 (2022)年の児童福祉法改正において「親子再統合支援事業」が位置づけられた。親子の再統合が必要と認められる児童とその保護者を対象に、カウンセリングや保護者支援プログラムが提供される。

3　施設退所後の家庭支援

　社会的養護の施設が行う家庭支援は、入所児童の家庭に対するものだけではない。家庭復帰した親子や、社会的自立をした青年への支援がアフターケアとして継続していく。

　例えば、不適切な養育のため社会的養護に措置されていた子どもがもとの家庭に家庭復帰する場合、施設や児童相談所の関わりが退所とともに終了するわけではない。親子の暮らす地域の要保護児童対策地域協議会に引き継がれ、市町村、保育所や学校、民生委員・児童委員などと共に、社会的養護の施設は親

子の生活を見守るネットワークの一員になる。時にはもとの施設の家庭支援専門相談員が家庭訪問したり、電話で相談を受けることもある。

　社会的自立をした青年にとっては、社会的養護の施設や里親は実家の代わりになる。進学や就労の悩みを相談したり、生活の危機に際して最初に助けを求められる存在でもある。また、こうした青年たちが結婚・出産によって自分の家庭を築いたときに、その喜びを報告しに来るところでもある。彼らが自分の家庭を守り、生活を営んでいけるよう助言することも、社会的養護の家庭支援といえる。令和4（2022）年の児童福祉法改正では、これらの社会的養護を経験した青年に助言や情報を与え、相談に応じ、相互に交流できる場を提供する「社会的養護自立支援拠点事業」が新たに位置づけられた（令和6〔2024〕年4月施行）。

　また、母子生活支援施設を退所する母子が、職員を頼って施設の近隣に転居する場合がある。母子生活支援施設によっては、こうした母子に対して施設で学童保育や学習ボランティアを提供したり、定期的に食事会を開いたりして積極的に支援しているところもある。

　こうしたアフターケアは、社会的養護の家庭支援の重要な一端であるが、職員の交代や退職によって、その子どもを直接知る職員がいなくなることが課題になっている。それでも、記録を残すことで、将来自分の生い立ちを整理したいと思う元入所児の支援を行うことができる。

4　社会的養護の施設による里親への支援

　乳児院や児童養護施設に措置された子どものうち、家庭復帰が困難だと見込まれる場合には、より家庭的な養育環境を提供するために養育里親への委託や特別養子縁組を勧める場合がある。こうした業務を社会的養護の施設で担っているのが先述の家庭支援専門相談員と里親支援専門相談員である。

　里親支援専門相談員（里親支援ソーシャルワーカー）は平成24（2012）年に導入されたが、まだ配置のない施設もある。里親家庭の新規開拓や、入所児のうち里親委託候補児の選出、里親と候補児のマッチング、委託家庭の訪問などを行っている。里

親支援専門相談員が支援する里親は、必ずしも所属する施設出身の子どもを養育しているとは限らない。そのため、施設職員というより地域の里親支援のための専門職というべき存在である。

　里親による養育は家庭環境で行うというメリットがある反面、施設養育と異なり子どもを主として養育する大人が里親夫婦等に限られているため、養育者の負担が大きいというデメリットがある。施設職員のような勤務交代や休暇もなく、文字どおり24時間365日子どものケアを担うことになる。こうした里親の負担を軽減するため、子どものショートステイを受け入れ、里親のレスパイトケアを担うことも社会的養護の施設の役割である。

5　社会的養護の施設による 地域の子育て家庭への支援

　社会的養護に至らない家庭であっても、保護者への養育支援が特に必要な要支援児童や、出産前において出産後の養育支援の必要が見込まれる特定妊婦への支援が不可欠である。これらの支援は市町村の地域子ども・子育て支援事業において行われ、サービスの質・量の充実とともに、親子関係の構築にむけた支援も進んでいる。

　社会的養護の施設では従来から「子育て短期支援事業」としてショートステイやトワイライトステイを受け入れてきたが、令和4（2022）年の児童福祉法改正により、子どもが自ら希望した場合の入所・利用や、親子での入所・利用も可能となった。また同年の法改正により、「子育て世帯訪問支援事業」「児童育成支援拠点事業」「親子関係形成支援事業」が新設された。

　「子育て世帯訪問支援事業」は要支援児童やその保護者、特定妊婦、ヤングケアラーなどを対象として家庭訪問し、家事・育児に関する情報提供や援助を行うものである。「児童育成支援拠点事業」は養育環境等の課題を抱える学齢期の児童を対象に、児童に生活の場を与え、児童や保護者への相談等を行う事業である。「親子関係形成支援事業」は要支援児童・要保護児童とその保護者、特定妊婦等を対象に、親子間の適切な関係性の構築を目的とし、ペアレントトレーニング等を提供する事業である。

これらの新設の事業は、支援がなければいずれ社会的養護を必要とするようになる子どもや保護者、特定妊婦を対象としており、子育て支援と社会的養護が一体となった支援である。いずれも社会的養護の施設の高い専門性を生かすことが期待される。

第6節 社会的養護の課題と展望

1　今後の社会的養護の方向性

社会的養護のめざすべき方向性についてはこれまでに度々検討されてきた。平成23(2011)年の「社会的養護の課題と将来像」は平成28(2016)年の児童福祉法改正で子どもを権利主体と位置づけ直したことから全面的に見直すこととなり、平成29(2017)年に「新しい社会的養育ビジョン」を公表した。「新しい社会的養育ビジョン」では子どもの最善の利益を念頭に、すべての子どもが健全に養育される権利をもっていることをふまえ、家庭養育優先原則を徹底することが数値目標とともに示された。このような取り組みが計画的かつ速やかに進められるよう、令和元(2019)年度末までに「都道府県社会的養育推進計画」を策定することが義務付けられた。都道府県は地域の実情と国の目標をふまえ、計画期間中の具体的な数値目標と達成期限を設定することとされた。計画の具体的な記載事項は表Ⅰ-6-4のとおりである。

2　家庭的養護のメリットとデメリット

現在社会的養護に措置されている子どものうち、里親・ファミリーホーム委託となっているのは2割弱にすぎず、約8割の子どもは社会的養護の施設に入所している。そのうち約7割弱に当たるおよそ2万3,600人は児童養護施設で生活している。養育の単位が20人を超える大舎制の施設は減少し、定員規模

表Ⅰ-6-4　都道府県社会的養育推進計画の記載事項

都道府県社会的養育推進計画の記載事項
（1）都道府県における社会的養育の態勢整備の基本的考え方及び全体像
（2）当事者である子どもの権利擁護の取組（意見聴取・アドボカシー）
（3）市区町村の子ども家庭支援体制の構築等に向けた都道府県の取組
（4）各年度における代替養育を必要とする子ども数の見込み
（5）里親等への委託の推進に向けた取組
（6）パーマネンシー保障としての特別養子縁組等の推進のための支援体制の構築に向けた取組
（7）施設の小規模かつ地域分散化、高機能化及び多機能化・機能転換に向けた取組
（8）一時保護改革に向けた取組
（9）社会的養護自立支援の推進に向けた取組
（10）児童相談所の強化等に向けた取組
（11）留意事項

出典：厚生労働省「都道府県社会的養育推進計画の策定要領＜概要＞」2018年

の大きな施設でもユニット化に努めている。また、全国に約600ある児童養護施設のうち、多くの施設は地域小規模児童養護施設や小規模グループケア（グループホーム）を運営しており、ケア単位の小規模化が進んでいる。

　特に、小規模グループケアは地域の中にあり一般住宅に近い建物で、最大6人程度の子どもと数人の職員が共に生活するため、家庭に近い生活体験をすることができる。日常の買い物から調理、後片付け、掃除や洗濯といった当たり前の家事を、職員が子どもに見えるところで、あるいは子どもと一緒に行う。子どもの居室は個室が標準でプライバシーが守られつつ、少人数のため職員の目も行き届きやすい。外出や旅行もグループホーム単位で実施できるため、施設行事というより家族旅行に近い経験ができる。子どもは特定の職員との間に安定した愛着を形成することができ、落ちついた生活の中で年齢にふさわしい生活力を身に付けていくことができる。

　だが、不適切な養育を受けてきた子どもは、大人に対する基本的信頼感が育っていないため、試し行動や暴言・暴力などの育てにくさを示すことがある。本体施設であればさまざまな立場の職員が役割分担しながら子どもに接することができるが、グループホームでは特定の職員がすべて引き受けなければならない。交代勤務の都合で、基本的に1人勤務ということも珍しくなく、1人の子どもに個別の関わりを迫られると、その間はほかの子どもに対応できない。急な通院や学校訪問などの場合、応援の職員を頼まなければならないこともある。子どもにとっ

て安定的な愛着の対象であろうとすれば、どうしても勤務時間が長くなり、職員にとっては厳しい労働環境になる。また、子どもと職員の関係が密になるほど衝突や反発も生じやすくなるであろうし、そもそも人間同士なので相性が悪いということもあり得る。本体施設であればほかの職員に代わってしばらく距離をおくこともできるが、グループホームでは子どもと職員のどちらにとっても逃げ場がない。このようなデメリットは、本体施設の応援を得られるグループホームでさえ生じており、支援を得にくい里親家庭ではより深刻な事態を生じかねない。

3　社会的養護を担う人材の育成

　社会的養護の施設で直接子どものケアにあたる職員には、保育士、児童指導員、児童自立支援員、少年指導員などがいる。このうち国家資格であるのは保育士のみで、その他は教員免許状や社会福祉士等を取得した者の任用資格にすぎない。現状では、保育士養成カリキュラムでさえも、保育所保育士として必要な知識や技術を身に付けることに力点が置かれており、社会的養護の現場で求められる知識や技術は現場で学ばなければ十分とはいえない。まして児童指導員等には定められた養成課程が存在しないため、入職前の共通の学問的基盤がないというのが実態である。そのため、現場に入ってからのOJTや、社会福祉協議会が実施する職員研修等が欠かせない。

　養育里親になるには、児童相談所に申請したのち、数日の研修と実習を受けることが必要で、これにより里親登録される。そのほかに資格は必要とされず、長期の養成課程も存在しない。里子を委託されるかどうかは、里子候補児とのマッチングによるが、現在登録されている里親およそ1万4,400世帯のうち、実際に里子を委託されているのは半数未満のおよそ4,800世帯である。里子を養育している里親は、里親会でほかの里親と情報交換をしたり、児童福祉司や里親支援専門相談員の訪問を受けることでサポートを受ける。しかし、チームで養育する施設職員と異なり、基本的に里父母だけで里子を養育しなければならないため、負担が大きい。何か問題が生じていても、不調を理由に措置停止されることを恐れ、なかなか児童相談所に相談できない里親もいる。里親に対するサポート体制の強化が

課題である。

　社会的養護の施設では、保育所と同様に職員のなり手不足が深刻な課題になっている。子どもの成長に喜びを感じられる仕事である反面、養育のむずかしい子どもたちからの暴言・暴力に遭ったり、どれほど愛情をかけても変化しない子どもを前にバーンアウトしていく職員もいる。勤務時間の長さや夜勤の多さから、特に出産・子育て期の女性職員には厳しい職場環境でもある。今後社会的養育推進計画のもとでより養育のむずかしい子どもの専門的な養育を担うためには、職員がスキルアップできる体制が必要になるだろう。

　また、家庭養育優先原則を徹底するためには里親登録数と委託率の増加が急務である。そこで、令和4(2022)年の児童福祉法改正において、里親支援センターが新たに児童福祉施設に位置づけられた。里親の普及啓発に加え、里親のための相談援助、一時保育やショートステイ、家事援助など多様な支援の拡充が必要になる(令和6〔2024〕年4月施行)。

4　社会的養護におけるサービスの重層化

　わが国の社会的養護は、しばしば諸外国に比べて施設養護に偏重しており、里親委託率が低いと指摘されてきた。また、これまでの施設養護には課題もあった。小規模化が進んでいるとはいえ、いまなお施設の中には家庭的な生活環境とはいいがたいところもある。職員による体罰や、子ども同士の暴力、性加害といった問題は繰り返し生じてきた。しかし同様の問題は里親委託や特別養子縁組でも起こり得る。里親委託や特別養子縁組をすれば子どもの養育課題がすべて解決するわけではないのである。そのため「新しい社会的養育ビジョン」が掲げているような短期間で数値目標をあげての里親委託推進には懸念も寄せられている。

　これまでの社会的養護の仕組みとして、施設の入退所にあたって子ども自身や保護者の意見が十分に反映されるようにはなっていなかった。施設生活での権利擁護にもまだ課題はあり、措置解除された子どもの中には、施設や里親宅での生活を二度と思い出したくないと感じている子どももいるかもしれない。そこで令和4(2022)年の児童福祉法改正において、一時保護や

入所措置・措置解除などの決定時に子どもの意見や意向を聞き取る「意見表明等支援事業」が位置づけられた。また、入所中のケアにおいて、子どもの権利が擁護されるよう取り組むことが都道府県等の業務とされた(令和6〔2024〕年4月施行)。

　これまでに述べてきたように、里親養育には家庭養育のよさが、施設養育には子どもの生活を保障しながらチームで養育にあたる懐の深さのようなものがある。したがって、今後の社会的養護は施設養護から里親委託へ移行するという単純なものではないだろう。子どもの生活環境を家庭的なものにする取り組みは、引き続き重要な課題である。子どもと養育者との愛着は極めて重要ではあるが、施設か里親かという排他的な二者択一を迫るべきではない。例えば施設で生活しながら、親族宅や里親宅で休暇を過ごす経験ができること、里親委託であっても定期的にショートステイを利用することで里親・里子共にリフレッシュができることなど、相互利用の利点がある。また、現在社会的養護に措置されている子どもの中には、経済的保障や適切なサポートさえあえば養育可能な親族がいる場合もあり、親族里親登録が進めば解決するかもしれない。さらに、親子分離には至らない家庭であっても、さまざまな理由で親子ともにリフレッシュが必要なことはある。地域の中にショートステイや一時保育を担う里親がいたり、家事・養育の支援が得られるなど、実親子の地域生活を支える取り組みも今後の社会的養護に求められる。

学習のふりかえり

1 社会的養護体制や、そこで生活する子どもたちの背景について理解し、諸外国の状況をふまえ今後の社会的養護のあり方について理解できた。

2 施設運営のあり方や、被措置児童等虐待の現状について理解し、その要因や防止について理解できた。

3 社会的養護における地域支援の必要性やその内容について理解すると同時に、社会的養護で生活する子どもたちの保護者への支援の内容やあり方について理解できた。

参考文献：

1. 新保育士養成講座編纂委員会編『社会的養護（新　保育士養成講座5）』全国社会福祉協議会、2011年
2. 中山正雄編著、浅井春夫監修『児童養護の原理と実践的活用』保育出版社、2004年
3. 相澤仁編集代表『子どもの養育・支援の原理（やさしくわかる社会的養護シリーズ1）』明石書店、2012年
4. 小池由佳、山縣文治編著『社会的養護（新・プリマーズ・保育・福祉）』ミネルヴァ書房、2013年
5. 山縣文治、林浩康編『よくわかる社会的養護　第2版』ミネルヴァ書房、2013年
6. 山縣文治、林浩康『社会的養護の現状と近未来』明石書店、2007年
7. 厚生労働省社会福祉法人の在り方に関する検討委員会「社会福祉法人の在り方に関する検討委員会報告書」2014年
8. 厚生労働省雇用均等・児童家庭局「社会的養護に関する今後の見直しについて」2009年
9. 厚生労働省「社会的養護体制の充実を図るための方策について」『社会保障審議会児童部会社会的養護専門委員会報告書（概要）』2007年
10. 厚生労働省「社会的養護の課題と将来像」『児童養護施設等の社会的養護の課題に関する検討委員会・社会保障審議会児童部会社会的養護専門委員会とりまとめ概要』2011年
11. 厚生省「児童福祉施設最低基準（厚生省令第63号）」1948年
12. 厚生省「児童福祉施設の設備及び運営に関する基準（厚生労働省令第115号）」2014年
13. 全国社会福祉協議会・全国児童養護施設協議会「養育単位の小規模化を一層すすめるために～養育単位の小規模化プロジェクト・提言～」2010年
14. 松崎芳伸『児童福祉施設最低基準』日本社会事業協会、1949年
15. 認定NPO法人ブリッジフォースマイル「全国児童養護施設調査2012：施設運営に関する調査」2013年
16. 資生堂社会福祉事業財団『世界の児童と母性』VOL.74、資生堂社会福祉事業財団、2013年

17. 厚生労働省「令和元年度における被措置児童等虐待届出等制度の実施状況」

18. 厚生労働省雇用均等・児童家庭局家庭福祉課・厚生労働省社会・援護局障害保健福祉部障害福祉課「被措置児童等虐待対応ガイドライン～都道府県・児童相談所設置市向け～」2009 年

19. 厚生労働省新たな社会的養育の在り方に関する検討会「新しい社会的養育ビジョン」2017 年

20. 厚生労働省「社会的養護関係施設における親子関係再構築支援ガイドライン」2015 年

Ⅱ 障害児保育の基本的内容

第 **1** 章

障害児保育を
支える理念

学習のポイント

「障害児保育を支える理念」では、「障害」とは何かを学び、障害のある子どもの地域社会における共生のあり方について学習する。

① 「障害」の概念について、障害者基本法および国際生活機能分類から理解を深める。

② 障害のある子どもの権利の保障を実現するための基本的な理念となる「子どもの権利条約」や「障害者の権利条約」について学び、かつそれらを障害児保育の実践と関連付けて理解を深める。

「障害」の概念と
障害児保育の歴史

1 「障害」とは何か

「障害」をどのようにとらえるかという障害観は、障害のある
子どもの保育に大きな影響を及ぼすものである。それぞれの人
生や生活における経験から「障害」に対するイメージは形成さ
れるものであるが、ここでは法律や国際的なモデルにおける「障
害」の定義や構造について解説する。

(1) 法律における障害の定義

障害児・者を支援する法律として「障害者基本法」(平成23
〔2011〕年改正)がある。第2条で「障害」を定義している。

○障害者：身体障害、知的障害、精神障害(発達障害を含
む)その他の心身の障害(以下「障害」と総称する)がある
者であって、障害及び社会的障壁により継続的に日常生
活又は社会生活に相当な制限を受ける状態にあるものを
いう
○社会的障壁：障害があるものにとって日常生活又は社会
生活を営む上で障壁となるような社会における事物、制
度、勧業、観念その他一切のものをいう

ここで注目すべきことは、障害と社会的障壁(事物、制度、慣
行、観念など)との相互作用によって「障害」という状態がおこ
るという考え方である。例えばコミュニケーションという観点
から考えてみると、聞こえが悪い人を「聴力障害」としている
が、周囲の人々すべてが手話を身に付けていれば意思疎通に何
ら問題はなく、障害の状態にはないということになる。手話は

いくつかの地方自治体の条例においては「言語」として位置づけられている。

> 鳥取県手話言語条例
> 　第1条　この条例は、手話が言語であるとの認識に基づき、手話の普及に関し基本理念を定め、県、市町村、県民及び事業者の責務及び役割を明らかにするとともに、手話の普及のための施策の総合的かつ計画的な推進に必要な基本的事項を定め、もってろう者とろう者以外の者が共生することのできる地域社会を実現することを目的とする

　また同法において、「全ての国民がかけがえのない個人として尊重される」理念に基づき、障害の有無によって分け隔てられることなく「共生する社会」の実現が謳われている。それには「観念」も位置づけられており、私たちのもつ障害者への偏見や差別などが彼らの生活に制限を加えることになっていないかをあらためて考える必要がある。

(2)　障害観の転換：国際障害分類(ICIDH)モデルから国際生活機能分類(ICF)モデルへ

❶国際障害分類(ICIDH)モデル

　WHO(世界保健機関)の障害分類は、国際的にも広く認知されている。WHOは1980年に「国際障害分類(ICIDH：International Classification of Impairments, Disabilities and Handicaps)」を提示した。その考え方は障害を3つのレベルに整理したものである。図Ⅱ-1-1で示すように「疾患や変調」により「機能障害」が生じ、それがもとで「能力障害」が発生し、その結果として「社会的不利」がもたらされるというものである。

> 機能障害：心身の形態または機能が、病気や外傷などの原因で損なわれている状態
> 能力障害：機能障害の結果、活動能力が制限されている状態
> 社会的不利：能力障害のために進学、就職、文化活動などの社会的参加が制限されている状態

図Ⅱ-1-1　ICIDH：WHO 国際障害分類（1980）の障害構造モデル

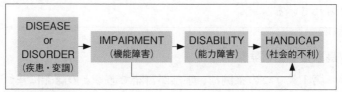

出典：厚生労働省資料

　ノーマライゼーションの普及などにより、障害を一方向でと
らえることは本人の能力の限界に問題を帰しているとの批判
や、「社会的不利」は環境との相互作用において決まるという観
点を取り入れる考え方が広まってきた。WHO の障害分類は新た
に見直され 2001 年に国際生活機能分類として改訂された。

❷国際生活機能分類（ICF）モデル

　国際生活機能分類（ICF：International Classification of
Functioning, Disability and Health）は、人間の生活機能と障害に
関する状況を記述することを目的とした分類であり、健康状
態、心身機能、身体構造、活動と参加、環境因子、個人因子か
ら構成される。

> 健康状態：本人の変調や病気
> 心身機能：身体系の生理的機能（心理的機能を含む）
> 身体構造：器官・肢体とその構成部分などの、身体の解剖
> 　　　　　学的部分
> 活　　動：課題や行為の個人による遂行
> 参　　加：生活・人生場面への関わり
> 環境因子：人々が生活し、人生を送っている物的・社会的・
> 　　　　　態度的環境
> 個人因子：個人の人生や生活の特別な背景

　ICIDH モデルとの一番大きな違いは、対象が「障害」から「生
活機能」に変わったことである。これは病気や「障害」といっ
たマイナス面から「生活機能」というプラス面に視点を移した
ということで、いわば 180 度の考え方の転換である。また、ICF
モデルは、生活機能から障害を分類し、障害のある人々の人生
や生き方にまで視野を広げており、ICIDH から ICF への変換は

図Ⅱ-1-2　ICF：WHO 国際生活機能分類(2001)の生活機能構造モデル

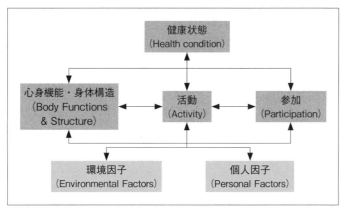

出典：厚生労働省資料

「医療モデル」から「社会モデル」への変換ともいわれている。

　これまでみてきたように、法律や WHO の生活機能分類は新しい「障害観」を提唱していると考えられる。「障害」とは特定の個人に存在するものではなく、社会環境との相互作用においてつくりだされるものであるという考え方である。社会の枠組みや制度が人々に不自由さや制限をもたらすのであれば、個人の能力の向上だけでなく社会環境の整備や充実によって解消すべきである。この障害観を障害のある子どもの保育や暮らしに当てはめて考えてみると、子どもの可能性を広げるための環境構成などの重要性をあらためて認識する必要がある。

2　障害児保育の歴史

(1)　第2次世界大戦終戦まで

　障害のある子どもの福祉や教育は明治時代後半からみることができる。明治24(1891)年に石井亮一が知的障害のある子どものために創設した滝乃川学園(当初は孤女学院)があり、肢体不自由のある子どもに対するものとしては大正10(1921)年に柏倉松蔵が開設した柏学園がある。また、視覚障害や聴覚障害のある幼児に教育・保育がはじめて提供されたものとしては、大正15(1920)年京都市立聾唖学校に保護者有志によって創立さ

れた京都聾口話幼稚園がある。その後、昭和20(1945)年第2次世界大戦の終戦を迎え、さまざまな分野で改革が行われた。

昭和21(1946)年11月公布、翌年5月より施行された日本国憲法で「教育を受ける権利」が国民の基本権の1つとして規定された。また昭和22(1947)年に公布された教育基本法で「教育の機会均等」が規定され、同時に公布された学校教育法によって、盲・聾・養護学校が学校教育の体系に組み込まれた。また同年には児童福祉法が制定され、戦争孤児や浮浪児などの保護だけでなく障害児の福祉が図られていくことになる。

(2) 児童福祉法制定以降の障害児保育の発展

昭和22(1947)年に児童福祉法が制定され、その後障害の種別に応じて施設が専門分化されていく。昭和26(1951)年の5月に児童憲章が制定され、その11条で「すべての児童は、身体が不自由な場合、または精神の機能が不充分な場合に、適切な治療と教育と保護が与えられる」と規定された。

昭和32(1957)年、知的障害児通園施設に、昭和38(1963)年には肢体不自由児施設に通園部門が付設されるが、利用する子どものほとんどは就学年齢に達している6歳以上の年齢であった。その背景には養護学校の義務教育化が実施されておらず、就学猶予・免除となった障害のある学齢期の子どもを通園施設で処遇しているという状況があった。また、特に幼い時期は家庭の中で家族の愛情で育まれるべきであるという**3歳児神話**などの影響もあり、保育所での障害児保育は積極的に推進されることはなかった。

障害のある未就学の子どもの保育や療育が前進した契機は、昭和54(1979)年の養護学校教育の義務教育化が開始されたことにある。これによって障害のある幼児期の子どもの福祉施策が発展する流れへと移行する。昭和44(1969)年に肢体不自由児通園施設の新設、昭和47(1972)年に重症心身障害児施設の新設、昭和50(1975)年に難聴幼児通園施設の新設が行われ、障害のある子どもの日中活動の場が次々と設けられた。

保育所における障害のある子どもの保育については、昭和49(1974)年に厚生省児童家庭局通知(当時)として「障害児保育事業要綱」が出され、障害のある子どもを保育所に受け入れて保

3歳児神話
子どもが3歳になるまでは母親は子育てに専念すべきであり、そうしないと子どもの成長に悪影響を及ぼすという考え方である。平成10年版厚生白書の中で「少なくとも合理的根拠は認められない」と言及している。

育することに国がはじめて言及した。しかし、受け入れ可能な
子どもは、①保育に欠けること、②おおむね4歳以上、③障害
の程度は軽度である知的障害または身体障害の児童とされた。
また、受け入れる保育所にも、①定員がおおむね90人以上の
施設、②障害児の定員は施設定員の1割程度であること、③保
育士2人の配置および経費補助で実施、④国や地方自治体の事
前協議による指定保育所方式などの条件が課されているもので
あった。

　昭和53(1978)年には新たな障害児保育の方針が打ち出され
る。障害児の保育は保育所の保育機能によって対応できる範囲
で実施すること、保育に欠ける中程度の障害児まで受け入れる
こと、指定保育所方式を撤廃、対象児童には人数に応じて一定
額の助成を行うことなど障害児保育の前進がみられた。

　さらに平成10(1998)年の「障害児保育対策事業実施要綱」で
は、①保育に欠ける児童であること、②集団保育が可能で日々
通所できる者および特別児童扶養手当の支給対象児童(所得制
限による支給停止の場合も含む)となり、対象とする子どもを
拡大した。

(3)　保育所における障害児保育の現状と課題

　平成10(1998)年の「障害児保育対策事業実施要綱」において
は「障害児の保育を推進するため、障害児を受け入れている保
育所に対し保母の加配を行うことにより、障害児の処遇の向上
を図るとともに、障害児保育を行うために必要となる設備整備
等の助成することにより実施保育所の拡大を図る」といった対
策をとってきた。障害児保育に対する加配については、昭和49
(1974)年から平成14(2002)年までは特別児童扶養手当支給対
象4人に対し、保育士を1人加配できるような補助を行ってい
た。

　平成15(2003)年より障害児保育事業については補助事業か
ら地方交付税による一般財源化措置へと移行している。また、
平成19(2007)年以降は重度の障害児以外の特別な支援が必要
な子どもに対しても補助算定対象を広げ、配置比率についても
児童2人に対し保育士1人とした。

　今後は保育士加配や設備整備という物理的な側面だけでな

く、障害児保育の質の向上に目をむける必要がある。先にみた
障害者基本法では、障害児・者への支援に「合理的配慮」とい
う言葉を用いている。障害児の保育を「特別な支援」としてと
らえるのでなく、理にかなった必要な関わりとして保育士は実
践することが求められる。

第2節 障害のある子どもの地域社会への参加・包容（インクルージョン）および合理的配慮の理解と障害児保育の基本

1 障害児・者福祉の理念

(1) 児童の権利に関する条約（子どもの権利条約）

1989年11月に第44回国連総会において児童の権利に関す
る条約が採択された。平成6(1994)年4月に日本はこの条約に
批准した。第3条の「児童の最善の利益」は児童福祉の最も基
本となる理念を提唱している。「児童に関するすべての措置をと
るに当たっては、公的若しくは私的な社会福祉施設、裁判所、
行政当局又は立法機関のいずれで行われるものであっても、児
童の最善の利益が主として考慮されるものとする」と記してい
る。第23条では、「差別の禁止」として「精神的又は身体的な
障害を有する児童が、その尊厳を確保し、自立を促進し及び社
会への積極的な参加を容易にする条件の下で十分かつ相応な生
活を享受すべきであることを認める」とし、障害のある子ども
の権利について規定している。

(2) 障害者の権利に関する条約（障害者権利条約）

2006年12月第61回国連総会で障害者の権利に関する条約
が採択され、日本は平成26(2014)年1月に批准した。批准した
国には、障害のある人が社会生活を営む各分野で、障害のある
人の権利を守るための厳しい義務が課せられる。本条約では第

7条に、障害のある児童の権利と、権利行使するための障害および年齢に適した支援を提供される権利を有することを規定している。また第24条では、障害者の教育の権利とこれを差別なくかつ機会の平等を基盤として、あらゆる段階における**インクルーシブ教育システム**と生涯学習について規定している。

さらに権利を実現するために個人の必要性に応じて「合理的配慮」という新しい支援のあり方を提示している。合理的配慮とは、障害のある人が「他の者との平等を基盤としてすべての人権および基本的自由を享有し又は行使することを確保するための必要かつ適切な変更及び調整であって、特定の場合に必要とされるものであり、かつ不釣合いな又は過重な負担を課さないものをいう」と第2条で定義されている。

(3) 国内法：障害者基本法・障害者総合支援法・障害者差別解消法

障害者権利条約の批准にともない、国内の法律が改正・制定されていった。

❶障害者基本法

平成23(2011)年に障害者基本法が改正された。第1条では目的として「全ての国民が、障害の有無にかかわらず、等しく基本的人権を享有するかけがえのない個人として尊重されるものであるとの理念にのっとり、全ての国民が、障害の有無によって分け隔てられることなく、相互に人格と個性を尊重し合いながら共生する社会を実現する」と目的規定の見直しをしている。第3条では具体的に地域での共生社会の実現のためにあらゆる分野の活動において参加の機会や意思疎通のための手段の選択の機会が確保されることが明示されている。

❷障害者総合支援法

平成24(2016)年に障害者自立支援法における法の目的を変更し「障害者の日常生活及び社会生活を総合的に支援するための法律(障害者総合支援法)」が公布された。この法では身体障害、知的障害、精神障害(発達障害を含む)に加えて、政令で定める難病等による障害がある者を障害者の範囲に加えており、

> **インクルーシブ教育システム**
> 人間の多様性の尊重等の強化、障害者が精神的および身体的な能力等を可能な限り最大限度まで発達させ、自由な社会に効果的に参加することを可能とするとの目的のもと、障害のある者と障害のない者が共に学ぶ仕組みである。障害のある者が教育制度一般から排除されないこと、自己の生活する地域において初等中等教育の機会が与えられること、個人に必要な「合理的配慮」が提供されることなどが必要とされている。

「制度の谷間」のない支援の提供をめざしたものとなっている。また目的を「基本的人権を享有する個人としての尊厳にふさわしい日常生活又は社会生活」を営むことができると、人としての権利をあらためて明記している。

❸障害者差別解消法

「障害を理由とする差別の解消の推進に関する法律（障害者差別解消法）」は、すべての国民が障害の有無によって分け隔てられることなく、相互に人格と個性を尊重し合いながら共生する社会の実現をめざすことを目的に、平成28 (2016) 年に施行された。この法律では、行政や民間事業者に対して障害を理由とした不当な差別的な取り扱いを禁止するほかに、障害者から社会的障壁の除去の意思表明があった際に、過重な負担にならないときは必要かつ合理的な配慮をするように努めなくてはならないということが定められている。

合理的な配慮とは、障害者の権利・利益を侵害することとならないよう、障害者が個々の場面において必要としている社会的障壁を除去するための必要かつ合理的な取り組みであり、その実施に伴う負担が過重でないものとされている。本法律では、社会的障壁を「障害がある者にとって日常生活又は社会生活を営む上で障壁となるような社会における事物・制度・慣行・観念その他一切のもの」と定義している。

具体的な社会的障壁として、定義に応じて整理する。

① 事物の障壁とは施設や設備などについてであり、階段しかない建物や、右手でしか使えないはさみなどがある。

② 制度の障壁とはルールや条件によるもので、申し込み方法が手書き文書のみであること、来店による受け付けのみであることや同伴者を求めることなどがある。

③ 慣行の障壁とは明文化されていない多数派によるしきたりなどをさし、緊急時のアナウンスが音声のみの場合や視覚でしか認識できない署名や印鑑での契約などがある。

④ 観念の障壁とは無知や偏見、無関心であり、「障害者はかわいそうだ」などの決め付けなどがある。

合理的配慮には障害の特性に応じて、代筆、手話、特性に応じた席の提供、視覚的手がかりの提供などがある。書籍やノー

トなどを用いた読み書きに困難がある発達障害には、タブレットなどの補助具を用いることも含まれる。

　また、令和3(2021)年には法改正が行われ、合理的配慮の提供を民間の事業者にも義務付けることとなった(令和3〔2021〕年6月4日から3年を超えない範囲で施行)。これにより、これまで民間の事業者の「努力義務」とされていた合理的配慮の提供が、国や地方公共団体などと同様に「法的義務」とされた。

2　障害児保育の基本

(1)　地域の中で暮らすこと－仲間と共に育つ

　前項でみてきたように、障害のある子どももない子どもも互いの個性や人格を尊重しながら、地域の中で共に暮らすことを当然の考え方として保育者が認識する必要がある。子どもは子ども同士で生活をするなかで互いの個性を理解し、時にはぶつかり合いながらそれぞれの感じ方ややり方の違いを認め合っていく。その違いを「障害名」や「疾患名」という特定のものさしから名付けることがあっても、それは子どものすべてを表すものではない。子ども同士がそれぞれの違いとどう折り合っていくかを見守り、支援することがインクルージョン保育の基本である。

(2)　それぞれの子どもに応じた関わり

❶生活歴の把握

　一人ひとりの子どもの生活歴を把握することは障害の有無にかかわらず大切である。障害児の場合の障害種別により、発見される時期や育ちの経過は大きく異なる。子どもや家族を理解するためには、その経過を把握することが重要である。

1)　出生前および出生後早期にわかる障害

　妊婦の血液を採取するだけで胎児の障害が推定できる新型出生前診断により、ダウン症などの染色体異常が発見されることがある。出生前診断の本来の目的は、出生後のケアの準備をすることにあるが、障害のある子どもを出産すべきかどうかの葛

藤を生むことが少なくない。また、出生直後に顔貌などからダウン症が疑われ、染色体検査の後に診断される場合もある。脳性まひは生後4週間の間に出現する筋緊張の異常によって診断される。これらの段階でわが子の障害を告げられる母親のショックは強い。医療的ケアを必要としたり、体調が安定しなかったりする赤ちゃんの子育ては、親の心身双方に負担が大きい。地域の母親同士の交流や地域の子育て支援拠点に参加することもままならず、孤立した子育てになりがちである。子ども自身は健康への留意が最優先されるため、生活経験の幅が狭くならざるを得ない。健康状態が安定すると運動発達のためのリハビリテーション訓練を受けることが多い。

2) 1歳6か月健診で発見される障害

知的障害をともなう**自閉スペクトラム症**の子どもは福祉保健センター等で実施される乳幼児健診において、言葉の遅れや視線の合いにくさ、質問に応答する反応の弱さなどによってチェックされる。2歳を過ぎ、個別の心理相談や集団での遊び、教室での発達の経過を確認しながら、専門療育機関に紹介される。言葉やコミュニケーションの発達には個人差も大きく、医学的な理由が明確ではないため、「いつかは追い付くのではないか」といった親の気持ちの揺れ動きが大きい。公園や子育てサロンなどで落ち着いて遊ぶことが困難な場合もあり、家庭内で過ごすことになる子どもも多い。

3) 3歳以降に気づかれる障害

幼稚園や保育所に入園した後、集団遊びやクラスでの一斉活動から飛び出してしまうなどの集団適応という観点から問題に気づかれることが多い。言葉の遅れはないのに相手の気持ちがわからず、自分の意思を押しとおして人間関係でトラブルが生じることがある。この時期に障害が発見される場合は、保育者が子どもの発達課題を親に伝える役割を担うことになる。苦労の多い子育てをしてきた親のこれまでの心情をおもんぱかり、敬意とねぎらいの気持ちをもちながら親との関係を構築することが重要である。

❷保育目標とアセスメント

乳幼児期の子どもの保育の目標は、障害の有無によって変わるものではない。以下のような保育目標は共通する。

> **自閉スペクトラム症**
> コミュニケーションや言語に関する症状があり、常同行動を示すといったさまざまな状態を連続体（スペクトラム）として包含する診断名である。

○保育目標

  ・一人ひとりの個性の伸長

  ・生活経験の拡大

  ・コミュニュケーションを通じた人間関係の形成

  ・基本的生活習慣(食事・排泄・更衣・整容など)の向上

  ・生活リズムの安定

　障害のある子どもの場合には、保育目標それぞれに現状を総合的に評価するアセスメントが必要になる。

○アセスメントの領域

  ・健康(生活リズム含む)

  ・基本的生活習慣・運動(粗大・微細)

  ・コミュニュケーション(言語・非言語)・対人関係・社会性
    など

　それ以外に障害特性によるこだわりや感覚(過敏・鈍麻)の問題など、より個別性を考慮した個別支援計画の作成が必要である。

(3) 保護者への支援

　障害児の保育において、保護者を支えるということは定型発達の子どもの場合以上に重要な意味がある。障害児をもつ親は、時に絶望的な気持ちに襲われることがある。またあるときには「朝起きたら、障害が治っていたという夢を見た」と語るなど気持ちが大きく揺れ動いている。第Ⅱ部第4章第1節で詳細に解説するが、親の支えとなる保育者は自らの「発達観」のとらえ直しが求められる。子どものできること(能力)に価値を置くと、できることが少ない障害児の存在を無意識に低くみることになる。その考え方を保護者は敏感に察知することが多く、信頼関係を結ぶことがむずかしくなる。障害児の保育とは、自らの人間観を内省する作業でもある。

学習のふりかえり

1 障害者基本法における「障害」や「社会的障壁」の定義を確認し、保育現場における「合理的配慮」について考えてみよう。

2 国際生活機能分類における障害観を復習し、自分自身の障害観の振り返りをしょう。

3 障害のある子どもの保育に際して、個別性を重視するために必要なことを整理しよう。

参考文献：
1. 厚生労働省「厚生白書」1998 年
2. 伊藤利之監修『発達障害児のリハビリテーション』永井書店、2008 年

II 障害児保育の基本的内容

第 2 章

障害児等の理解と保育における発達の支援

学習のポイント

　本章では障害のある子どもの理解と支援について学ぶ。多くの障害は、先天性の中枢神経系や身体各部の機能障害だが、生まれつきの要因だけでなく、環境との相互作用によって大きく変化していく。成長や発達を担保するには、子どもの発達段階に合わせた、ちょうどよい関わりが不可欠である。そのためには、子どもの状態の正確なアセスメント、子どもを取り巻く環境の調整、保健・医療・福祉・教育の緊密な連携が不可欠である。

障害がある子どもの理解と支援の基本

1 障害観と支援対象の変遷

第1章でも述べられているが、大事なことなので簡単に復習をしておきたい。

健康であるとは、単に何らかの疾病に罹患していないということではなく、一人ひとりが自分の心身機能に基づいて生命活動を営み、社会活動に参加することである。

少し前の障害観を代表するのが1980年の国際障害分類（ICIDH）の考え方である（156頁、図Ⅱ-1-1参照）。疾患が原因となって機能・形態障害から能力障害を生じ、社会的不利が生じるという構図である。

これは疾患という原因があって社会的不利が生じているという、単純な因果関係に基づいており、改善の望めない、つまり、原因を取り除くことのできない数多くの障害において、このモデルでは支援の限界にぶつかってしまう。

そこで、2001年の国際生活機能分類（ICF）（157頁、図Ⅱ-1-2参照）では、支援の対象が疾病や障害から生活機能へと広がり、疾病の治癒から生活機能の改善に発想が転換された。生活機能は心身機能・構造だけでなく、日々のあらゆる生活活動と、社会の中で何らかの役割を果たす社会参加のすべてを含んでいる。

障害とは心身機能の障害だけではなく、環境との不適応状態

図Ⅱ-2-1　障害とは不適応も含んだ概念である

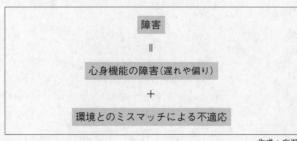

作成：広瀬

表Ⅱ-2-1　支援の変遷

(1)医学モデル	原因を見つけて治癒せしめる
(2)療育モデル	障害を見つけて専門機関で訓練する
(3)生活モデル	日々の生活がスムーズになるようにする

作成：広瀬

表Ⅱ-2-2　支援にあたって必要な情報

主　訴	誰の主訴か？親や集団のニードは何か？本人の困りごとは？
発達歴	量的な発達だけでなく、質的な発達も大事（例えば言語発達）
家族歴	発達特性の有無はあるか、家族のキャパシティはどうか？
生活歴	家庭と集団の両方の生活情報が必要
現　症	発達特性による症状、身体症状・精神症状の評価
適応状況	どんな対処行動をしてきたか？
発達診断	診断は1つではなく、複数の診断が混在していることが多い
鑑別診断	器質疾患はないか、不適切な養育からくる発育不全はないか？
支援方針	それは家族や本人にとって実現可能な支援か？
予　後	これからどうなっていくのか？

作成：広瀬

が加わって生じる（図Ⅱ-2-1）。支援は障害を治すという医学モデルから、専門機関で訓練をするという療育モデルを経て、生活機能の改善をめざす生活モデルへと変遷してきたのである（表Ⅱ-2-1）。

2　支援にあたって集めておきたい情報

　支援は十分なアセスメントの上に成立する。支援にあたって集めておきたい情報を表Ⅱ-2-2に示す。

第2節

肢体不自由児の理解と支援

1　肢体不自由児の種類と原因

　肢体不自由とは動作に関する運動器官が病気や怪我で損なわれ、歩行などの日常動作が困難になっている状態をいう。その原因を表Ⅱ-2-3に示す。

（1）　脳に原因がある場合

. . . .

①脳性まひ：受胎から新生児期の間に受けた脳損傷の結果、姿
　　　　　勢や運動に異常を生じたもの。**痙直型**と**アテトー
　　　　　ゼ型**がある。損傷が明瞭でないこともある。

②脳血管障害：出血や虚血により栄養や酸素が供給されず、脳
　　　　　細胞が損傷される。外傷性出血以外に**モヤモヤ病**
　　　　　や**急性小児片まひ**などがある。

③頭部外傷の後遺症：交通事故、スポーツなどで著しい外傷を
　　　　　負い、脳細胞が壊れることにより、まひなどの後
　　　　　遺症を残す。②が併在することが多い。

（2）　脊髄や末梢神経に原因がある場合

. . . .

①脊髄損傷：事故などで脊髄が損傷を受け、損傷部位から下の
　　　　　脊髄機能が失われる。損傷部位によって障害には
　　　　　幅がある。

②二分脊椎：胎児期における障害。**脊椎の癒合不全**によってそ
　　　　　こから下の脊髄機能が失われ、脊髄損傷と同様の
　　　　　状態になる。主に下肢機能が失われ、**膀胱直腸障
　　　　　害**の合併も多い。

（3）　筋に原因がある場合

. . . .

①筋ジストロフィー：筋肉が衰え萎縮する病気。重度のデュ

表Ⅱ-2-3　損傷部位による肢体不自由の分類

損傷部位	
脳	・脳性まひ ・脳血管障害 ・頭部外傷の後遺症
脊髄・末梢神経	・脊髄損傷 ・二分脊椎 ・シャルコー・マリー・トゥース病 ・ALS（筋萎縮性側索硬化症）
筋	・筋ジストロフィー
骨	・骨形成不全症 ・変形性股関節症 ・四肢における欠損・形成不全・切断

作成：広瀬

. . . .

痙直型
筋がつっぱる痙性運動
まひを示す。

アテトーゼ型
ゆっくりねじれるよう
な、ふらふらした不随意
運動を示す。

モヤモヤ病
脳の大きな動脈がうま
く機能せず、それを補う
ために異常に毛細血管が
発達した状態。そのため
出血等が起こりやすい。

急性小児片まひ
健康な6歳以前の乳幼
児が突然、半身にけいれ
んなどを起こし、原因不
明のまま片まひを残す疾
患群を総称していう。

脊椎の癒合不全
脊椎は胎児期において
脊髄を覆うように背中側
が閉じるようにして形成
される。このとき、うま
く閉じることができない
と、そこから脊髄が脱出
してしまったりして、二
分脊椎となる。

膀胱直腸障害
排尿や排便が自力でで
きなかったり、適切なタ
イミングでできなかった
りする。

シェンヌ型と比較的軽度のベッカー型に大別される。

(4)　骨に原因がある場合

①骨形成不全症：生まれつき骨が著しく脆く、容易に骨折する。
②変形性股関節症：股関節の可動域制限、筋萎縮による筋力低
　　　　　　　　下、患側下肢の短縮、不安定な歩行がみられる。
③四肢の欠損・形成不全・切断

2　肢体不自由児の支援

(1)　支援が行われる場所

　専門施設（表Ⅱ-2-4）だけでなく、保育所でも専門機関と連携
しながら、肢体不自由児の保育が行われるようになってきた。

(2)　肢体不自由児への支援

　障害の程度は、日常生活にさほど困難を生じない状態から、
杖や車いす等の補装具を必要とし、多くの活動に介助を必要と
する状態まで多岐にわたっている。合併する他の障害への配慮
も欠かせない。

表Ⅱ-2-4　肢体不自由児の専門施設

医療型障害児入所施設（かつての肢体不自由児施設）	肢体不自由児のうち、医学的治療を要する子どもが入所する施設。多くは病院に併設されている。医学的治療や機能訓練、学習支援、生活支援、精神面でのサポートなど、さまざまな専門家が関わりながら支援する。
福祉型障害児入所施設（かつての肢体不自由児療護施設）	入院治療の必要がない肢体不自由児だが、保護者が養育できない場合に入所する施設。障害児施設の一元化によって、肢体不自由児だけではなく知的障害や精神障害のある子どもや、重複障害の子どもの割合も増えている。福祉型障害児入所施設は全国に数か所しかなく、限られた地域の障害児だけが利用しているのが現状である。
医療型児童発達支援センター（かつての肢体不自由児通園施設）	四肢や体幹などに障害のある就学前（主に3～5歳児）の肢体不自由児が保護者と共に、あるいは子ども単独で通う施設。それぞれの発達や機能障害に合わせたプログラムを通じて発達を伸ばし、家庭や地域での生活全般にも目配りしたサポートを行っている。地域の保育園や幼稚園と並行通園している場合は、そちらとも連携しながら、発達を支えていく。

作成：広瀬

❶身体面の問題への配慮

　姿勢保持や移動に際し、介助や見守りが必要である。ある程度自分で動くことが可能な場合でも、安全面への配慮が不可欠である。階段や段差は移動を妨げるだけでなく、転倒事故の原因にもなる。着替えなどの日常生活動作でも、より広いスペースや長めの時間を必要とするなど、さまざまな配慮を要する。

　長時間同じ姿勢では褥瘡（床ずれ）を起こしてしまうことがあり、痛みや不快感が続かないよう、適切な姿勢保持も必要である。

　肢体不自由児は体調が変化しやすく、風邪から容易に肺炎にまで進んでしまう。普段から健康状態に十分留意する。

❷心理・行動面の問題への配慮

　できないことが多いという事実は、どんなに小さい子どもでもストレスになる。十分な配慮や支援がないと不安も強くなり、過度に消極的になったり、大人への依存心が増したりする場合がある。自分でできる環境を可能な限り整え、時間がかかっても見守ることが必要である。できないことを介助する際も、本人の意思を確かめ、本人のペースを尊重しながら支援する。

❸日常生活における基本的な動作への配慮

　食事では、ペースト食や刻み食など食形態に配慮する。食具の工夫で自力摂食が可能になると、心理的な安定にもつながる。

　トイレでは、移動がしやすいこと、手すりがあって安全に排泄ができることが必要で、プライバシーが十分に保たれることも大切である。衣服の着脱でも同様の配慮が必要である。

❹専門機関との連携と保護者への配慮

　病院や療育機関との連携により、保育所の中で可能な支援を組み立てていく。連携に際しては、保護者の許可を取ることはもちろんだが、連携した内容を保護者に伝えることも忘れてはならない。家庭での支援の主役である保護者に、専門機関からのアドバイスを伝え、家庭と保育所と専門機関の三者で子どもの成長や発達を支えていくことが大切である。

知的障害児の理解と支援

1 知的障害児の理解

　知能の発達が遅れ、年齢相応の知能を獲得できていない状態である。知能とは脳で営まれるすべての精神活動を示し、知能の遅れがあると、コミュニケーション、社会性、家庭生活、身辺自律、学習、就労など広範囲に支障が生じる。頻度は1〜3%である。アメリカ精神医学会による「精神疾患の診断・統計マニュアル第5版(DSM-5)」では知的能力障害、知的発達症、知的発達障害等の名称を用いているが、ほぼ同義である。

　一般に**知能指数**(IQ)70未満を知的障害とする(表Ⅱ-2-5)。IQとは実年齢の何パーセントの知能をもつかを示す数値で、標準化された知能検査で測定される。IQが70〜85を境界知能と呼んで知的障害には含めないが、遅れがないように見えても、多くの困難を抱えており、やはり適切な支援が欠かせない。

　なおDSM-5では、知的能力障害の重症度を知能指数ではなく、日常生活の適応度合いによって分類するようになっている。

　知的障害の原因を表Ⅱ-2-6に示す。原因不明も少なくない。

> **知能指数**
> 低年齢の幼児の場合、知能指数ではなく発達指数を用いる場合もある。発達指数は知能と運動両方の発達の指数である。

表Ⅱ-2-5　知的障害の知能指数による分類

境界域	知能指数：70〜85程度
軽　度	知能指数：50〜69程度
中等度	知能指数：35〜49程度
重　度	知能指数：20〜34程度
最重度	知能指数：19以下程度

作成：広瀬

2 知的障害児の支援

　知的障害は発達障害と併発することも多く、支援も重複する。

(1) 子どもへの支援

　遅れの程度がわかっている場合は、遅れに見合った環境設定をしていく。暦年齢ではなく発達年齢(精神年齢)に合わせた対応をする。4歳でIQ70であれば、精神年齢は2.8歳となり、3歳手前くらいの環境設定にすることが原則である。

❶コミュニケーションに関する配慮(表Ⅱ-2-7)

　言葉だけでは理解できないことも多く、話し手に注意をむけることも苦手である。理解していなくても返事をしてしまうこともある。注意をむけさせ、平易な表現で伝え、理解を確認す

表Ⅱ-2-6　知的障害の原因

妊娠前または妊娠時	遺伝性疾患(先天性代謝異常症、神経線維腫症、甲状腺機能低下症など)
	染色体異常(ダウン症候群、18トリソミー、ターナー症候群、脆弱X症候群など)
妊娠中	母体の重度の低栄養 各種ウイルス感染(HIV、サイトメガロ、単純ヘルペス、風疹、トキソプラズマなど) 毒性物質(アルコール、鉛、メチル水銀など) 薬物(フェニトイン、バルプロ酸、イソトレチノイン、がんの化学療法薬など) 脳の異常発達(孔脳症性囊胞、異所性灰白質、脳瘤など) 妊娠高血圧腎症、多胎妊娠
分娩時	酵素量の不足(低酸素症) 極度の早産
出生後	中枢神経の感染症(髄膜炎や脳炎など) 重症の頭部外傷 低栄養 重度の情緒的ネグレクトまたは情緒的虐待 毒性物質(鉛や水銀など) 脳腫瘍とその治療 発達障害の合併症

作成：広瀬

表Ⅱ-2-7　コミュニケーションに関する配慮

・伝えるべき内容を絞って伝える
・具体的で平易な言葉で伝える
・ゆっくりとした聞きやすい口調で伝える
・何度も繰り返し伝える
・手順を一つひとつ順番にわかりやすく伝える
・手順を実演するなど具体的な動作を見せる
・実物や写真、絵カードの活用による視覚伝達を工夫する
・伝えたことを聞き直すなどして、どう理解したか確認する
・可能な範囲で一人ひとり個別に伝える
・用件を伝える前に名前を呼び、注意を喚起してから伝える

作成：広瀬

る。

❷心理面・身体面での配慮

　気持ちを言葉で表現できず、行動で表現してしまうことがある。粗暴な行動や行動の変容、不安な表情やイライラした態度など普段と違ったようすがあれば、何を訴えたいのかを推し量る。

　てんかん等で服薬が必要な場合、ダウン症の心臓疾患への対応や頸椎の負担軽減など、必要な配慮を主治医にも確認する。

(2)　保護者への支援

　診断名が付いている場合は、主治医などから伝えられている配慮事項を確認し、保育所でも可能な限り実行する。

　知的障害の理解や受け入れには時間がかかる。診断されていても保護者は受け止めきれず、普通と同じ対応を求めてくることがある。それが子どもにとっては不適切であるとして、保護者との押し問答は避けたいが、子どもに不適切な保育をするのも避けたい。

　保育のミッションは一人ひとりに合わせた支援である。保護者の対応や子育てを労い、家庭との共同作業によって、子どものできることを少しずつ増やしていく。それが、保護者支援にもつながる。その際できないことばかりを伝えるのは得策ではない。独力でできることや大人が手伝ってできたことを伝える。

　また、どうしたらできることが増やせるのか判断がむずかしい場合は、保護者の許可をとって、主治医や療育機関に問い合わせる。

(3)　小学校就学にむけた支援

　小学校就学が間近になると保護者の心に焦りが出てくることもある。何とか通常の学級に進学させたいというのが親心だからである。

　特別支援教育は、一人ひとりの教育的ニーズに合わせた支援が原則である。障害があるから通常の学級に行けないというこ

就学相談
発達の遅れや障害、病気があって配慮が必要な子どもについて、子どもの立場に立って、一人ひとりに合った適切な教育環境や必要な配慮、入学先の学校や学級について、当該市町村の教育委員会が、相談に応じること。

とではない。しかし、発達が明らかに遅れている場合は、通常の学級の大人数の中での学習や社会生活はハードルが高い場合が多い。

　就学に際しては、判断に迷う場合も含め、地域の教育委員会の**就学相談**（就学時健診とは別）を受けることが、適切な小学校環境を整えるために不可欠である。専門機関の受診がない場合でも、小学校就学への懸念がある場合は、就学相談を勧めていく。

第4節 視覚障害・聴覚障害・言語障害児の理解と支援

1 視覚障害児の理解と支援

(1) 視覚障害の理解（表Ⅱ-2-8）

　まったく・ほとんど見えない状態の盲と、弱視に大別される。
①調整機能障害：見る対象物にピントが合わせられない。
②眼球運動障害：対象が2重3重にぼやけて見える。

表Ⅱ-2-8　身体障害者福祉法に規定されている視覚障害の等級

視覚障害の等級	
1級：	両眼の視力の和が 0.01 以下のもの
2級：1	両眼の視力の和が 0.02 以上 0.04 以下のもの
2	両眼の視野がそれぞれ 10 度以内でかつ両眼による視野について視能率による損失率が 95％以上のもの
3級：1	両眼の視力の和が 0.05 以上 0.08 以下のもの
2	両眼の視野がそれぞれ 10 度以内でかつ両眼による視野について視能率による損失率が 90％以上のもの
4級：1	両眼の視力の和が 0.09 以上 0.12 以下のもの
2	両眼の視野がそれぞれ 10 度以内のもの
5級：1	両眼の視力の和が 0.13 以上 0.2 以下のもの
2	両眼の視野の 1/2 以上が欠けているもの
6級：	一眼の視力が 0.02 以下、他眼の視力が 0.6 以下のもので、両眼の視力の和が 0.2 を超えるもの

作成：広瀬

表Ⅱ-2-9　重度の視覚障害（先天盲を含む）を来しやすい疾患

- ・網膜色素変性症
- ・小眼球症
- ・未熟児網膜症
- ・網膜芽細胞腫
- ・先天性白内障／発達白内障
- ・先天性緑内障／続発先天性緑内障
- ・先天性角膜混濁
- ・視神経萎縮
- ・種々の感染を起因とする合併症
- ・事故による眼球損傷
- ・皮質盲（眼球ではなく脳の障害）

作成：広瀬

③視野障害：中心部分や辺縁部分が見えづらい。

④まぶたの障害：まぶたが足りないか、まぶたの筋肉や神経の動きに障害があり、まぶたを閉じても眼球を完全に覆うことができないため、視力に支障を来す。

重度の視覚障害を来しやすい小児の疾患を表Ⅱ-2-9 に示す。

(2)　弱視の理解

視力が発達する時期に、何らかの理由で網膜の中心部に焦点が合わず、鮮明な像が映らないと、大脳の視覚野が十分に成長せず、視力の発達が妨げられ弱視になる。眼鏡でも視力が出づらく、両眼矯正視力は 0.3 未満である。感受性が強い時期を過ぎると、十分な回復が見込めないため、早期発見が大切である。子どもの 50 人に 1 人に認められる。

弱視には以下の種類がある。

①形態覚遮断弱視：視覚刺激が遮断されて起こる視力障害。白内障、角膜混濁、瞳孔閉鎖、眼窩腫瘍などによる。

②斜視弱視：斜視により斜視眼が抑制されて起こる視力障害。

③不同視弱視：片眼の屈折異常により生じる片眼の視力障害。

④屈折異常弱視：両眼の屈折異常による両眼の視力障害。

(3)　視覚障害児の支援

同じ視力でも視野、色覚、光覚、両眼視、屈折・調節等の違いにより見え方は異なってくる。見え方を知って、それに合わせた工夫をしていくことが原則である（表Ⅱ-2-10）。

表Ⅱ-2-10　視覚障害のある子どもへの配慮

●不安を取り除く	●声かけの注意
身のまわりの出来事が理解できるように説明する 必要に応じて大人が付きそう 変化があったときはあらためて状況を説明する	いきなり声かけせず、名前を先に呼ぶ
●安全な歩行への配慮	●細かい作業の苦手さ
物の位置の説明をする よく使う場所への行き方を覚えてもらう 決められた場所に物を置く 通路には物を置かない 白杖などの補助具を使う	ボタンや道具を大きいものにする 必要に応じて大人が介助する
	●周りの子どもへの説明
	必要な配慮についてわかりやすく伝える 遊びなどへ誘う声かけを意識して行う
●物理的な配慮	●パソコンの利用
ロッカーや靴箱は端に設置する わかりやすいマークを付ける	文字を大きくする 読みやすいフォントを使う 読み上げソフトを活用する
●文字への配慮	●点字導入練習
拡大文字や拡大鏡を使用する	必要な子どもに専門機関の指導を受けて行う
●大きな音への配慮	●まぶしさが強い場合
非常ベル、花火、ピストル、笛の音に敏感 大きな音については事前に伝えておく	サングラスや帽子、サンバイザーなどを使う

作成：広瀬

　支援は、活動参加のためのはたらきかけ、安全確保のための配慮、教材・教具等の工夫等に大別して組み立てる。例えば、朝の会・帰りの会で保育士の話を聞く場面、行事などの集団活動、課題遊び、食事・おやつなどで、個別の工夫をしていく。

　ほかの障害を併発している場合も少なくないため、生活全般に目配りをする。逆に、保育現場での気がかりな点をきっかけに、視覚障害に気付かれる場合もある。目つきや目の動きがおかしい、極端にまぶしがる、絵本やテレビを見るとき目を細めたり極端に近づけて見たりする、視線が合わない・合いにくいなどがある場合は、保護者に伝えて専門機関の受診を促す。

2　聴覚障害児の理解と支援

(1)　聴覚障害の理解

　聞こえにくいか、ほとんど聞こえない状態。中等度でも子音を中心に聞き違いが頻発し、重度では子音だけでなく母音も聞き取れない。発音は不明瞭で、一本調子になりがちである。

　聴覚障害は障害部位により3つに分類される（図Ⅱ-2-2）。
①伝音性難聴：外耳道閉塞、鼓膜の穿孔、中耳の水分貯留、耳

表Ⅱ-2-11　聴力障害のレベルと聞こえ方の目安

難聴の分類	聴力レベル	聞こえの目安
軽度	25〜39dB	・小さな話し声やささやき声が聞き取りにくい。 ・普通の会話にはあまり不自由しない。
中等度	40〜54dB	・会議で時々聞き取りにくいことがある。 ・テレビの音量を大きくする。
やや高度	55〜69dB	・普通の会話が聞きづらい。 ・大勢の中での話し合いはむずかしい。
高度	70〜89dB	・大きな声でも聞きづらい。 ・商店街などの大きな騒音しか聞こえない。
非常に高度	90dB以上	・耳元での大声も聞きづらい。 ・比較的近いところの大きな音がやっと聞こえる。

作成：広瀬

図Ⅱ-2-2　耳の構造と聴覚障害の分類

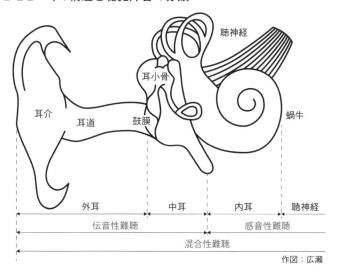

作図：広瀬

小骨可動不良など、外耳から中耳にかけての障害。耳を手でふさいだような聞こえ方がする。補聴器の効果が期待できる。

②感音性難聴：内耳から聴神経、脳にかけて障害がある。音質の悪いラジオのボリュームを小さくして聞いているような聞こえ方である。補聴器を使っても音が歪んで聞こえ、聞き分けには相当な練習が必要である。医学的完治は困難な場合が多い。

③混合性難聴：①と②の混在である。

小児の聴覚障害の危険因子を表Ⅱ-2-12に示す。

第2章　障害児等の理解と保育における発達の支援

179

表Ⅱ-2-12　小児の聴覚障害の危険因子

新生児・乳児期	低出生体重（特に1,500グラム未満の場合） アプガースコア（新生児の全般的な状態を反映しているスコア）が低い 難産による血中酸素レベルの低下またはけいれん発作 出生前に風疹、梅毒、ヘルペス、サイトメガロウイルス、トキソプラズマなどに感染 頭蓋骨または顔面の異常、特に外耳と外耳道に及ぶもの 血液中のビリルビン濃度が高い細菌性髄膜炎 全身性細菌感染症（敗血症、梅毒など） 人工呼吸器の長時間の使用 特定の薬剤の使用（アミノグリコシド系抗菌薬や一部の利尿薬など） 親または近親者に早期に難聴を発症した人がいる 遺伝性難聴
幼児期以降（上述の全項目に加えて右の要因）	頭蓋骨骨折または意識消失を伴う頭部損傷 慢性中耳炎・真珠腫 一部の神経疾患（神経線維腫症や神経変性疾患など） 強い騒音または長期間の騒音にさらされること 感染または外傷による鼓膜の穿孔

作成：広瀬

（2）　聴覚障害児の支援

　一人ひとりの聞こえ方を知って、それに合わせた保育をしていく。集団に不安を隠せないでいる子どもでも、聞こえが悪いことへの配慮を通じて、集団の楽しさが味わえるようにする。

　ほかの障害を併発している場合もあり、生活全般に目配りをする。逆に、聞こえていないようにふるまったり、しばしばテレビの音量を上げたり、滑舌が悪いなどの気がかりな点をきっかけに聴覚障害に気づかれる場合もあるので注意したい。

（3）　補聴器や人工内耳を用いた子どもの支援

　音を増幅する機器として補聴器や人工内耳があるが、聞こえにくさを完全に補うものではない。

　補聴器は耳の入り口に装着される。人工内耳は、手術で内耳の蝸牛内に埋め込まれる体内部と、音をマイクで拾って体内部へ送信する体外部とからなる。体外部は耳掛け式補聴器ににた格好をしているものが主体であるが、耳に掛けず後頭部に取り付けるコイル一体型の体外装置も増えてきている。

　調整された補聴器や人工内耳を使用しても、大きな騒音下では聞き取りが悪くなるので、静かな環境が必要である。強い衝撃、水や湿気などは故障の原因になるので注意が必要である。

表Ⅱ-2-13　聴覚障害のある子どもへの配慮

- 聴覚障害の状態に合わせた、コミュニケーション手段(音声、手話、文字等)を選択する
- 子どもにわかりやすい話し方を工夫する(口の形、話の速さ、明瞭な発音)
- 子どもに情報がちゃんと伝わっているかどうか確認をする
- 残存する聴覚を活用した指導(聴覚学習)や視覚的教材の工夫をする
- 目で見てわかる教室環境を整備する
- チャイムや放送を目で見えるようなスタイルにする
- パソコン要約筆記、ノートテイク、手話通訳などの配置を検討する(必要に応じて)
- 補聴器、FM補聴器等の効果的な使用や教室内の騒音の軽減対策をする(必要に応じて)
- 手話について(必要に応じて)
  子どもや保護者が0歳から手話を学ぶことができる場や機会を整備する
  教員の手話力向上のための研修システムを構築する
  手話を使うことができる教員の計画的配置

作成：広瀬

表Ⅱ-2-14　補聴器や人工内耳を使っている子どもへの配慮事項

機器に対してどんなことをしたらいけないのかの確認をする
引っ張ってはいけない
落としたりぶつけたりしてはいけない
水に濡らしてはいけない
勝手に取り外したり分解してはいけない
どんな時に装着して、どんな時に取り外すのかの確認をする
・周りの子どもへの説明と配慮
どうして装着しているのかを伝える(眼鏡と同様の説明が効果的)
どんなことをしたらいけないのかを説明する(本人への確認と同じ)
・聞こえ方に対する配慮
前方から話しかける
ゆっくり話しかける
近距離から話しかける
小声や大声で話しかけない
うるさい環境で話しかけない
視覚情報を有効に活用する
どれくらい理解しているか確認する
子どもの困っている表情を見逃さない
友だち関係で困っていたら介入する

作成：広瀬

3　言語障害児の理解と支援

(1)　言語障害の理解

　言語障害とは、発音不明瞭、言葉のリズムがスムーズでない、言語発達の遅れなどで、言葉によるコミュニケーションが円滑に進まず、そのため本人が不利益を被っている状態である(表Ⅱ-2-15)。

表Ⅱ-2-15　言語障害の分類

音声機能の障害：音声や構音（発音）、話し方の障害
構音障害（機能性、器質性、運動障害性、聴覚性）
吃音症（話し方の流暢性とリズムの障害）
けいれん性発声障害（局所性ジストニア）
脳性まひや聴覚障害、口蓋裂、喉頭摘出、舌切除等による音声障害
言語機能の障害：言葉の理解や表現の障害
各種発達障害にともなう言語発達の遅れ
特異的言語発達遅滞（言語以外の発達の問題は認めない）
後天性の失語症・高次脳機能障害
表出性言語発達障害（発語や会話の遅れ）
受容性言語発達障害（言語理解の遅れ）
混合性言語発達障害（発話と理解の両方の遅れ）

作成：広瀬

（2）　構音障害の種類

①運動性構音障害：筋肉や神経に原因があって発声や発語に関わる体の動きが悪くなり、うまく発音できない。

②器質性構音障害：発声や発語に関わる部分に何らかの形態異常があり、それにより発声や呼気の流れが円滑に行えない。**口唇・口蓋裂**や**鼻咽腔閉鎖機能不全**などが原因となる。

③機能性構音障害：口の形、舌の筋肉、声帯などには異常がなく、口を動かす脳神経も正常だが、発音がうまくできない状態。

④聴覚性構音障害：耳に障害があることで、他人の発音を聞くことができず、正しい発音を獲得できない状態。

（3）　吃音の理解と支援

　吃音とは、意思とは無関係に言葉がつまったり同じ音や単語を繰り返すなど、言葉が滑らかに出にくい状態で、以下の３つが代表的である。

①繰り返し：「ミ、ミ、ミカン」というように、音を繰り返す。

②引き延ばし：「ミーーカン」というように、音を引き延ばす。

③ブロック：最初の「ミ」の音がつかえて出なくなる。

　３歳前後に起こり男児に多い。総頻度は約１％だが、５歳までの言語発達期では約５％に認め、４分の３は治療の有無にかかわらず自然解消する。表Ⅱ-2-16のような配慮が必要である。

口唇・口蓋裂
日本では500〜700人に１人の頻度で出現する先天異常。口唇裂は左右上唇が、口蓋裂は左右上顎が離れて開いている状態で出生する。口唇裂だけのこともあれば口蓋裂だけのこともあり、また両方一緒に起こる口唇口蓋裂もある。不完全型と完全型、片側性の場合と両側性の場合がある。

鼻咽腔閉鎖機能不全
発語時に口内に空気を保てず、息が鼻に漏れる状態。

表Ⅱ-2-16　吃音がある子どもへの配慮

●子どもの話を聞くとき
子どもの言いたいことがわかったことを、言葉やうなずきで伝える
子どもの話を途中で遮らない
子どもの言いたいことを先取りしない
子どもの話の途中で質問をしない
どもっても言い直しをさせない
ゆっくり話すような指導や注意をしない
うまく話せなくてイライラしてきたら落ち着かせる
●子どもに話しかけるときは
ゆっくり話しかける
短くわかりやすい文で話す
子どもの話が終わって、少し間を空けてから話しはじめる
●生活面で気を付けたいこと
生活のペースはできるだけゆったりする
1日のうち少しでも親子2人でゆっくり向き合う時間をつくる
きょうだいが競って話そうとしたら、順番に聞くようにする
家族や友だちが話し方を責めたり、まねたり、からかったりしないようにする

作成：広瀬

表Ⅱ-2-17　言語障害がある子どもへの配慮

発語面への配慮	・発音の誤りを細かく指摘したり修正したりしない ・子どもの話したい内容を汲み取る ・子どもが進んで話そうとする意欲を伸ばす ・必要に応じて絵や図を活用して伝えたいことを確認する
理解面への配慮	・こちらに注意が向いたことを確認してから伝える ・短い文で具体的に伝える ・伝わらなかったときは、もう一度ていねいに繰り返す ・子どもがどれくらい理解しているのか確認する ・口語だけでなく文字や図、絵、ジェスチャー等を用いて伝える
心理面への配慮	・会話がうまく成立しないため心理的に不安定にならないようにする ・社会性の発達や自己肯定感の育ちを損なわないよう配慮する ・子どもが困っているときはちゅうちょせず手助けする ・本人のよいところや得意なことを大切にして関わる ・不安そうなときは大人が共感的に接する 　「気持ちはわかるよ」「心配だよね」「心細いよね」など
言葉を増やすための配慮	・言葉にとらわれ過ぎず子どもとの意思疎通を豊かにしていく ・子どもの気持ちや要求を汲み取るように努力する ・正しい会話（言葉遣いや文法）よりしっかり伝わることを優先する ・同じレベルの子ども集団での楽しい経験を増やしていく

作成：広瀬

（4）　言語障害児の支援

　原因に応じ専門機関のアドバイスを受ける。言語訓練に飛び付きがちだが、普段の生活での配慮を大事にする（表Ⅱ-2-17）。

発達障害児の理解と支援 Ⅰ
（自閉スペクトラム症）

1　発達障害とは

(1)　発達障害＝発達凸凹＋不適応

　人間が生きていくには、視覚・聴覚・味覚・触覚・嗅覚の五感、運動する力、話す力、理解する力、注意をむける力、段取りを付ける力、考える力、人と付き合う力、状況判断力など、数多くの能力を身に付けていく必要がある。発達障害とはこれらの能力のいくつかがうまく発達せず（発達凸凹）、日常生活において困難（不適応）を抱えている状態である。発達障害＝発達凸凹＋不適応という図式が成り立つ。

　発達障害は人口の１割に及び、医学や教育のみならず社会全体にとっても重要な概念である。

(2)　DSM-5 における発達障害

　DSM-5 では発達障害は神経発達症群として分類されている。乳幼児期から小児期にかけて特性が顕在化する発達の遅れや偏りで、先天性の中枢神経系の機能障害を原因とする一群である。

　表Ⅱ-2-18 のようにさまざまな状態があるが、単発は稀で、いくつかの発達障害が併発するため、多角的な支援が必要である。

2　自閉スペクトラム症の理解と支援

(1)　自閉スペクトラム症の理解

　自閉スペクトラム症（Autism Spectrum Disorder：ASD）は、①

表Ⅱ-2-18　DSM-5における神経発達症群・神経発達障害群

知的能力障害群	知的能力障害(知的発達症／知的発達障害)：軽度・中等度・重度・最重度 全般的発達遅延 特定不能の知的能力障害(特定不能の知的発達症／特定不能の知的発達障害)
コミュニケーション症群／コミュニケーション障害群	言語症／言語障害 語音症／語音障害 小児期発症流暢症(吃音)／小児期発症流暢障害(吃音) 社会的(語用論的)コミュニケーション症／社会的(語用論的)コミュニケーション障害 特定不能のコミュニケーション症／特定不能のコミュニケーション障害
自閉スペクトラム症／自閉症スペクトラム障害	(下位分類無し)
注意欠如・多動症／注意欠如・多動性障害	混合型・不注意優勢型・多動衝動優勢型
限局性学習症／限局性学習障害	・読字の障害 ・書字表出の障害 ・算数の障害
運動症群／運動障害群	発達性協調運動症／発達性協調運動障害 常同運動症／常同運動障害
チック症群／チック障害群	トゥレット症／トゥレット障害 持続性(慢性)運動または音声チック症／持続性(慢性)運動または音声チック障害 暫定的チック症／暫定的チック障害 他の特定されるチック症／他の特定されるチック障害 特定不能のチック症／特定不能のチック障害
他の神経発達症群／他の神経発達障害群	他の特定される神経発達症／他の特定される神経発達障害 特定不能の神経発達症／特定不能の神経発達障害

作成：広瀬

対人相互作用と社会的コミュニケーションの障害、②限局された反復する行動や感覚調節障害を主徴とする。

　従来、①対人相互関係における質的な障害(社会性の遅れ)、②意思伝達の質的な障害(コミュニケーションの遅れ)、③限定的・反復的でワンパターンな行動や興味(こだわりや常同行動)の3点があげられていたが、DSM-5では上記2点に集約された。

　ASDは広汎性発達障害(Pervasive Developmental Disorders：PDD)とほぼ同じ一群である。DSM-Ⅳでは、自閉性障害、レット障害、小児期崩壊性障害、アスペルガー障害、特定不能の広汎性発達障害に分類されていたが、分類する合理的根拠に乏しいため、DSM-5ではASDに統一された。

　知的障害、多動・不注意、発達性協調運動障害(DCD)[注1]、て

注1・・・・・・・・・・・・・・・・・
　260頁、第Ⅱ部第5章第2節3項を参照。

んかんなどを併発する。頻度は2〜3%、男女比は4：1である。

(2)　自閉スペクトラム症がある子どもの支援

　コミュニケーションのやりとりを豊かにしていくことが最初の目標である。ASDでは相手の立場に立つことが苦手で、周りに合わせて行動したり、相手の気持ちを考えて話したりすることが得意ではない。そこで、最初は大人が子どもに合わせ、子ども目線でやりとりを膨らませていく。

　幼児期早期で関わりがむずかしい場合、子どもの興味の対象を見つけ、その興味を大人と共有して遊んでいく。言葉の有無よりも、身振りや手振りなどの非言語的なやりとりを大切にして、コミュニケーションがとれることを重視する。楽しい時間を共有し、子どもと一緒に笑い合うことが、関わりの目安となる。

　コミュニケーションが十分でないと言葉が増えない。また、言葉が増えても、自分だけの言葉になる危険があることを理解させ、言葉がコミュニケーションの手段であることを実感させていく。

　集団では、時間と空間両面で見通しをよくすること（構造化）が大切である。予測外のことが苦手なため、予測の立てやすいスケジュールを視覚的に提示する。空間配置もわかりやすくする。

　感覚過敏への配慮も必須である。定型発達児よりも感度が高く、感覚刺激を堪え難く感じる。特に聴覚、触覚、味覚での過敏が目立つ。喧噪や普段と違う雰囲気にも敏感で、容易に不安に陥る。心配はないことを伝え安心させる。苦手な刺激は無理に我慢させず、徐々に慣れさせる。パニック時はその場を離れ、クールダウンさせる。無理強いを続けるとトラウマになる。

　暗黙のルールや言葉の裏を読むことも苦手であり、ルールを言葉で解きほぐして伝えたり、図解して教えたりする。

発達障害児の理解と支援Ⅱ
（注意欠如・多動症、限局性学習症、発達性協調運動障害、チック症）

1 注意欠如・多動症の理解と支援

（1） 注意欠如・多動症の理解

　注意欠如・多動症(Attention Deficit/Hyperactivity Disorder：ADHD)は多動・衝動性と不注意が主症状である。頻度は3〜10%、男女比は4〜6：1である。

　4〜5歳までの多動は、のちにコミュニケーションの問題が顕在化し、ASDと診断されることが多い。ADHDでは刺激の少ない環境であればコミュニケーションの問題は顕在化しないが、ASDではコミュニケーションの問題は必発である。支援の対象が、動きの問題であるか、コミュニケーションの問題であるかの見極めが重要である。ただし、両者はしばしば併発する。

（2） 注意欠如・多動症がある子どもの支援

　ADHDでは同時に複数の刺激を処理することがむずかしいため、刺激を減らすことが第一で、周囲に刺激になるものを置かないようにする。注意の持続が短いため、長い課題は小刻みにし、合間に区切りを入れる。一斉指示だけでなく、本人にむけての声かけにより注意を喚起する。教材の工夫、視覚的情報伝達の多用、トークン・エコノミー（ご褒美）なども大切である。

　薬物療法は6歳以降で可能であり、その改善率は70〜80%だが、あくまで対症療法である。薬の助けを借りながら成功経験を積みかさねる。

2 限局性学習症の理解と支援

　限局性学習症は学習障害と同義だが、「学習障害＝勉強でき

ない」という誤解を生みやすいことから、DSM-5 で限局性学習症となった。読字障害、書字表出障害、算数障害の下位カテゴリーがある。

　限局性学習症は「読字」「書字表出」「算数」などの特定の学習能力が発達段階から期待されるよりも低い状態にあり、教科学習が開始される 6 歳以降に明らかになる。知的障害やその他の発達障害がある場合はそちらの診断名が優先される。

　支援にあたっては、まず、知能低下がないかを確認する。全般的な知能の遅れがあれば限局性学習症ではないからである。その他の発達障害の有無も確認し、特性に合わせた対応を行う。

　本物の限局性学習症では、学習支援が主な対応である。学習能力の正確な把握、教育方略の検討、スモールステップによる習得、得意な科目の増進による自信の強化などが要点となる。

3　発達性協調運動障害の理解と支援

　中枢神経系の発達障害の 1 つで、発症率は約 5 ％である。ただの不器用とせず、的確なアセスメントと支援を要する。

　発達性協調運動障害の概要を表Ⅱ-2-19、疑うべき所見を表Ⅱ-2-20、支援を表Ⅱ-2-21 に示す。

表Ⅱ-2-19　発達性協調運動障害の概要

・協調運動技能の獲得や遂行が、その人の生活年齢や技能の学習および使用の機会に応じて期待されるよりも明らかに劣っている。
・その困難さは、不器用(例：物を落とす、またはぶつかる)、運動技能(例：物をつかむ、はさみや刃物を使う、書字、自転車に乗る、スポーツに参加する)の遂行における遅さと不正確さによって明らかになる。
・これらの運動技能の欠如は、生活年齢にふさわしい日常生活活動を著明および持続的に妨げており、学業または学校での生産性、就労前および就労後の活動、余暇、および遊びに影響を与えている。

作成：広瀬

表Ⅱ-2-20　発達性協調運動障害を疑う所見

・塗り絵がきれいに塗れない
・線のなぞりがうまくできない
・スプーン、コップが上手に使えない
・はさみがうまく使えない
・のりで手や衣服がベトベトになる
・着替えが遅い、むずかしい
・階段の上り下りがうまくいかない
・歩き方、走り方がぎこちない
・大便がうまくふけない
・三輪車やストライダーにうまく乗れない
・園庭の遊具でうまく遊べない
・言葉が不明瞭で聞き取りにくい

作成：広瀬

表Ⅱ-2-21　発達性協調運動障害のある子どもへの支援

・苦手な行動の分析をする（年齢に応じたスキルがあるかどうか）
①身体統制：遊具はちゃんと使えるか、コントロールよく正確にボールを投げることができるかなど
②書字・微細運動：字を書いたり絵を描いたりするのは、クラスのほかの子と同等のスピードやクオリティであるか、食具はちゃんと使えているかなど
③全般的協応性：片付け、靴を履く、靴紐を結ぶ、服を着るなどが、素早く、てきぱきとできるか、など
・苦手な運動の練習を行う場合、できる限りスモールステップで、少しの努力で達成できる短期目標を細かく設定する。これにより、目標達成時に達成感が得られ、次のステップへ進む意欲が保持される
・本人が苦手さを必要以上に感じることなく、自発的な日常生活動作を繰り返せるよう、他児との競争を減らすとともに、課題達成が容易にできるよう用いる道具を工夫する（例：スプーンの握りは太くて滑りにくいものを用いる、平皿ではなく縁のついた皿を用いてすくいやすくする、太くて濃い鉛筆を利用する、ノートの罫線は間隔の広いものを用いるなど）
・苦手な領域に関しては、得意なスキルや、それほど苦手でないスキルを活用し苦手さを補完する
・周囲からの孤立、自尊心の低下、運動嫌いなど二次的な心理・社会的問題を起こさないようにする
・ADHD や ASD などの合併症が少なくないため、それらへの支援も留意しておく

作成：広瀬

4　チック症の理解と支援

（1）　チック症の症状と分類

　チック症は、チック（突発的で不規則な体の一部の速い動きや発声）が繰り返される状態。単純性・複雑性チック、運動・音声チックに分類される。単純性チックは極めて短いチックで、複雑性チックは複数の単純性チックの組み合わせで、卑猥な言

表Ⅱ-2-22　チック症の症状と分類

単純性運動チック	・まばたきをする ・顔をしかめる ・急に頭をふる ・肩をすくめる ・舌を出す
単純性音声チック	・ぶつぶつ言う、どなる ・唸り声や、吠えるような発声がある ・においをかぐ、鼻を鳴らす ・せき払いをする
複雑性運動チック	・単純性チックの組み合わせ(頭をふることと肩をすくめることなど) ・汚行：性的または卑猥な身振り ・反響動作：ほかの人の動きをまねる
複雑性音声チック	・汚言：社会的に不適切な言葉(卑猥な言葉や人種差別的な言葉)を発する ・反響言語：自分またはほかの人が発した言葉や音を繰り返す
トゥレット症	・数種類の運動チックと1つ以上の音声チックが1年以上にわたり続く

作成：広瀬

表Ⅱ-2-23　チック症のある子どもへの配慮

- ・1つか2つの運動チックだけであれば消えていくことも多い
- ・チックの種類が増えていく場合もある
- ・育て方や環境が原因ではないが、必要以上にストレスをかけるのはよくない
- ・特別な接し方はないが、チックばかりに注目した生活は避ける
- ・チックについて子どもを注意したり叱るのはよくない
- ・悪いことをしたときには、訂正したい行動について叱ってかまわない
- ・ストレスにより一時的にチックは増えるが、必要以上に気にする必要はない
- ・緊張しているときよりもリラックスしているときに増えるチックもある
- ・チックを理由に日常生活や集団生活の制限をする必要なない
- ・家族や友だちがチックを責めたり、まねたり、からかったりしないようにする
- ・チックの背景に発達障害が隠れている場合は発達障害への支援が必要である
- ・不安やこだわりが強くなっていく場合は専門機関の受診を検討する

作成：広瀬

葉や汚い言葉(汚言)も含む。通常は4〜6歳に発症し、成人までに軽快する場合も少なくない。数種の運動チックと1つ以上の音声チックが1年以上にわたり続く重篤なチック症をトゥレット症と呼ぶ(表Ⅱ-2-22)。

(2)　チック症のある子どもの支援

　根本原因は不明だが、生まれつきチックを起こしやすい脳の要因が存在し、それに加えて環境からのストレスによって程度が変わる。チックをゼロにするのではなく上手に付き合うこと

が支援の原則である。

　本人が困ってしまうほどのチックや、精神症状を合併していれば、薬物療法等を検討するため専門機関の受診が必要となる（表Ⅱ-2-23）。

第7節　重症心身障害児、医療的ケア児の理解と支援

1　重症心身障害児の理解と支援

　重度の知的障害および重度の肢体不自由が重複している状態で、大島分類（表Ⅱ-2-24）の1〜4に相当する。

　重症心身障害児の主な原因と併存症を表Ⅱ-2-25に示す。

表Ⅱ-2-24　大島分類

					IQ
21	22	23	24	25	80 70
20	13	14	15	16	軽度 50
19	12	7	8	9	中度 35
18	11	6	3	4	重度 20
17	10	5	2	1	最重度 0
走れる	歩ける	障害歩行	座れる	寝たきり	

知的障害

運動機能障害

作成：広瀬

表Ⅱ-2-25　重症心身障害児の主な原因と併存症

重症心身障害児の原因	重症心身障害児の併存症
・染色体異常 ・その他の出生前要因 ・低出生体重児・摂食 ・低酸素症または仮死などの分娩異常 ・新生児期高ビリルビン血症 ・小頭症または狭頭症 ・髄膜炎・脳炎後遺症 ・てんかん後遺症 ・脳外傷後遺症 ・その他原因不明　など	・脊柱側彎症 ・呼吸障害 ・嚥下障害 ・胃食道逆流現象 ・イレウス（腸閉塞） ・排尿障害 ・便秘（排便障害） ・骨粗鬆症と骨折 ・褥瘡（床ずれ） ・低栄養状態　など

作成：広瀬

てんかん、行動障害など併存も多い。主治医と連携しながら、個々の状態に応じ、園で可能な範囲での支援が必要となる。

2　医療的ケア児の理解と支援

　医療的ケア児とは、日常生活で医療が必要な子どものことである。ここで医療的ケアとは、痰の吸引・経管栄養・気管切開部の衛生管理等の医行為を示す。原則として、医師や看護師等の免許をもたない者は、医行為を反復継続して行うことはできないが、免許を有しない者でも、5つの特定行為に限り、研修

表Ⅱ-2-26　医行為と学校等における医療的ケア

医行為

　医師の医学的判断及び技術をもってするのでなければ人体に危害を及ぼし、または危害を及ぼすおそれのある行為。医療関係の資格を保有しない者は行ってはいけない。

学校における医療的ケア

特定行為（※）
・口腔内の喀痰吸引
・鼻腔内の喀痰吸引
・気管カニューレ内の喀痰吸引
・胃ろう又は腸ろうによる経管栄養
・経鼻経管栄養

※認定された教員等が登録特定行為事業者において実施可

特定行為以外の、学校で行われている医行為（看護師等が実施）

本人や家族の者が医行為を行う場合は違法性が阻却されることがあるとされている。

出典：文部科学省「学校における医療的ケアの必要な児童生徒等への対応について」平成23年12月20日文部科学省初等中等教育局長通知。

表Ⅱ-2-27　学校等において行われる医療的ケアの例（●は特定行為）

栄養	●経管栄養（鼻腔に留置されている管からの注入） ●経管栄養（胃ろう） ●経管栄養（腸ろう） 経管栄養（口腔ネラトン法） IVH中心静脈栄養
呼吸	●口腔・鼻腔内吸引（咽頭より手前まで） 口腔・鼻腔内吸引（咽頭より奥の気道） 経鼻咽頭エアウェイ内吸引 ●気管切開部（気管カニューレ内）からの吸引 気管切開部（気管カニューレ奥）からの吸引 気管切開部の衛生管理 ネブライザー等による薬液（気管支拡張剤等）の吸入 経鼻咽頭エアウェイの装着 酸素療法 人工呼吸器の使用
排泄	導尿（介助）

出典：文部科学省「学校における医療的ケアの必要な児童生徒等への対応について」平成23年12月20日文部科学省初等中等教育局長通知。

を修了し、「認定特定行為業務従事者」として認定された場合に、一定の条件下で実施できる（表Ⅱ-2-26、Ⅱ-2-27）。

その他の特別な配慮を要する子どもの理解と支援

1 愛着形成の理解

　愛着とはアタッチメントの訳で、ここでは幼児期までの子どもと母親との間に形成された強い情緒的な結び付きを示す。

　生後6か月ごろより2歳ごろまで、継続して幼児の養育と社会的相互作用を行い幼児に責任をもつ大人（多くは母親）に対し、かけがえのない情緒的結び付きが形成される。子どもは愛着の対象者を情緒的な安全基地として使って、そこから外に出た新しい環境でも探索行動を行えるようになる。心の成長が促され、感情、思考、見通し、規範などをつくりあげる基盤となる。

2 愛着障害の理解

　愛着障害は乳幼児期に保護者との安定した愛着形成がなされないことによって生じる。過敏で衝動的、反抗的で破壊的な行動が多く、自尊心・相手に対する尊敬心・健全な感情・責任感などが育まれない。他人とうまく関われず、親密な人間関係の形成もむずかしい。見知らぬ人にベタベタする場合もある。幼少期には手がかからなくても、思春期に万引きなどの問題行動を起こす例もある。

　抑制型（反応性愛着障害）と脱抑制型（脱抑制型対人交流障害）に分類される。前者は適切な形で人間関係を開始したり対応したりできず、過剰に警戒心を抱き、誰とも親しい関係になれない。後者は他者との適度な距離感が理解できず、警戒心なく広範な人間関係を形成しようとして知らない人に話しかけたり、なれなれしく対応し過剰にベタベタしたりする。両者とも他者

との適切な距離感がとれず、非常に不安定である。

　発達障害やその他の先天的な障害があると、母子の愛着関係がスムーズに形成されない場合も少なくない。

3　マルトリートメントを受けてきた子どもの理解

注2 ‥‥‥‥‥‥‥‥
38頁、第Ⅰ部第2章第3節3項(2)を参照。

　マルトリートメント[注2]とは不適切な養育と訳され、以下の4つに大別される。

①身体的虐待：外力を与えて子どもを傷つけること。叩いたり、蹴ったり、激しく揺さぶったり、やけどを負わせたりすること。

②性的虐待：子どもを性的言動に巻き込むこと。性的接触や性交渉、性的写真の撮影や性行為、その画像を見せることである。

③心理的虐待：愛情を与えない、差別する、恐怖を与える、恥をかかせる、拒否する、孤立させる、過度の発達的なプレッシャーを与えるなどが含まれる。直接の被害は受けなくとも、きょうだいへの虐待、配偶者間暴力、高齢者虐待など家庭内の暴力を目撃する状況に置くことも虐待にあたる。

④ネグレクト：子どもにとって必要なケアを与えないこと。適切な食事や衣服を与えない、清潔を保たない、危険から守らない、学校へ行かせない、必要な医療を与えないなど。特別な信念や宗教によって必要なケアを与えないこともネグレクトになる。

　マルトリートメントによるトラウマ体験が続くと、脳の正常な発達を妨げ、発達性トラウマ障害を引き起こす（表Ⅱ-2-28）。

表Ⅱ-2-28　発達性トラウマ障害の症状

・幼児期	典型的な愛着障害の臨床像を呈する
・学童期	ADHDに類する多動と破壊的行動障害が前面に表れる
・思春期	PTSDと解離症状が明らかになる
・青年期	解離性障害および素行障害へ展開していく
・成人期	一部は複雑性PTSDに進展していく

作成：広瀬

4　外傷体験とトラウマ関連障害の理解

　トラウマ(心的外傷)とは外的・内的要因により肉体的・精神的衝撃を受け、さらに長い間それにとらわれて、否定的な影響が続くことをさす。トラウマを惹起させる体験を外傷体験という。養育上の過酷な体験や自然災害や戦争などの体験がある。

①急性ストレス障害：生死や人間の尊厳に関わるようなトラウマ体験後、体験をはっきり思い出したり、それが悪夢として現れたり、そのため過覚醒状態となったり、トラウマに関したことを避ける傾向が続き、数日から4週間以内に治癒する一過性の状態。

②PTSD(Post Traumatic Stress Disorder：心的外傷後ストレス障害)：生死や人間の尊厳に関わるようなトラウマ体験後、以下の4つが4週間以上継続する場合をいう。侵入症状：トラウマとなっている出来事に関する不快な記憶が突然よみがえる(フラッシュバック)。

　回避症状：トラウマに関する出来事を思い出したり考えたりすることを避ける。

　認知と気分の陰性の変化：否定的な認知の出現や興味関心の喪失、ポジティブな感情の減少。

　覚醒度と反応性の著しい変化：イライラや自己破壊的行動の出現、驚愕反応、集中困難、睡眠障害など。

③複雑性PTSD：長く続いた虐待など、長期反復的トラウマ体験による強烈なPTSDである。感情調整障害、**解離症状**、無力感、恥、絶望、希望のなさ、自己破壊的で衝動的な行動、信念の喪失、敵意、社会的ひきこもり、常に脅迫され続けている感じ、他者関係の障害、人格変化、各種身体愁訴などが生じる。

④適応障害：ストレス原因によって、著しい苦痛や機能の障害が生じており、そのストレスが除去されれば症状が消失する。

解離症状
記憶・意識・知覚などが一時的にまとまらなくなった状態。

5　逆境体験を経た子どもの支援

(1)　逆境体験を経た子どもの支援の原則

　原則は安全で安心な生活環境の確保である。現在もトラウマ
が続いている場合は、トラウマ源からの隔離が原則である。虐
待等がある場合、児童相談所との連携をためらってはならない。
　安全な環境下でトラウマ源とは距離があっても、つらい記憶
の再現が続いている場合がある。現在は安全であることを繰り
返し伝える。トラウマ処理のための専門職との連携も必要に
なってくる（表Ⅱ-2-29）。

(2)　レジリエンスを高める

　レジリエンスとは、ストレスによる歪みを跳ね返す力で、社
会的あるいは生物学的に不利な状況に対し、自身の心身を適応
させる能力と定義される。脆弱性の反対概念であり、自発的治

表Ⅱ-2-29　逆境体験を経た子どものケア

目標	・安全で安心な生活環境 ・安定した愛着関係と自己肯定感の形成 ・トラウマからくる精神症状の治療 ・レジリエンスの育成・強化
方法 アプローチの	・個人心理療法、家族療法、集団療法（面接室等での関わり） ・環境療法、生活療法（施設・里親宅などの生活の中での関わり） ・コミュニティ・ケア（地域住民、保育所・幼稚園・認定こども園・学校、子育て支援センター、親類等） ・薬物療法（対症療法に過ぎないが必要なことが多い）

作成：広瀬

表Ⅱ-2-30　子どものレジリエンスを高めるコツ

・レジリエンスの土台となる親子間の愛着関係を豊かにする
・尊重され大事にしてもらった体験を通じて自己肯定感を高める
・物事を楽観視できるポジティブさを育てる
・気持ちや感情をコントロールする力を付ける
・環境や自身の変化に対する柔軟性を育む
・遊びや人との関わりを通じて成功体験を積む
・結果よりも過程を重視し、長所を見つけ褒めて育てる
・あたたかく見守る姿勢を多くして、援助はやりすぎず適度にする
・我慢しすぎず必要なときに SOS を出せるような習慣を育む
・親の後ろ姿で「社会とのつながり」を見せる

作成：広瀬

癒力、精神的回復力、抵抗力、復元力、耐久力とも訳される。

　逆境体験を経た子どもに限らないが、レジリエンスを高める
ことは、支援における重要な勘所である（表Ⅱ-2-30）。

学習のふりかえり

1 障害があっても周囲の関わりと工夫によって、その子なりの社会参加を保育場面で達成できるようにしていく。

2 生まれつきの身体障害や発達障害の特性を十分にアセスメントし、特性に見合った保育環境の実現をめざしていく。

3 子どもの障害特性を理解するためには、医療機関や療育機関との連携が不可欠である。

4 生得的な障害だけでなく、不適切な養育環境の中で心身の成長・発達が阻害される場合の特徴を理解しておく。

参考文献：
1. American Psychiatric Association, 髙橋三郎ほか訳『DSM-5 精神疾患の分類と診断の手引』医学書院、2014 年。

Ⅱ 障害児保育の基本的内容

第3章

障害児その他の特別な配慮を要する子どもの保育の実際

学習のポイント

　本章では、障害児その他の特別な配慮を要する子どもの保育のあり方について学習する。

　まず個々の障害等に配慮した指導計画等のあり方について理解し、個別に作成する意義について理解を深める。そのうえで、個別の指導計画等の評価のあり方について理解する。次いで障害児等の個々の発達を促す環境や、子ども同士の育ち合いを促す保育のあり方について理解を深め、健康や安全の保障のあり方について理解する。さらに職員間の連携・協働のあり方について理解する。

第1節 指導計画および個別の教育支援計画の作成

1 個別指導計画と個別の教育支援計画

(1) 保育所保育指針における個別の指導計画

　保育には、保育内容の概要を示した指導計画がある。年・期・月といった長期的な計画がある一方、子どもの生活実態に合わせた週・日といった短期的な計画も設定される。いわゆる、週案・日案などと呼ばれている計画書である。通常はクラスやグループ単位で指導計画が立てられるが、障害のある子どもの保育に関しては、個別の指導計画を立てることが保育所保育指針に明記されている（個別の指導計画は必ずしも障害のある子どものみを対象とはしていない）。

> 　障害のある子どもの保育については、一人ひとりの子どもの発達過程や障害の状態を把握し、適切な環境の下で、障害のある子どもが他の子どもとの生活を通して共に成長できるよう、指導計画の中に位置付けること。また、子どもの状況に応じた保育を実施する観点から、家庭や関係機関と連携した支援のための計画を個別に作成するなど適切な対応を図ること。
> （保育所保育指針　第1章-3保育の計画及び評価-(2)指導計画の作成）

　これによると、①発達過程と障害状態の適切な把握、②他児との安定した生活、③通常の指導計画との対応、④家庭や関係機関との連携という4つの要素から構成されていることがわかる。保育士は、これら4つの要素を勘案して、保育計画を立案

して保育実践を行う。そして、通常の保育と同様に自らの保育の振り返りを行い（自己評価、保育カンファレンスなど）、次の計画の立案を行っていく。このような過程の連続によって、障害児保育の質を向上させていくのである。

(2) 個別であることの意義

個別の指導計画の必要性については、いくつかの視点から考えることができる。

第一に、発達課題が異なるためである。障害児といっても、その障害の状態はさまざまであり、発達課題にも個別性がある。保育士は、現在の状態を適切にアセスメントすることが必要である。ここでいうところのアセスメントは、個別の発達状態の把握にとどまらず、環境との相互関係、人間関係、家庭の状態など多岐にわたる情報の把握である。そして、現在の状態をアセスメントするにとどまらず、これまでの**成育歴**をふまえて判断することも重要である。ある行動が形成、獲得されるまでの過程を明確にすることで、支援の仮説を立てることが重要である。

第二に、支援内容の検討のためである。例えば、年長クラスの発表会で劇活動を行ったとする。多くの子どもにとっては、人に登場人物の気持ちを伝えようと表現することが課題となるかもしれない。もし、ここに発語が単語レベルの子どもがいたとする。そのとき、みんなと同じことをすることは、必ずしも目標にはならないだろう。現在の発達段階から考えれば、人前に立つこと自体が課題になるかもしれない。このように、個別の指導計画があることで、障害児の保育目標をスモールステップで明確にすることができ、実際の支援内容が決まっていく。

第三に、支援者の理解のためである。個別の指導計画があることによって、支援内容が具体的に決まっていくと、職員間で共有することも容易になる。職員間の連携のために計画が必要なのである。また、個別の指導計画は保育所内のみでメリットがあるわけではない。程度の差はあるが、保護者と共に作成していくものでもあり、保護者から家庭の状況を聞いたり、要望を聞いたりするなかで長期的な計画を立案していく。近年は、このように保護者との協働で立案していくという意識が広がり

成育歴
　1人の人間の胎生期から現在までの成長・発達等の歴史を記録したものである。障害福祉の分野では、出生時の状態やその後の発達歴、教育歴、家族歴、相談歴などをまとめたものを示す。面接のときに聞きとって記録される。

第3章

障害児その他の特別な配慮を要する子どもの保育の実際

つつある。

(3) 個別の教育支援計画との関連

　平成 19(2007)年から特別支援教育がはじまり、幼児・児童・生徒一人ひとりの教育的ニーズを支援者が把握して、適切な指導を行う体制がとられるようになった。特別支援教育の理念の1つとして、一生涯をとおした連続的な支援をあげることができる。例えば、幼児期に保育所で生活していた子どもが小学校に入学した場合、保育所での生活上の課題、支援の内容などの情報が小学校につながれば、より早い段階から適切な対応をとることができるであろう。また、就労する場合、それまで関わってきた学校教育の中で得られた支援の知見が就労の場に生かされなければ、最も困るのは当事者になってしまう。このような所属が変わることによって起こる支援の溝を埋めるために個別の教育支援計画が作成されるようになった(図Ⅱ-3-1)。

　個別の指導計画は、保育所のように1つの機関内で作成され、長くても年単位でどのような指導を行っていくのかについて記述した計画書である。これに対して、個別の教育支援計画は、より長期的に当事者を支えていく視点で作成されている。計画書は当事者の成長にともない、教育機関間で引き継がれていき、卒業後は福祉・労働の場へとつながっていく。この計画書に定型的な形式はないが、多くの場合、①基礎情報(氏名、性別、生年月日、所属、家族構成等)、②医療情報(診断名、診断

図Ⅱ-3-1　個別の教育支援計画

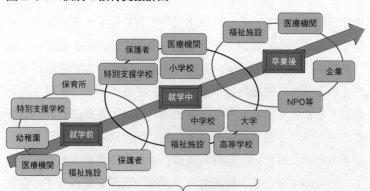

"個別の教育支援計画"は、就学前から就学中、卒業後までをつなぐ役割。

出典：国立特別支援教育総合研究所「「個別の教育支援計画」の策定に関する実際的研究(平成16　　〜17年度)」17頁、図2 個別の支援計画と個別の教育支援計画より廣澤が改変・作成

を受けた時期、主治医等)、③関係している諸機関(療育施設、医療機関、その他福祉施設、習い事等)、④当事者の希望、⑤家族の希望、⑥支援目標といった項目で構成されている。

保育所や幼稚園、認定こども園は、これらの情報を提供する役割を担っており、支援が途切れないように小学校・特別支援学校へのスムーズな移行をしなくてはならない。なお、地域(自治体)によっては、就学支援シート(地域によって名称が異なる)と呼ばれる書式を独自に作成して、子どもに関連する支援者それぞれが、具体的な子どもの状態、支援内容等を記述して、小学校につなげていくことも行われている。

2　個別の指導計画の実際

(1)　個別の指導計画の立案

個別の指導計画は、自治体や地域によって統一されているところもあるが、保育所等によって異なっていることが多い。個別の指導計画に含まれる要素としては、①子どもの属性、②アセスメント、③保育目標、④指導計画の4点である。表Ⅱ-3-1

表Ⅱ-3-1　個別の指導計画に含まれる要素

領域	項目	内容
子どもの属性	基本情報	氏名、性別、生年月日、年齢
	家族	家族構成
	診断	診断名、診断年月日、診断機関名
アセスメント	対象児	現在の状態、成育歴
	環境	生活環境、家族環境、専門機関の利用状況
	保育集団	保育集団の特徴、他児との関わり、集団の保育体制
	保護者	保護者の要望や理解
保育目標	行動	行動の背景、行動の要因
	保育目標	中・長期的目標、短期的目標
指導計画	対象児	発達支援の内容、行動支援の内容、適応支援の内容
	保育集団	他児への対応
	環境	保育室の整備、共有スペースの整備
	保育体制	集団の人数、担任数、保育カンファレンス
	保護者	対象児の保護者への対応、他児の保護者への対応
	対外連携	専門機関との連携

出典：本郷一夫「園での保育の計画」渡辺信一・本郷一夫・無藤隆編著『障害児保育』北大路書房、2009年、112-113頁より廣澤作成

に、個別の指導計画に記載される内容をまとめた。

①子どもの属性には、氏名などの基本情報のほかに、診断に関する事項が含まれる。②アセスメントには、子どもの現在の状態や成育歴だけではなく、子どもを取り巻く環境（例えば、家庭状況）の状態や保育集団（クラス集団）の特徴を記述する。さらに、保護者がどのような要望をもっており、子どもをどのように理解しているのかについて記述する。③保育目標では、子どもの課題となる行動の背景や要因、中・長期的目標、短期的目標について記述する。目標の部分については、当該クラス全体の保育目標との関連をもたせねばならない。④指導計画では、対象となる子どもや他児に対して、どのような支援を行うのかという具体的な内容を記述する。また、保育環境・保育体制・保護者への支援・専門機関との連携といった間接的な支援の内容を記述する。

図Ⅱ-3-2には、実際にある園で使用されている個別の指導計画書（年間）の形式を示した。この計画書では、期ごとに分けて「予想される子どもの姿」を生活面・遊び面から記述している。そのうえで、保育者の支援内容を記述する形式をとっている。こ

図Ⅱ-3-2　個別の指導計画（年間）の形式の例

年間個別指導計画　20XX年度	園児名			クラス		担　当	
年間個別目標							
期	1期(4〜6月)		2期(7〜9月)		3期(10〜12月)		4期(1〜3月)
予想される子どもの姿	生活		生活		生活		生活
	あそび		あそび		あそび		あそび
保育者のかかわりの視点	生活		生活		生活		生活
	あそび		あそび		あそび		あそび
家庭と一緒に							
関連機関との連携							
反省と次年度への課題							

※ある園で実際に使用している個別の指導計画（廣澤が一部改変）。

の計画書では生活面・遊び面という視点からとらえているがここに保育の5領域を位置づける場合も多い。また、保育所保育指針でも示されているように、家族との連携や関連機関との連携についても計画の中に含めて記述するようにしている。この例で示されたように、子どものアセスメントについては別の様式で記述している保育所も多い。

(2) 個別の指導計画の評価

個別の指導計画の評価について、保育所保育指針では特にふれられていない。通常の評価と同じく、①保育士等の自己評価、②保育所の自己評価という2つの自己評価の視点から行っていく。そして、評価をふまえて計画を改善していくという循環的な過程をたどる(保育所保育指針　第1章-3保育の計画及び評価-(4)保育内容等の評価)。

多くの保育所では、個別の指導計画の対象となっている子どもについては、保育カンファレンスをとおして保育者同士で検討したり、年度末・期末に会議の場をもち、個別の指導計画の評価や次の立案にむけての方向性を検討したりしている。そのような場で重要であるのは記録である。記録は、日々の実践記録(保育日誌など)が中心となってくるが、その他の記録も重要である。例えば、保護者とのやりとり(連絡帳や保護者との会話、面談の記録など)は、保護者の要望をとらえる視点となる。また、最近では保育所を巡回して発達相談や保育に関するアドバイスをする心理士が多くなっている。心理の立場からの専門的な意見を参考にすることもできる。また、専門機関である児童発達支援センター[注1]・事業所や医療機関といった外部機関との連携の記録や専門家からの意見なども、評価を行ううえでは重要である。

注1・・・・・・・・・・・・・・・・・
239頁、第Ⅱ部第4章第3節1項(1)および244頁、第Ⅱ部第4章第3節2項(1)を参照。

第2節　個々の発達を促す生活や遊びの環境

1　基本的な生活習慣の獲得

　基本的な生活習慣についての支援は、定型発達児と大きく変わらない。ただし、個々の生活の背景や障害の特性が起因となる課題があるため、その視点から子どもの状態をとらえることが重要である。

(1)　食事

　授乳から離乳、食行動の発達は、子どもによって進み方が違っている。また、障害の特性によっては、食行動に遅れが表れることもある。例えば、細かい指先の運動といった微細運動の発達がゆっくりな子どもであれば、箸を使ってつかむことがむずかしくなってくる。また、協調運動が苦手な子どもも多い。物を食べるときには、目で物を見て、スプーンを持った手を伸ばし、スプーンに物を落ちないように乗せ、口に運ぶといった、視覚情報に合わせて手指を動かす必要がある。微細運動や協調運動に課題がある場合、きれいに食べるといったことを目標にするのではなく、遊びの中に微細運動や協調運動の課題を取り入れることによって発達を促すほうがよい。

　偏食が多いことも特徴の１つである。特に自閉スペクトラム症（ASD）の子どもには偏食が多く、野菜はまったく食べない、お米しか食べないといった子どもや、特定のメーカーの牛乳しか飲まない子どももいる。一般的な対応として、少しずつ食べさせる、食べたら褒めるなどといったことが勧められるが、多くの場合強く拒否される。自閉スペクトラム症の子どもの中には、感覚過敏の子どもがおり、食べ物の味や臭いを苦痛に感じる場合があることに留意すべきである。無理をさせずに慣れていかせることが重要である。

（2）　睡眠

　保育所では、午睡があるが、午睡の時間に眠れない子どももいる。まずは、ほかの子どもが横になっているようすを見るところからはじめるのがよいだろう。また、どうしても午睡をしている部屋に入ることができない場合は、静かな遊びをさせるなど、その時間がほかの時間とは違うということを感じさせることも大切である。

　子どもたちの中には、午睡以外の時間に眠くなる子どももいる。それぞれの子どもが、なぜその時間に眠くなるのかという原因を探ることが大切である。例えば、車の中で寝かしつけないと寝ないといったこだわりがある子どももいる。保護者の予定に左右されるため、容易に寝る時間が遅くなったりする。子どもの生活リズムが崩れたとき、原因を保護者の子育てに求めるのではなく、きちんと生活の流れを理解するところからはじめないといけない。

（3）　排泄

　定型発達児と同じく、排泄の自立の時期も子どもによって大きく異なってくる。子どもは、生後数か月までは、尿意を不快に感じることはないが、その後は不快に感じ、それを泣くことによって表現し、他者に受け止められる体験を積んでいく。障害のある子どもにおいては、不快さを感じていないケースや他者に伝えることをしないケースなどがある。まずは、信頼できる保育者との関係のなかで、不快な感情が受け止められることや他者が不快を取り除いてくれるといった成功体験を積むことからはじめるとよい。大切なことは、失敗したときに叱責しないことである。特に、自閉スペクトラム症児の場合、不快な体験と場所が結び付きやすい。例えば、トイレで叱責されれば、トイレが怖い場所となってトイレでの排泄が困難になることがある。

　また、さまざまな理由によってトイレを怖がる子どももいる。例えば、換気扇の回る音が嫌であったり、排泄後にトイレの水を流す音が嫌であったりというように、一見すると理由がわかりづらいことがある。家庭でのようすを聞き、不快な刺激の原

因を探ることが重要である。

事例

　A君は、4歳の男の子です。自閉スペクトラム症がありますが、言葉は単語で意思を伝えることができ、簡単な言葉の理解はできます。トイレットトレーニングをはじめ、家では便座に座るところまではできるようになりました。保育所でもトイレに行くことをはじめたのですが、まったく便座に座ろうとしません。そこで、家庭で使っている補助便座にして、家庭のトイレに貼ってあるキャラクターの絵を貼りました。すると、すっと便座に座るようになりました。どうやら、自分のトイレだと理解していなかったようです。

（4）　衣服の着脱

　衣服の着脱では、前後の見分け方やボタンの着脱などが課題となることが多い。多くの衣服は、ポケットの位置であったり、襟元の形から前後を判別できる。物の形を認識して、全体の形状との関係性をとらえることができないと正しく判別できない。幼児用の衣服では、前にリボンなどのワンポイントが付いていることが多い。このような視覚的な目印は子どもにとって理解しやすいものとなる。すべての衣服に同じワンポイントを付けるといった支援が有効である。

　ボタンの着脱は、微細運動が苦手な子どもにとって困難であることが多い。最初のうちは、ボタン穴が大きく、ボタンが入りやすい形状のものを選んだほうがよいだろう。また、微細運動の発達が十分でないならば、遊びの中で微細運動の発達を促す支援を行い、衣服についてはボタンがないものを選ぶといったことも合理的な考え方である。

（5）　安全

　子どもの発達段階に応じて、危険予測をすることが大切である。この点については、乳児保育における安全管理の視点が参

考になる。特に、低年齢や発達初期においては、誤飲・誤嚥下の事故、転落等の事故が多くなる。乳児保育では、保育者がこのような事故を常に予測しているため、大きな事故につながりにくいかもしれない。しかしながら、生活年齢があがり、周りの子どもとの発達差が生まれてくると危険予測を超えた事故が起こる可能性が高くなるので注意が必要である。

　また、注意欠如・多動症（ADHD）の子どもの場合、危険予測が困難であり、衝動的に行動することが多いため十分に注意が必要である。特に、新規の場所では、行動がより活発になる傾向があるため、園外での保育、目的地までの移動時間などは注意が必要である。いずれにしろ、安全管理のためには、個々の保育者が危険を予測できることと、担任だけではなく園全体の保育者で障害がある子どもを見守ろうとする意識を共有する必要がある。

■ 2　保育者の関わり

(1)　保育者の関わりの基本

　子どもが自由に遊べるためには、子どもにとって保育者が安全基地になる必要がある。保育者は子どもにとって、何かを見せたくなる人、要求を伝える人、困ったことがあったときに頼れる人となるべきである。自閉スペクトラム症の子どもの場合、発達初期には他者への関心が低い傾向があるが、他者への関心が広がっていく時期になると言葉の発達も進んでいく。保育者は、最初のうちは子どもの要求を受け止める役割を担い、徐々に大人側の意図を伝えていくような関係をとっていくとよい。また、他者とのトラブルが多い子どもなどの場合、困ったときに気持ちを受け止めてくれる対象が保育者となる。将来の**二次障害**を防止するためにも、保育者が叱責を多くしないことが必要である。

> **二次障害**
> 障害によって直接的に引き起こされる症状が一次障害であり、一次障害と環境（人的・物的）との相互作用によって引き起こされる症状が二次障害である。他者の強い叱責や養育環境の不適切さによって、チック、夜尿、他害などの二次障害が起こることがある。

事例

　B君は4歳の男の子です。2歳のころに自閉スペクトラム症と診断されました。B君は、2歳過ぎまで言

葉はしゃべらず、指さしをしない、視線が合いづらい
など、他者への関心が低かったです。入園すぐのころ
には、保育者にあまり関心を示さず、ひとり遊びが多
かったのですが、保育者がじっくりとB君の遊びの
ペースに乗るように関わった結果、クレーン現象（他
者の腕をとって要求する物のところへ連れていき、要
求を満たそうとする行動）のような要求行動も出てき
ました。その後、3歳を過ぎたころには、段々と保育
者のまねをすることが出てきて、言葉も伸びていきま
した。

　子どもが保育者への関心を示してくると、保育者の行動を模
倣することができるようになってくる。模倣ができるように
なってくると、コミュニケーション手段の幅が広がってくる。
有意味語の獲得が進んだり、非言語コミュニケーション（指さ
しなど）が多くなってくる。この段階では、子どものペースを守
りながらも、徐々に新しい遊びを提案するといった、保育者の
ペースに合わせる時間を含めていくこともできる。このような
段階を経て、保育者との関係から他児との関係へと広がっていく
くことが多い。他児との関係へ広がった段階では、保育者が他
児との関わりのモデルになるように支援を行っていくことが大
切である。他児との関係を調整しつつ社会的に適切な関わり方
をモデルとして示していくことが必要である。

(2) 遊びの工夫

　遊び自体は、定型発達児と変わらない。保育者は、子どもが
好きな遊びを自発的に見つけられるように、発達に合ったもの
を用意しておく必要がある。発達の初期や自閉スペクトラム症
児の中には、ひとり遊びが好きな子どももいる。いきなり、保
育者が遊びを提供したりするのではなく、並行遊びのように視
界の中で遊びを展開したり、**逆模倣**をしたり、必要な物をとっ
てあげる役割に徹するなどして、保育者への関心を高めること
からはじめる。そのようにして、保育者との関係、他児との関
係へとステップアップしていく。

逆模倣
　子どもの行動や言葉を
まねすることである。逆
模倣によって、子どもの
大人への興味・関心を促
すことができる。障害児
の療育方法の1つである
インリアル・アプローチ
では、ミラーリング（行動
をまねる）、モニタリング
（言葉をまねる）といった
技法として位置づけられ
ている。

子どもが好む遊びの例とその発達的意味

　保育で行われる遊びは、それぞれ発達的意味をもっている。児童発達支援で行われている療育では、個々の子どもの発達課題に合わせて、遊びを提供している。

・トランポリン
　粗大運動を十分にできる遊びである。感覚統合を促す遊びとしても有効であり、多くの子どもが好きである。

・お絵かき
　微細運動の発達を促すことができる。ぬり絵は特に微細運動を必要とする遊びである。また、線をなぞるといったことは、字を書くことの前段階の課題となる。

・粘土
　感覚遊びの代表である。多くの子どもが好きである一方、感覚過敏のある一部の子どもは非常に嫌がる。

・パラバルーン
　粗大運動が促され、見ている子どもにとっては感覚遊びの面もある。ほかの子どもと一緒に持って動くと楽しいことがわかれば、共同遊びへの入り口となる遊びである。

(3)　環境の工夫

　子どもにとってわかりやすい環境づくりをすることも重要である。指示を受けるとき、集団で何かをするときなどに皆と一緒に行動できないことがある。このようなとき、何をすべきかわかっているけれどもやらないのか、わかっていないのかといった子どもの行動をアセスメントすることが重要である。また、子どもにとって、視覚的にわかりやすくすることが環境の工夫の1つである。特に、自閉スペクトラム症の子どもは、視覚的にとらえることが聴覚に比べて得意であることが多い。そのような特性を生かして伝えることも大切である。図Ⅱ-3-3のようなスケジュールを提示して、次に何をすべきか伝えるといった方法が考えられる。障害児にとってわかりやすい環境は、すべての子どもにとってわかりやすいという意味もある。

図Ⅱ-3-3　視覚的なスケジュールの例

そとあそび

きゅうしょく

おひるね

作図：廣澤

　環境の工夫として、不安を軽減することも大切である。感覚
過敏をもっている子どもの場合、保育者が予想していないもの
が不安の原因となっていることがある。例えば、聴覚過敏であ
れば、ピアノのような突然大きな音が鳴ることや、子どもたち
が一斉に話しはじめることなどを不快に感じたりする。最初の
うちは、保育室から出ていくこともあるかもしれない。そのよ
うな場合は、安全な場所を逃げ場所として確保することが重要
である。可能であれば、保育室の中に安全な場所があるとよい
だろう。さらに、成長すれば保育者に不快であることを伝える
といったことも発達の課題となってくる。子どもにとって不安
を軽減する環境の工夫は、子どもが集団を嫌がらないことにも
つながるので、非常に重要なことである。

（4）　困った行動への対応

　困った行動に出会ったとき、まず考えるべきは、子どもも困っているということである。このような行動を理解するためには、行動分析の考え方が参考になる。行動分析では、ある行動が生起するには、その行動を強化していること（強化子）があると考える。そして、その強化子をコントロールすることによって、子どもの行動を変えていく。ある困った行動があった場合、その行動がなぜ強化されているのかについて、記録を振り返ったり、カンファレンスをとおして考えてみると、環境（人的・物的）が強化子になっていることも多い。

> **事例**
>
> 　Cさんは、3歳の知的障害児である。
> 　言葉は、一語文が出はじめている。最近、給食の時間に保育士のほうを見てから、わざと食べ物を床に落とす行動を繰り返すようになった。保育士は、「だめだよー、食べ物は大事にしようね」と言いながら、Cさんのところに来ていた。何度注意してもやめる気配はないようであった。
> 　巡回の心理士から、「食べ物を床に落とすと保育士が来てくれると考えているようなので、最初から横にいたらどうでしょうか」とアドバイスを受けた。そのとおりにしてみると、食べ物を床に落とす行動はピタッとやんだ。

第3節
子ども同士の関わりと育ち合い

1　子ども同士の関係

　集団保育の中では、障害のある子どもは、ほかの子どもの

ペースに合わせて行動することがむずかしいことが多い。このとき、できないことに注目するのではなく、周りに行動のモデルとなる子どもがたくさんいると考えたほうがよいだろう。ほかの子どもがやっていることを見せることで、やり方がわかり、行動のきっかけとなることも多い。このように、見ているということは、学んでいるととらえることができる。行事（運動会など）のときに、全体で行動することが苦手であれば、集団から外れていくこともある。このとき、ほかの子どもたちがやっていることを見ている子どもも多い。スモールステップで考えれば、集団に入ることがステップとして高いと考えられれば、見ていることが目標になるため、無理に集団に入れる必要はないだろう。

事例

　Ｄさんは、5歳（年長）の男の子です。4歳のときに注意欠如・多動症と診断されました。

　春に行われた運動会では、クラスでダンスをすることになりました。Ｄさんは、家では、振り付けの動画を見ながら母親と踊っています。しかし、保育所では練習にまったく参加しませんでした。また、本番のときは、集団から外れて、砂をいじったり、その砂を近づいてきた保育士に投げたりしていました。保育士は、無理に集団に入れず、Ｄさんの横で皆の踊っている姿を言葉で伝える関わりに徹しました。Ｄさんは、ちらちらと皆のほうを確認しています。

　9か月後、卒園式が行われました。Ｄさんは、足がぶらぶらと動くものの、30分ほどの間、いすに座っていることができました。周りのようすを見ながら、自分の行動を調整しているのがよくわかり、Ｄさんの成長した姿がわかる光景でした。

　子ども同士のトラブルになることもあるだろう。特に、注意欠如・多動症の子どもは、衝動性が強く、順番を待つことなどがむずかしいと他児とのトラブルになりやすい。定型発達児と同じく、トラブルは子どもたちの成長の機会である。保育者は、どちらが悪いかを決めるのではなく、それぞれの気持ちを

受け止め、どのように行動すればよいのかを示すことが重要である。

　幼児期は、些細なことでトラブルになることが多い。多くの場合、その場で互いに情動を調整して、すぐに遊びはじめる光景を見ることができるであろう。しかし、幼児期後期になってくると、周囲の他児が障害児に対して疑問をもつことが出てくる。例えば、肢体不自由児に対して、「なんで〜ちゃんは歩けないの？」といった疑問である。この時期の子どもは、外見的な特徴や見えやすい行動特性（順番を守ることができない、人を叩くなど）に対して疑問を抱いている。特に、年長の時期になると、物事を原因−結果の関係でとらえることが可能になってくるので、なぜなのかという疑問が多くなる。保育者は、この疑問に対してていねいに答えていかねばならない。「（肢体不自由について）立つときは『えいっ』って力がいるでしょ？　〜ちゃんはね、うまく力を出せないんだよ」といった説明のように、理由を伝えることが大切である。また、周囲からすると困った行動特性（人を叩くなど）に対しては、疑問をもった子どもが障害のある子どもに対してどのように対応すればよいのかということもあわせて伝えていく。このように周囲の子どもの理解を促すことは、互いの生活が楽になるにとどまらず、小学校に入ってからの子どもたちの関係性やクラス運営にも影響を及ぼしていく。

2　クラス運営

　近年では、障害児が在籍するクラスに加配で保育者を配置することが多くなってきた。加配は障害児のいるクラスに必ず配置されるものではなく、それぞれの園の事情、自治体の方針や予算等によっても異なってくる。また、加配の保育者は、必ずしも障害児のためだけに保育を行う保育者ではない。そのため、それぞれがどのような役割を担うかということを話し合っておく必要がある。発達段階に応じて、より綿密に関わる時期もあるし、見守りつつ必要なときに支援する役割を担うこともある。注意しなくてはならないのは、加配の保育者が周囲の子どもたちから、障害児のお世話をする人と認識されることである。周りの子どもたちから障害児への積極的な関わりが少なく

なることにつながる。

　障害児の中には、集団の中で特に問題が起こらない子どもも
いる。ここで注意すべきことは、保育者からすると、クラス運
営をするうえで他者への関心が低い子どもや受動的なタイプの
子どもは、他者とのトラブルも少なく、一見すると課題が見え
づらいことである。目立たない子どもの課題を明確にしていく
ことも重要である。また、他児との関係もよく、世話をされや
すい子どももいる。世話好きな子どもがお手伝いをすることの
意義もあるが、障害児の自発性が低くなったり、他者に要求、
助けを求める行動が減ることがある。"支援する－支援される"
といった固定化された関係にならないようにすることが大切で
ある。

　障害児保育は、障害のある子どもがよりよく乳幼児期の生活
を送ることができ、児童期にむけて必要な力を育むことが目的
である。保育をするうえでは、障害児に対する直接的な支援に
目がむきがちになるが、周囲の子どもたちの育ちが障害児を育
て、障害児の育ちが周囲の子どもたちを育てることを忘れては
ならない。

第4節 障害児保育における子どもの健康と安全

1 子どもの健康と安全を守るには

　保育士の役割はさまざまであるが、子どもの健康や安全を守
ることは保育士の基本的かつ必然的な役割である。一人ひとり
の子どもの健康状態を把握するとともに安全な保育を行うため
には個別の発達状況や体調の把握を行う必要がある。

　また、障害児保育にあたって、子どもの困りごとに着目する
ことが大切である。同じ障害であっても、子どもによって困り
ごとは異なり、子どもの困りごとに対してどのような支援が必
要なのかを考えていくと、子どもの安全を守ることにつながっ
ていくと考えられる。

ここでは主に児童福祉法で定義された身体障害、知的障害、精神障害（主に発達障害）の障害児における子どもの健康と安全について学ぶ。

2　障害種別ごとの健康と安全への配慮

（1）　身体障害児への配慮

　身体障害とは、身体障害者福祉法において都道府県知事から身体障害者手帳の交付を受けた者とされ、主に視覚障害、聴覚障害、肢体不自由、その他の内部障害をいう。

　視覚障害は目が見えない、または見えにくいという障害、聴覚障害は、音が聞こえない、または聞こえにくいという障害である。肢体不自由とは、病気や怪我などにより、上肢・下肢・体幹の機能の一部、または全部に障害があることをいう、身体障害は知的障害と重複することもあり、脳疾患などで身体・知的ともに障害があることもある。

❶視覚障害児への配慮

　視覚障害児は視覚に関わる理解が困難である。弱視児の場合は眼鏡などを使用している場合が多い。また、ゆっくりじっくりと物や人を見て判断することも多いため、そういった行動を周囲が理解できるように保育者が配慮する必要がある。眼鏡や白杖などの扱いや、運動をする際なども事故などにより大きな怪我をしないように言葉で具体的な表現をして伝えるようにすることが必要である。子どもによっては投薬や目薬などの投与を行う場合があるため、主治医や保護者との状況共有も必要である。

　保育中に子どもがはじめて行く場所や行う作業などがある場合、視覚からの確認ができないことから不安をともなうことも多い。年少の子どもの場合は言葉での説明では十分に伝わらないこともあるため、保育者が手をつないで安心感を与えることや、手をとって一緒に作業を行うことで不安を取り除くことが大切である。また、言葉の理解ができるようになれば、情報を言葉で伝えることも非常に大切な配慮となる。

❷聴覚障害児への配慮

　聴覚障害児は聴覚に関わる理解が困難である。子どもの発達において言葉によるコミュニケーションは非常に重要である。言語の習得だけではなく、人とのコミュニケーションを図る社会的な面、学習などにも言葉は関わっている。そのため、早期の適切な支援が必要になる。

　聴覚障害児の多くが補聴器や人工内耳を付けている。小さいときから付けていてもその扱いは大人の援助が必要になる。また、周囲の子どもの機械に対する理解も必要である。聴覚障害児とコミュニケーションをとる際は、後ろから声をかけず前から声をかけることや、音声だけではなく視覚を使ったコミュニケーションを使用することが大切である。

　補聴器や人工内耳を装用しても、周りの状況から聞き取りが悪くなることがある。保育士は集団で生活する際にはできるだけ静かな環境を確保したうえで言葉による指示を出すことや、聴覚障害児に情報が伝わっているかを個別に聞きとり、情報が伝わっていないようであれば再度個別に伝えるといった確認も必要となる。子ども同士のコミュニケーションの中でも情報が伝わらずけんかになったり、うまく周囲の子どもと遊ぶことができなかったりする場合も考えられる。絵カードなどを使用して子どもの気持ちを理解できるように保育をする必要がある。

❸肢体不自由児への配慮

　肢体不自由児に関しては、運動に制限がかけられていることや自分の意思どおりに体が動かない場合もある。生まれたときからの障害の場合は、病院での生活が長いことから、子ども同士の関係よりも大人との関係に慣れている子どもが多い。子ども同士の関わりの中で今までできなかったことや新たにやってみたいと思うことなどに出合うことがある。その際に、肢体不自由児の安全に配慮しながら、できることを取り入れていくことが重要になる。車いすなどの器具や杖などを使用している場合の注意点などを、周囲の子どもたちが理解できるように支援することも肢体不自由児への安全への配慮となる。

　食事やトイレの介助などを必要とする場合もあるため、それぞれの子どもに合った環境設定を事前に行うとともに、成長とともに環境設定の変更を行う必要がある。食事をする際には子

どもが持ちやすい食器を使ったり、机の配置などを考えたりすることが必要となる。肢体不自由児の場合、安全面の配慮などから自ら進んで行動することを制限されている場合もあり、特に進級などの環境の変化により、ストレスや不安が重なると、それまでできていたことに対して消極的になることもある。保育士はすべてを援助するのではなく、時間がかかっても見守り、本人のペースで進めていくことができるように支援していくことが必要となる。

❹医療的ケアの必要な子どもへの配慮

近年の医療技術の進歩により、医療的ケアの必要な子どもが増加している。医療的ケア児とは、人工呼吸器や胃ろうなど医療的ケアを受けて生活を送っている子どものことである。一部の医療的ケア児は一般の保育所に通っており、今後増加すると考えられる。

医療的ケア児への配慮は、特に健康面である。家庭だけではなく医療機関との連携が必須であり、毎日の子どもの体温や体調を把握するとともに、緊急性のある場合の連絡方法などを職員全員が理解しておくことが必要になる。また、体調が崩れやすく疲れやすいことがあるため、気候や環境の変化などがある際は配慮していく必要がある。病気の子どもは、友だちと同じことがしたい気持ちはあるのに、同じようにできない歯がゆさ、もどかしさを感じることがある。保育士は、その気持ちに寄り添い、やりたいことやできることに取り組めるように支援していくことが求められる。

(2)　知的障害児への配慮
· ·

厚生労働省における知的障害の定義は「知的機能の障害が発達期(おおむね18歳まで)にあらわれ、日常生活に支障が生じているため、何らかの特別の援助を必要とする状態にあるもの」としている。

知的障害は病理的要因(特定の疾患によるもの)、生理的要因(特に疾患はないが知的能力に遅れがみられる)、心理的要因(虐待や育児放棄などの環境によるもの)の3つからなるもので、生理的要因が大多数を占めている。

知的障害児を保育する際に配慮する点としては、運動機能、言葉の発達、認知に関する面が同年齢の子どもたちの水準よりも遅れていることがあげられる。そして、その遅れには個別性があり、数か月の場合もあれば数年の遅れがある場合もある。定型発達児と共に保育する統合保育の場合は、クラス全体に対し言葉で「お昼の用意をしましょう」などと次の動作の指示を伝えても、障害児には十分に理解ができないこともある。また、自分の気持ちを言葉でうまく伝えることができない場合もあるため、表情や動作などから言いたいことをくみ取っていくことも必要なことである。特に、体調が悪い場合など適切に伝えることができず、発見が遅れる場合もある。保育者は毎日の子どものようすを把握するとともに、複数の職員での共有や見守りが必要となる。

(3) 発達障害児への配慮

注意欠陥多動性障害
注意欠如・多動症
　発達障害者支援法の中の「注意欠陥多動性障害」とは、DMS-5において正式名称「注意欠如・多動症」とされ、学習障害および発達障害に分類されている。注意欠如・多動症は、不注意、多動性および衝動性から構成される症候群である。不注意優勢型、多動性・衝動性優勢型、混合型の３つの病型に分類される。

　児童福祉法において発達障害児は「精神に障害のある児童（発達障害児を含む）」と明記されている。発達障害者支援法において発達障害とは「自閉症、アスペルガー症候群、その他の広汎性発達障害、学習障害、**注意欠陥多動性障害**その他これに類する脳機能の障害であってその症状が通常低年齢において発現するものとして政令で定めるものをいう」と定義されている。

　発達障害は知的障害と重複することもあるが、知的には遅れがない場合もある。また、低年齢では発達障害の診断が出ていない場合も多い。

　自閉症やアスペルガー症候群、**注意欠如・多動症**など各障害によってそれぞれの特徴があるが、いろいろな刺激があると注意がそれてしまうことや、興味や関心が強いものに対して集中しすぎてしまうことなどがある。また、自閉症の子どもたちは目線が合わない、ひとり言やオウム返しが多いなど社会的コミュニケーションに関する障害も特徴である。

　発達障害児に対する安全や健康への配慮は、まず子どもの不快な状況や注意がそれてしまう状況を理解しておくことである。窓際や入り口を避ける、保育士の前に座るように設定する、わかりにくい言葉での伝達ではなく絵や色を使って順序立てて伝えるなどの配慮が必要である。注意欠如・多動症のある

子どもは注意が散漫になると教室から出てしまったり、保育士の言葉が聞き取れていなかったりして、事故につながるケースもある。また、自閉症の子どもは、緊急性があり予測できない未体験のことが起きるとパニックになってしまうこともある。また、言葉でのコミュニケーションが苦手なため、自分の体調を伝えられないこともある。絵カードなど視覚的な対応をとると理解しやすいと考えられる。

　発達障害児の場合、ほかの障害のある子どもにくらべ、一人ひとりの困りごとが目に見えにくいことが多い。「なぜこの行動が苦手なのか」「どうしてこのような行動をとってしまうのか」など、保育士にとっても子どもの行動を理解できないことがある。家庭でのようすを事前に聞き取るとともに、連絡帳や送り迎えの際に保護者と情報を共有していくことや日中のようすなどをよく観察し、子どもの表情や言動などから不快なこと、興味のあることなどを見つけていくことが発達障害児の安全を保つことにつながる。

3　家庭と医療との連携

　障害児における健康と安全で重要なことは、家庭と医療との連携である。特に家庭とは、毎日の体調のことだけではなく、子どもの好きなこと、できるようになったこと、家でのようすなどを聞き取り、同じように保育士も保育所や施設でのようすを共有していくことが必要不可欠である。

　また、障害児は医療機関においての治療・通院を行っていることが多く、保育所や施設において病気や怪我などが起きた場合、すぐに対応できるように日ごろから連絡を取っておくとよいだろう。

　障害児は同じ障害であっても、一人ひとりの性格や特性は異なっている。障害についての理解は重要であるが、健康や安全を守るためには個別性の理解を十分に行う必要がある。

職員間の連携・協働

1 連携・協働の定義とチームアプローチ

　保育士にとって職員間の連携・協働は不可欠である。特に障害児やその他の特別な配慮を要する子どもの保育の中では、連携・協働は非常に多く行われている。ここでは連携・協働について再度確認し、その意義と実際について学ぶ。

　連携とは、同じ目的をもった人と連絡を取り合うことである。保育士はいろいろな職場（施設）で働いているが、職員間の連携とは同じ保育所や施設で働いている人が子どもの保育と支援に関して連絡を取り合うことをいう。

　協働とは、同じ目的をもった人が協力して働くことである。例えば保育所や施設などで、クラスや子どもの担当者が決まっていたとしても、施設長や園長などの責任者や主任、同じクラスを担当するほかの職員や同じ職場で働くほかの専門職も共に働いている。

　連携・協働はどの職場においても非常に重要であるが、特に障害児やそのほかの特別な配慮を要する子どもに対しては、1人で対応するのではなくチームアプローチを行う必要がある。チームアプローチとは、子どもやその家族に関わる複数の人が、子どもやその家族を支援するために目的と情報を共有し、連絡をとり、協力して仕事をすることである。

　チームアプローチを行う際に、子どもの個人情報を共有しなければならないことがある。個人情報を他機関と共有するときには、事前に保護者の許可が必要となる。同じ施設内での連携・協働をする際にも、相談内容について他の職員と共有することを保護者に伝え、了承を得ておくことが必要である。保護者との関係性を築きながら支援していくことが保育士には求められる。

2 保育士が働く職場の連携・協働の実際

(1) 保育所

　保育所における連携・協働は実際どのようなものだろう。

　保育所には、保育士のほかに、栄養士、調理師、看護師が配置されていることが多い。保育士には園長をはじめ、主任など勤務年数もさまざまな職員がいる。保育所の中で低年齢児においては子どもの人数に応じて複数の職員で担任を行っている場合が多いが、幼児クラスになると1人でクラスを受け持つこともある。その際、1人でクラスの責任を背負うのではなく、主任や園長などに相談することも必要である。

事例

　24歳のMさんはきりん組（4歳児）の担任として保育所で働いています。ある日、きりん組にいるAくんの体にアザがあることをMさんが発見しました。Aくんに尋ねたところ転んだだけだと話しました。Aくんには軽度の発達障害の疑いがあります。3日後、MさんはAくんがほかの場所に傷をつくっていることに気付きました。以前はこのようなことがなく、Aくんやその母親の表情も少し暗いことをMさんは心配し、主任の保育士に相談しようと考えました。

　Mさんが主任に相談したところ、園長がAくんの母親と話をする時間をとることになり、Mさんと主任がAくんのようすを一緒に見ることになりました。

　保育士の中には、ほかの人から「評価されることへの恐れ」があり1人で責任を背負ってしまう人もいる。この事例の場合のように、連携・協働を行うには日ごろから職員間で話ができる関係をつくり、互いの悩みなどを共有できることが求められる。

　また、食物アレルギーや医療的ケア児などで給食に配慮の必要な子どもの場合、保育所の栄養士との連携・協働は必須となる。

(2)　児童発達支援センター

　障害児が通う児童発達支援センターにおける連携・協働の実際を考えてみよう。

　児童発達支援センターは地域における障害児支援の中核的役割を担っている。現在、福祉型と医療型に分かれており、どちらの施設にも保育士だけではなく多くの専門職が働いている。令和4（2022）年の児童福祉法改正において、医療型と福祉型の類型化をなくし一元化することとなった（令和6〔2024〕年4月施行）。一元化を行うことにより、障害種別にかかわらず、身近な地域で必要な発達支援を受けられるようになる。現行の福祉型と同様に障害種別にかかわらず支援対象としつつ、これまでの医療型のように診療所の機能を有している場合には、あわせて肢体不自由児への治療（リハビリテーション）を行うことも可能となる。

　まず、現行の福祉型には、嘱託医・保育士・児童指導員・児童発達支援管理責任者が必ずおり、通う子どもの障害の対象により、看護師・栄養士・調理員・機能訓練担当職員・言語聴覚士が配置されている。

　また、現行の医療型には、医師・看護師・保育士・児童指導員・児童発達支援管理責任者・理学療法士もしくは作業療法士が配置されている。

　児童発達支援センターでは、障害のある子どもに、日常生活動作（ADL）の指導などを行っている。複数の障害児が集まるクラスでの支援だけではなく、個別の支援（言語、機能訓練など）も行われているため、より連携・協働が必須になる。

　クラスでのようすを言語聴覚士や機能訓練担当職員へ伝えたり、個別指導のようすを保育士や児童指導員に伝えたりし、施設の職員全体で子ども一人ひとりの発達を支援していくことが求められている。

(3)　障害児入所施設

　障害児入所施設も福祉型と医療型に分かれている。先ほどの児童発達支援センターと同じように、保育士だけではなく多くの専門職が働いている。

福祉型には、嘱託医・保育士・児童指導員・児童発達支援管理責任者が必ず置かれており、入所する子どもの障害の対象により医師・看護師・栄養士・調理員・職業指導員・心理指導担当職員が配置されている。

　医療型には、医師・看護師・保育士・児童指導員・児童発達支援管理責任者が必ずおり、子どもの状況に応じて理学療法士もしくは作業療法士・心理指導担当職員を置く場合がある。

　障害児入所施設は障害に関する問題に対応するための施設であるが、近年虐待や家庭の環境を理由にした入所も増加している。家族と離れて生活をしているため、場合によって心理指導が必要となる。また、家族のレスパイトサービスのため障害児入所施設ではショートステイを行っている施設も多くある。保育所や児童発達支援センターのような通所の施設とは異なり、24時間障害児の支援を行う施設であるため、夜勤や早番・遅番などがあり、職員間の連携が必須となる。同じ職員が同じ子どもに毎日関わることが勤務体制上できないため、毎日の記録や会議、朝晩の引き継ぎ時間で状況を共有する必要がある。その際、子どもの体調やようすの連絡だけではなく、家族の面会、外泊の調整等も行っていく。

(4)　その他の入所型の児童福祉施設

　障害児が入所する施設は障害児入所施設だけではない。近年、乳児院、児童養護施設、児童心理治療施設、児童自立支援施設においても障害児の割合が高くなっている。

　平成27(2015)年1月に厚生労働省から発表された「児童養護施設入所児童等調査結果」において、平成25(2013)年の時点で、「児童の心身の状況」について、「障害等あり」の割合は児童養護施設児28.5％、児童心理治療施設児72.9％、児童自立支援施設児46.7％、乳児院児28.2％との回答があり、発達障害や知的障害の割合が高くなっている。

　このように、児童福祉施設においても障害児が入所しており、虐待を理由に入所している子どもの支援を行いながら障害児への支援を行っていることがわかる。その際に、職員が1人で抱え込まず、連携・協働を行うことが求められている。

3　職員間の連携・協働の意義

　障害児の増加にともない、児童発達支援センターだけではなく、児童発達支援事業所が開設されるようになり、以前よりも保育士が子どもの発達支援に携わる機会が増加している。そのため保育士は子どもの発達に関する知識や支援方法を理解しておく必要がある。

　職員間で連携・協働を行うということは、互いに信頼し困っていることを話し、協力できる体制にあることである。逆にいえば、連携・協働しにくい、できない職場というのは、協力を得にくい職場ということにもなる。

　子どもやその家族を支えることが連携・協働の目的であり、よりよい支援を行うことができるということが最大の意義ではあるが、その基盤には職員間の信頼関係があり、日ごろから互いによいコミュニケーションをとることが大切である。互いの長所を理解することで、役割分担を決めることができる。例えば、保護者の対応に慣れている職員には保護者対応をお願いする、他の機関とのつながりが深い職員には他機関との連携をお願いするなど、適切な対応や対策をとれるようにすることも連携・協働の実践につながる。

学習のふりかえり

1 障害児等の実際の保育のあり方に関する知識や技術を習得する必要がある。

2 障害児等の保育において配慮すべき内容について習得する必要がある。

3 さまざまな現場における障害児等の保育において、職員間の連携・協働の必要性やあり方について習得する必要がある。

参考文献：

1. 厚生労働省「平成 17 年度知的障害児（者）基礎調査結果の概要」
2. 厚生労働省「身体障害者手帳制度の概要」
3. 永野典詞・岸本元気『保育士・幼稚園教諭のための保護者支援〜保育ソーシャルワークで学ぶ相談支援』風鳴舎、2014 年
4. 国立特別支援教育総合研究所『「個別の教育支援計画」の策定に関する実際的研究（平成 16 〜 17 年度）』国立特別支援教育総合研究所、2006 年
5. 児童育成協会監修『基本保育シリーズ　障害児保育』中央法規出版、2015 年
6. 社会福祉士養成講座編集委員会編集『障害者に対する支援と障害者自立支援制度＜第 5 版＞』中央法規出版、2015 年
7. 厚生労働省「医療的ケアが必要な障害児への支援の充実に向けて」2017 年
8. 川村隆彦・倉内恵里子『保育者だからできるソーシャルワーク』中央法規出版、2017 年
9. 厚生労働省「児童福祉施設の設備及び運営に関する基準」
10. 社会福祉士養成講座編集委員会『相談援助の基盤と専門職＜第三版＞』中央法規出版、2015 年
11. 厚生労働省「児童福祉法等の一部を改正する法律案について」
12. 厚生労働省「児童養護施設入所児童等調査の結果（平成 30 年 2 月 1 日現在）」2020 年

Ⅱ 障害児保育の基本的内容

第 4 章
家庭および自治体・関係機関との連携

学習のポイント

　「家庭および自治体・関係機関との連携」では、障害のある子どもと家族を支援するために、保護者や家族の心理・社会的な問題について理解し、障害児支援の制度や関係機関との連携について学習する。

①障害のある子どもの親やきょうだいの心理変容プロセスについて学び、その支援のあり方について理解を深める。

②障害のある子どもへの福祉サービスを、児童福祉法および障害者総合支援法とあわせて総合的に理解を深める。

③児童発達支援センターを中核とした関係機関の連携という視点から、障害のある子どもと家族の支援について理解する。

保護者や家族に対する理解と支援

1　親の「障害受容」

(1)　障害のある子どもの親の経験

❶障害受容論

代表的なものに「障害受容論」と呼ばれる親の心理的過程を描いたものがある。

1)段階説

時間の経過とともに、その感情は変化し適応へと進むというモデルである。ドローター(Drotar, D)は、①ショック、②否定、③悲しみと怒り、④適応、⑤再起と5段階説を提唱している。いわゆる「障害受容」とは段階説の最終段階である適応や再起といった状態をさしていると考えられる。

2)慢性悲哀説

オーシャンスキー(Olshansky, S)が提唱したモデルである。苦悩や絶望と関連して表れる悲しみは親の自然な反応であり、それは慢性的に途絶えることなく続くというものである。

3)螺旋モデル

段階説と慢性悲哀説の両者を統合したモデルである。障害を受容できている親・できていない親といった見方で保護者を評価するのではなく、コインの裏表のように障害の否定と肯定が共存しているという考え方である。親のあゆんでゆくプロセスを、螺旋階段を上っていく姿に例え、そこでは慢性悲哀説のような悲嘆感が見え隠れするのも自然状態であるととらえる。そのタイミングをライフイベントやクライシスピリオドと関連付けて理解することが有用であろう。

ライフイベントとは子どもの成長の節目であり、子どもの誕生からお宮参り、お食い初め、初誕生日、七五三、入園・入学、成人式など通常めでたいとされるお祝いごとである。しかし、

障害のある子どもの親にとっては、世の中の大多数の子どもと同じようにお祝いができないことが悲しみを表面化させるきっかけになるのである。

　親が子どもの「障害受容」をすることについて、研究者や実践家においてさえ統一された定義はされておらず、あいまいな概念がそのまま研究においても実践場面においても使用されていることに留意する必要がある。また障害受容論については、親はわが子の障害を「受容」すべきであるという規範が強化されるという批判がある。したがって、親に対して受容を求めるのではなく、子どもの障害特性を理解できるようわかりやすく伝えることも重要となる。

❷自己のポジションの変容
　障害のある子どもの親の経験は、障害受容論で論じられる心理的なレベルにとどまらず、自己イメージと自分自身をどのように位置づけるかという関係性を包含した「自己のポジショニング」の変容であるという仮説を提唱している。親は「子どもの障害を友だちにどう話したらよいのだろう。もしかしたら離れていってしまうのではないか」という不安をもち、親自身の人間関係にまで変化をもたらすというものである。

❸クライシスピリオド
　障害受容するプロセス研究の中でマック・キース（Mac Keith）はクライシスピリオドの観点からの支援が重要であるとしている。クライシスピリオドには4つの時期がある。
○障害を疑われたり、障害を理解しなくてはいけない時期
○就学を決める時期
○学校を卒業する時期
○親が年老いていく時期

❹障害のある子どもをもつ親のストレス
　ストレスという視点から障害のある子どもをもつ親を考える研究も多くなされており、障害の種別やその重さ、程度に関わりなく、子どもの成長とともに一般の子育てでは生じないストレスにさらされているとしている。これまでの研究を概観する

と、保護者にストレスを与える要因は以下の5つに整理できる。

1)家族外の人間関係から生じる要因：障害のある子どもをもつことで抱く、地域社会に対する引け目や疎外感などである。子ども会の行事や地域の体育祭に参加できない状況もある。

2)障害児の問題行動から生まれる要因：障害のために起こる子どもの自傷を、親の対応ではコントロールできないむなしさや、他害行為とその処理による心労に強いストレスを感じる。

3)障害児の発達の現状および将来の自立に対する不安から生じる要因：自閉スペクトラム症の場合には親子の愛着関係を形成する困難さに、親としての**アイデンティティ**を実感することができない切なさ、成人期の見通しが立たないことによる「親亡き後」の生活について漠然とした不安が心を覆うこともある。

4)障害児を取り巻く夫婦関係から生じる要因：養育や進学の方針について、夫婦間での意見の違いによる対立や争いが起こることも多い。具体的には、就学の選択に際して通常の学級か特別支援学級かなど子どもの障害に対する夫婦間での認識の差異から生じることになる。

5)日常生活における親自身の自己実現の疎外から生じる要因：障害特性によっては子どもを簡単に他者(親族や社会資源)に託すことができないため、親の生活の自由は制限されることになる。また、就労や転勤などの機会も障害児の生活を優先すると制限せざるを得ない状況もあり、それにともなう不全感をぬぐうことはむずかしい。

(2) 親支援の現状

現状の家族支援の方法は子どもの障害を正しく理解し、その対応を身に付けることで家庭生活や子どもとの関係の安定を図る「**共同療育者**」としての役割を育成することと、疲労回復のために子どもを一時的に障害児入所施設などに預ける「レスパイト」の2つが中心である。障害受容論やストレス論で見てきたような親の心理的プロセスやメンタルヘルスに応じたサービスは不十分な状況にある。障害児支援の見直しに関する検討会報告書では、親の精神的サポートの重要性やカウンセリングの必要性について述べられているが、療育機関での十分な実践に

アイデンティティ
同一性。「自己」としてのまとまりや、自己認識。

共同療育者
アメリカ、ノースカロライナ州で生まれた自閉症のためのTEACCHプログラムでは、7つの原則の1つに「療育に対して親が共同治療者として協力する」とある。それは、絶えず親たちの意見に耳を傾け、それをプログラムに生かしていくという意味である。

はいまだ至っていない。

2　きょうだいの経験

(1)　きょうだいの心理社会的問題

　きょうだいは、親とは異なる心理社会的な問題を抱えることが多い。あわせて親と同様に生活上の制限を受けることも少なくない。親の役割を代行することを求められ自分の時間を割かなければならず、社会的経験が少なくなることが指摘されている。それらを表Ⅱ-4-1 に整理した。こうした問題は皆同様に抱くというわけではなく、関連する要因としては性別、出生順位、障害の種類や程度、家族の経済状態、障害児に対する親の態度などが複雑に絡み合っている。

　また、きょうだいは障害児の存在によって早い時期から自分の将来に見通しを立て、精神的な成熟が促進され、忍耐力や寛容さ、洞察力が養われ、自分自身の能力や家族に感謝の念を抱くといった彼らの人格や価値観の形成に肯定的な影響を及ぼすことも見逃してはならない。

(2)　きょうだい支援の実情

　療育機関でのきょうだい支援は乏しい状況にある。きょうだ

表Ⅱ-4-1　きょうだいの抱える心理社会的な問題

孤独感	親の注意が障害児にむけられ、関心を得られない寂しさ
罪悪感	親の愛情をめぐって障害児と張り合ってしまうことに対しての後悔 障害児を恥ずかしく感じることに対する葛藤
憤りや不満	障害児の世話や家事を課されること 自分自身の時間が割かれ、束縛されること
親との葛藤	親からの過剰な期待によるプレッシャー 親の役割を代行することを求められること
社会性や情緒の発達への影響	障害児の世話で家庭外での経験時間が少なくなる きょうだいの役割逆転による不適応
羞恥や困惑	周囲からの好奇の目や無理解にさらされる不愉快 障害特性による行動に常に注意をはらうことによる疲弊

出典：柳澤亜希子「障害児・者のきょうだいが抱える諸問題と支援のあり方」『特殊教育学研究』第45巻1号、日本特殊教育学会、2007年、13-22頁より一瀬改変

いへの直接的なサービスでは極めて少なく、親に対してきょうだいの子育てについて教育的なプログラムを有している機関は一部に認められるのみである。また、研究機関での取り組みとして「きょうだい教室」の報告はあるもののレクリエーション活動が中心であり、心理社会的な諸問題の解決に明確な効果が期待できる部分は少ないとされている。

　当事者活動として、「障害児・者と暮らす同じ立場にあるきょうだいたちに出会いの場や活動の機会を提供し、きょうだいの心理社会的な問題の軽減・解決や障害児・者への理解を促すことを目的とした活動」がアメリカでスタートしている。国内では、昭和38(1963)年に「全国心身障害者をもつ兄弟姉妹の会」が設立され、平成7(1995)年には「**全国障害者とともに歩む兄弟姉妹の会**」と改名され各支部で活動が行われている。同会は、現在もわが国におけるきょうだい支援の中心的な組織として活動を続けている自助グループである。

全国障害者とともに歩む兄弟姉妹の会
　兄弟姉妹に障害者がいる人たちを中心にした会であり、「障害を持つ兄弟姉妹（障害者）」の幸せをめざし、「障害のないきょうだい」のさまざまな課題の解決にむけ活動している。昭和38(1963)年4月、東京で心身障害者をもつきょうだいが数人集まり、きょうだい会をつくろうと、朝日新聞の「読者の欄」に呼びかけをし、正式に「全国心身障害者をもつ兄弟姉妹の会」として結成された。

第2節　保護者間の交流や支え合いの意義とその支援

　障害のある子どもの保護者への支援には、病院や療育センターといった専門機関が担うものと、親の会活動などの当事者同士の支え合いがある。また、最近では幼稚園や保育所においても、在園している障害のある子どもの親を対象にグループをつくり、交流の機会を提供している地域もある。

1　専門機関による支援

❶個別の支援

　療育センターや児童発達支援センターでは、医師や理学療法士などの医療系の専門職や**ソーシャルワーカー**などの福祉の支援者が家族に対して個別の面接や訓練などをとおして関わることが多い。子どもの発達の特徴とそれに応じた対応について助言し、時には親の揺れ動く気持ちを傾聴することもある。

ソーシャルワーカー
　ソーシャルワークを実践する専門職。ソーシャルワークとは、社会変革と社会開発、社会的結束および人々のエンパワメントと解放を促進する、実践に基づいた専門職であり学問である。社会正義、人権、集団的責任および多様性尊重の諸原理は、ソーシャルワークの中核をなす。ソーシャルワークの理論、社会科学、人文学および地域・民族固有の知を基盤として、ソーシャルワークは、生活課題に取り組みウェルビーイングを高めるよう、人々やさまざまな構造にはたらきかける。

❷集団での支援

　子どもの年齢や障害の種別など共通する課題をもつ家族をグループ化して、支援するプログラムがある。例えば、5歳児の子どもの親を対象に「就学について」をテーマとしたグループワークや、生後間もなくわかるダウン症や脳性まひの赤ちゃんの母親が「育児の心配・不安」などを語る継続的なグループなどがある。後者のグループでは、障害のある子どもを連れて外出した際の「周囲の視線に傷つき、家庭内に閉じこもりがちになる」経験が参加メンバーに共通したものとして語られた。親同士の交流は、同じ立場の親との出会いとなり、共感できる気持ちを経験できる。

　また、ほかの母親の中に自分と共有する感情を見い出し、「私だけではなかったのだ」という感情を得て、子どもを育て、愛する気持ちを少しずつ育んでいこうという次の一歩を進める力となる。これは専門職による支援では得られない効果であり、**ピアカウンセリング**の機能である。このような場では「個人が受容的風土の中で自己の感情を探求し、おもいやりのあるグループメンバーから厳しく、しかもやさしいフィードバックを受けるとき、自分自身の自己概念をかなり変えてゆく」ともいわれ、障害のある子どもの母親という新たなアイデンティティの獲得の機会になることもある。

> **ピアカウンセリング**
> ピアとは「仲間」「同等の者」という意味でもあり、当事者同士、互いに平等な立場で話を聞き合い、きめ細かなサポートによって、自立生活の実現をめざしている。自立生活運動における仲間（ピア）への基本姿勢としてスタートした。

2　親の会活動

　親の会は、地域を基盤にしたものと、疾病や障害の種類によってグループ化したものに大別できる。前者には例として横浜市の障害児地域訓練会の活動があり、後者にはダウン症児・者親の会などがある。専門機関による集団での支援と同様に、同じ立場の親との出会い、共感できる気持ち、障害のある母親としてのアイデンティティの自覚などを経験することが多い。

　それに加えて、親の会では多様な年齢層の障害のある子どもとその親が活動しているため、子どもと親双方の将来を見通す**ロールモデル**がある。漠然とした将来の不安——例えば「義務教育修了後はどうなるのだろうか」「将来、自立できるのだろうか」——があるがその問題を経験した先輩の親たちと身近に接することが可能である。「障害」をネガティブにとらえがちな親

> **ロールモデル**
> 「手本」「見本」ともいわれ、自分にとって、具体的な行動や考え方の模範となる人物のこと。

がさまざまな年齢の障害のある子どもの姿を見ながら、自然と子どもの特性や強みに気づかされることとなる。

　また親の会活動は、子どもが設定された上限年齢に達すると終了となる専門機関とは異なり、継続的に子どもを見守り支えてくれる存在や居場所である。そのことが家族に大きな安定感をもたらしている。長く活動する親たちは、先輩の親としての社会的な役割、ネットワークづくりを自ら積極的に担うこともある。親の会が事業者となり、児童発達支援事業や放課後等児童デイサービスを立ちあげる事例も見受けられる。

　最近では、ブログやSNSでの発信を積極的に行う親も多く登場し、インターネット上でのコミュニティ形成なども行われている。

3　ペアレントトレーニング

　児童発達支援事業やクリニックなどの多くで、障害のある子どもをもつ親を対象にペアレントトレーニングが実施されている。ペアレントトレーニングとは、行動理論の技法の学習、ロールプレイ、ホームワークといったプログラムをとおして、保護者や養育者としての関わり方を提示するほか、心理的なストレスの改善、子どもの発達促進や不適切な行動の改善をめざす家族支援のアプローチの1つである。対象となる子どもの障害は自閉スペクトラム症や注意欠如・多動症(ADHD)が中心である。

　明確な大きな遅れはないが、ほかの子とはどこか違った発達をしている子どもは、親にとってはしつけがむずかしく、イライラすることが多くネガティブな親子関係になりがちである。子どものもつ特性を理解し、具体的な対応を学ぶことにより、日常生活がより穏やかに送れるように親をサポートするものである。

　ペアレントトレーニングは5〜10組程度の親をグループ化して実施されるため、同じ悩みをもつ保護者たちと分かち合い、相互に支え合うという機能がある。ほかの親の取り組みを見聞きすることにより、発達障害や育てにくさのある子どもの理解を深め、子育てのストレスを減らす効果がある。その結果、親と子どもの双方の自己評価の低下を予防することが報告

されている。

　一方、ペアレントトレーニングでは保護者は子どもの行動を観察・分類し、子どもの感情に巻き込まれることなく、客観的に対応することが求められる。わが子の障害に対してショックや悲しみなどが強い状態の親には過度な負担となる場合もある。プログラムが進むにつれて子どもの障害をあらためて認識するケースもあるため、親の詳細な**アセスメント**をしたうえで慎重に導入を検討する必要がある。

アセスメント
事前評価や初期評価という意味をもつ。福祉分野においては、利用者の能力や抱える問題を見極め、問題に関する情報を収集し、状況分析・問題解決をするための方向性を見い出すことをさす。

4　ペアレントプログラム

　ペアレントトレーニングは、応用行動分析などの理論に基づきトレーニングを受けた専門家が実施するのが基本である。ペアレントプログラムはペアレントトレーニングに参加する前に、保育士や福祉施設の職員への普及用プログラムとして開発がなされたものである。基本的には①行動で考える、②（叱って対応するのではなく、適応行動ができたことを）褒めて対応する、③孤立している母親に仲間を見つける、という3点セットである。

　「ペアレント・メンターガイドブック」(2018)によると以下のように整理されている。

　①　「行動で考える」では、「現状把握表」という枠組みで、自分と子どものしている適応行動を「いいところ／できているところ」「困ったところ／できていないところ」ということで整理する。自分の行動と子どもの行動をリストで具体的に把握していくことで、それまでの「困ったことだけを見て叱る」という状況から、行動を客観的にとらえることを可能にする。

　②　「褒めて対応する」では、できたことを褒めるという対応をさまざまな方法で取り組む。「いつ」「どこで」「どんなふうに」褒めたら、子どもがどういう反応をするのかをていねいに確認する。

　③　「母親に仲間を見つける」という視点での、母親同士でのグループワークが大切になる。母親たちが共通の話題で同じ取り組みをすることによって、ほかの母親たちがどういう工夫をしているのかを知ることができる。

　障害のある子どもの保護者にとっては、ほかの保護者と悩みを共有したり、成人した障害者から幼児期のようすや成長の過程、親としての関わり方などを聞いたりすることが支えになり、孤立感・孤独感から解放され、子どもにもよい影響を与えることがある。このため、国は各地方自治体に対し、こうした保護者同士の交流の場を設けるピアサポートの推進や専門的な研修を受けた障害のある子どもをもつ保護者(以下、「ペアレントメンター」)の養成およびペアレントメンターによる相談支援について実施を促し、支援を行う方向を打ち出している。当事者による共感性に基づいたメンター支援は、専門機関による支援とは異なる、家族の立場からしか生み出すことのできない効果が期待され、厚生労働省も家族支援のシステムとして推奨している。

　障害のある子どもの親同士の交流を、どのような場で発展させていくか検討が必要である。

(1)　親の会

　当事者中心の親の会では、①障害のある子どもの育児をしながら会の運営を担うことへの負担感、②心が揺れ動く時期に先輩ママからのアドバイスに傷つく、③人との深い関わりを煩わしいと感じることから会の存続がむずかしい、といった声が聞かれることがある。しかし、一方、「専門機関での助言よりも会でのサポートが生きる支えになった」という声も多くある。地域コミュニティの崩壊などの時代背景を視野に入れ、専門機関や社会福祉協議会などが地域の親の会の運営を支援する取り組みがいっそう求められる。

(2)　専門機関

　子どもの発達支援を担う児童発達支援センターにおいては家族支援も重要な役割である。現状の家族支援の方法は子どもの障害を正しく理解し、その対応を身に付けることで家庭生活や子どもとの関係の安定を図る「共同療育者」としての役割を育

成することが中心である。「なぜ自分のところに障害のある子どもが生まれてきたんだろう」という親の不条理感や慢性的な悲哀感をサポートするサービスは不十分な状況にある。親の精神的サポートにおけるグループワークの効果についてはこれまでも述べられているが、療育機関での実践では人材育成も含め課題がある。親は共同療育者であると同時に苦悩・葛藤する存在でもあるということを支援者は理解し、親同士の精神的な交流を具体的なサービスとして組み立てる必要がある。

第3節　障害児支援の制度の理解と地域における自治体や関係機関（保育所、児童発達支援センター等）の連携・協働

1　障害のある子どもや家族をサポートする制度やサービス

(1)　児童福祉法に基づく支援

　障害のある子どもの支援は家庭生活における在宅支援と施設支援の2つに大別される。平成24(2012)年の児童福祉法の改正において図Ⅱ-4-1のように前者を障害児通所支援、後者を障害児入所支援と整理している。

❶障害児通所支援
　児童発達支援、医療型児童発達支援、放課後等デイサービス、保育所等訪問支援の4つのサービスがある。
1）児童発達支援
　児童発達支援には、児童福祉施設として定義された「児童発達支援センター(以下、「センター」)」と、それ以外の「児童発達支援事業(以下、「事業」)」がある。これらの役割は未就学の子どもを対象に児童発達支援および治療を提供し、日常生活における基本的な動作の指導、知識技能の付与、集団生活への適応訓練を実施することである。「センター」「事業」どちらも、

通所利用の障害児やその家族に対する支援を行うことは「共通」とし、センターは、施設の有する専門機能を生かした、地域の中核的な療育支援施設として位置づけられている。また、センターでは放課後児童クラブや児童館等の一般的な子育て支援施策を、専門的な知識・経験に基づきバックアップする共生社会実現のための後方支援の機能も有している。

　また、令和4（2022）年の児童福祉法の一部の改正案でセンターの機能について検討された。センターが、地域における障害児支援の中核的役割を担うことを明確化することにより、多様な障害のある子どもや家庭環境等に困難を抱えた子ども等に対し、適切な発達支援の提供につなげることがめざされた。さらにセンターの福祉型・医療型の類型を一元化し、障害種別にかかわらず、身近な地域で必要な発達支援を受けられるようになる（令和6〔2024〕年4月施行）。

2）医療型児童発達支援

　医療型児童発達支援は児童福祉施設と定義された「医療型児童発達支援センター」と指定医療機関にて実施される、児童発達支援および治療を行うものである。肢体不自由児や重症心身障害児など、医療的ケアを必要とする子どもも利用している。

3）放課後等デイサービス

　放課後等デイサービスは就学している障害児に、授業の終了後や土・日および夏休み等の長期休みに、生活能力の向上のた

図Ⅱ-4-1　障害児施設・事業の一元化　イメージ

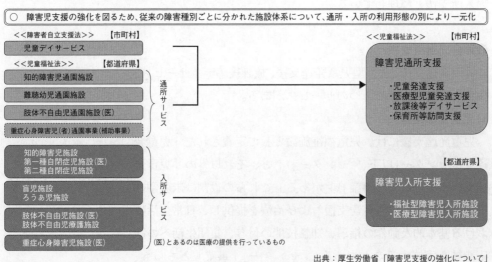

出典：厚生労働省「障害児支援の強化について」

めに必要な訓練、社会との交流の促進その他の便宜を供与することとされている。学校や家庭とは異なる時間、空間、人、体験等を通じて、個々の子どもの状況に応じた発達支援を行うことにより、子どもの最善の利益の保障と健全な育成を図るものである。

4）保育所等訪問支援

保育所等訪問支援は、障害のある子どものインクルージョンを推進するための事業として、保育所等の子どもの通い先に訪問し、専門的な支援を行う事業である。これまで保護者の就労等、何らかの事情で発達支援機関へ通所することができなかった子どもが専門的支援を受けられるようになることが期待される。あわせて、これにより保育所や学校等に円滑に移行でき、また、障害のない子どもたちと「共に育ち、学ぶ」ことができるよう本人および環境にはたらきかける実践的な事業である。

❷障害児入所支援

1）福祉型障害児入所施設

18 歳未満の障害のある児童を入所させ、保護するとともに、日常生活の指導および独立自活に必要な知識や技能を与え、基本的生活習慣を確立し社会適応力を育てることを目的に、個々の発達特性や能力に応じた支援を行う施設である。

起床から就床まで、必要に応じて、食事、排せつ、入浴等を介護し、自立に欠かせない知識や技能を教え、身体能力、日常生活能力の維持・向上のための訓練やレクリエーション活動等の社会参加活動支援やコミュニケーション支援を、一人ひとりのニーズを考慮しながら行っている。就学期の児童は、日中、施設から地域の特別支援学校や特別支援学級等に通学している。

2）医療型障害児入所施設

医療型障害児入所施設の特徴としては、福祉型障害児入所施設と重なる部分も多くあるが、疾病の治療、看護、医学的管理下における食事、排せつ、入浴等、医療・看護の視点からの支援が加わることが特徴である。

(2) 障害者総合支援法に基づく支援

　平成 24(2012)年に公布された障害者総合支援法における障害のある子どもを対象としたサービスを整理する。サービスの体系は図Ⅱ-4-2に示すとおり全国共通の「自立支援給付」と地域の実情に応じて柔軟に実施される「地域生活支援事業」に大別される。障害のある子どもに関連する主なサービスを取りあげて解説する。

❶自立支援給付

1) 介護給付

○居宅介護(ホームヘルプサービス)

　居宅において入浴・排せつ・食事などの介護等を行うサービスを提供する。

○行動援護

　知的障害または精神障害により行動上著しい困難を有し、常時介護を要する障害児に対し、行動する際に生じる危険を回避するための援護や外出時における介護を総合的に提供する。

○短期入所(ショートステイ)

　在宅で介護を行う保護者の疾病や出産などの場合、施設へ短期間入所するサービスである。

図Ⅱ-4-2　障害者総合支援法における給付・事業

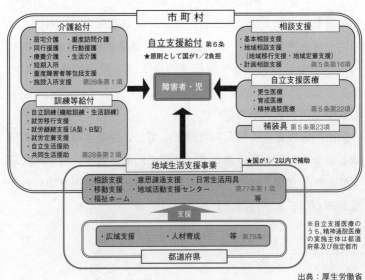

出典：厚生労働省

○重度障害者等包括支援

　常に介護が必要な障害児で、介護の必要性が非常に高い場合に居宅介護などのサービスを包括的に提供するものである。

2）自立支援医療

○育成医療

　身体障害を除去、軽減する手術等の治療によって効果が期待できる子どもに対して提供される、生活の能力を得るために必要な自立支援医療費の支給を行うものである。

○精神通院医療

　精神疾患(てんかんを含む)を有するもので、通院による精神医療を継続的に要する病状にある者に対し、その通院医療にかかる自立支援医療費の支給を行うものである。

3）補装具

　障害児が将来、社会人として独立自活するための素地を育成・助長することを目的として、身体の欠損または損なわれた身体機能を補完・代替する用具の額を支給するものである。

❷地域生活支援事業

1）相談支援事業

　自立した日常生活または社会生活を営むことができるよう障害児の抱える課題の解決や適切なサービス利用にむけて、**ケアマネジメント**によりきめ細かく支援するものである。

2）移動支援事業

　外出が困難な障害児のため、障害児が円滑に外出できるよう移動を支援する事業である。

3）日常生活用具給付等事業

　障害児の日常生活上の困難を改善し、自立を支援し、かつ、社会参加を促進するように必要な用具を給付または貸与する事業である。

4）日中一時支援事業

　障害児の日中における活動の場を確保し、保護者の就労支援や障害児を介護している家族の一時的な休息を目的とした事業である。

> **ケアマネジメント**
> 福祉や医療などのサービスと、それを必要とする人のニーズに応じて組み合わせ、開発し自立生活を支援する手法のこと。

図Ⅱ-4-3　地域における児童発達支援センターを中核とした支援体制のイメージ（案）

児童発達支援センターが専門的支援のノウハウを広く提供することにより、身近な地域で障害児を預かる施設の質の担保と量的な拡大に繋がることを期待。

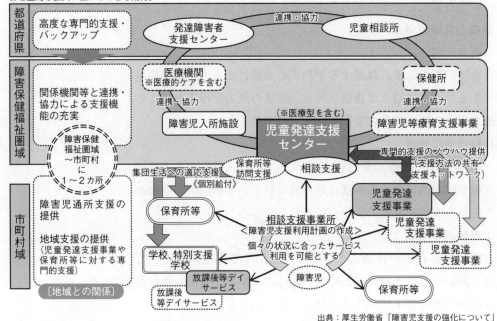

出典：厚生労働省「障害児支援の強化について」

2　障害のある子どもを取り巻く関係機関の連携

(1)　中核機能としての児童発達支援センター

　障害のある子どもと家族のさまざまなニーズを単独の機関で解決することはむずかしい。図Ⅱ-4-3に示すように障害のある子どもと家族を支援する機関は多岐にわたっている。前項でみてきたようなさまざまなサービスや社会資源を保護者がコーディネートするには負担が大きい。

　そこで児童発達支援センターが専門的支援のノウハウを生かして、図Ⅱ-4-3のように地域の中核センターとして機能するよう位置づけられている。また障害児相談支援事業を担う相談支援専門員が、保護者の「気づき」の段階からの発達支援、家族を含めたトータルな支援、関係者をつなぐことによる継続的・総合的なつなぎの支援を行うことが「全体を『つなぐ』人を確保する」として期待されている。

(2)　自立支援協議会

　障害者総合支援法において地方公共団体に「協議会」として、いわゆる自立支援協議会の設置の努力が規定されている。自立支援協議会では関係機関等が相互に連携を図ることによって、地域における障害児・者への支援体制を検討し、地域全体に共通する課題があれば体制の整備についてまで協議する役割を担う。

　障害児・者の福祉、医療、教育に関連する支援者が、障害児・者本人やその家族などの当事者を中心に支援するうえでの課題を確認する場としての機能が求められている。障害を有する児童への虐待の早期発見や保護について検討される場合もある。

第4節

小学校等との連携

1　ライフステージに応じた切れ目のない支援

　「今後の障害児支援の在り方について(報告書)〜「発達支援」が必要な子どもの支援はどうあるべきか〜」(2014年)においては、**ライフステージ**に応じた切れ目のない支援が提唱されている。「障害児支援の見直しに関する検討会」(2008)の報告書で「支援を必要としている障害児については、入学や進学、卒業などによって、支援を中心的に行う者が変わるため、支援の一貫性が途切れてしまうことがある」と指摘されていた問題の解決がいまだ不十分とし、2014年の報告書では、ライフステージに沿って、保健・医療・福祉、保育、教育、就労支援等を含めて関係者がチームとなって支援を行うことが望ましいとしている。これを牽引し中心となるのが、障害児相談支援である。

　また、「共生社会の形成に向けたインクルーシブ教育システム構築のための特別支援教育の推進(報告)」(平成24〔2012〕年)の中でも「保護者を含め関係者が教育的ニーズと必要な支援について共通理解を深めることにより、保護者の障害受容につ

ライフステージ
入学、卒業、就職、結婚、子どもの誕生、子どもの独立、退職など人生の節目ごとに段階に分けること。人間の一生における幼年期・児童期・青年期・壮年期・老年期などのそれぞれの段階とする解釈もある。

図Ⅱ-4-4　家庭・教育・福祉の連携「トライアングル」プロジェクト報告〜障害のある子と家族をもっと元気に〜　概要

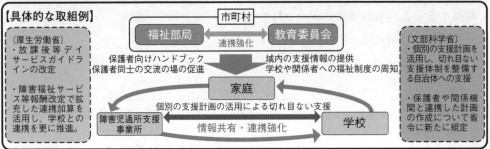

┌─────────────────────────────────┐
│ 1．教育と福祉との連携に係る主な課題 │
│   │
│ 　学校と放課後等デイサービス事業所にお │
│ いて、お互いの活動内容や課題、担当者の │
│ 連絡先などが共有されていないため、円滑 │
│ なコミュニケーションが図れておらず連携 │
│ できていない。   │
├─────────────────────────────────┤
│ 2．保護者支援に係る主な課題   │
│   │
│ 　乳幼児期、学齢期から社会参加に至るま │
│ での各段階で、必要となる相談窓口が分散 │
│ しており、保護者は、どこに、どのような │
│ 相談機関があるのかが分かりにくく、必要 │
│ な支援を十分に受けられない。   │
└─────────────────────────────────┘

今後の対応策

┌─────────────────────────────────┐
│ 1．教育と福祉との連携を推進するための方策 │
│   │
│ ・教育委員会と福祉部局、学校と障害児通所支 │
│ 　援事業所との関係構築の「場」の設置   │
│ ・学校の教職員等への障害のある子供に係る福 │
│ 　祉制度の周知   │
│ ・学校と障害児通所支援事業所等との連携の強化 │
│ ・個別の支援計画の活用促進   │
├─────────────────────────────────┤
│ 2．保護者支援を推進するための方策   │
│   │
│ ・保護者支援のための相談窓口の整理   │
│ ・保護者支援のための情報提供の推進   │
│ ・保護者同士の交流の場等の促進   │
│ ・専門家による保護者への相談支援   │
└─────────────────────────────────┘

出典：厚生労働省「家庭と教育と福祉の連携「トライアングル」プロジェクト報告概要」2018年

　なげ、その後の円滑な支援につなげてゆくことが重要である」と書かれている。

　しかし数多くの課題が指摘されているにもかかわらず、教育と福祉の連携および学童期の子どもと保護者の生活の安定はむずかしく、平成30(2018)年には厚生労働省において「家庭と教育と福祉の連携『トライアングル』プロジェクト」（以下、「トライアングルプロジェクト」）が設置された。

2　家庭と教育と福祉の連携「トライアングルプロジェクト」

　「トライアングルプロジェクト」では現状の問題点や課題を図Ⅱ-4-4のように整理した。

（1）　現状における課題

❶教育と福祉との連携に関わる課題

　学校と放課後等デイサービス事業所において、互いの活動内

容や課題、担当者の連絡先などが共有されていないため、円滑なコミュニケーションが図れておらず、連携できていない。

❷保護者支援に関わる主な課題

乳幼児期、学齢期から社会参加に至るまでの各段階で、必要となる相談窓口が分散しており、保護者は、どこに、どのような相談機関があるのかがわかりにくく、必要な支援を十分に受けられない。

(2)　今後、取り組むべき方向性について

❶教育と福祉との連携を推進するための方策

1)教育委員会と福祉部局、学校と障害児通所支援事業所との関係機関の「場」の設置

障害児通所支援事業所等と学校との関係を構築するため、各地方自治体において、教育委員会と福祉部局が共に主導し、「連絡会議」などの機会を定期的に設けるよう促すこと。その際、各地方自治体は、既存の特別支援教育連絡協議会、発達障害者支援地域協議会および（自立支援）協議会を活用する等、効率的かつ効果的な運営に努めること。

2)学校の教職員等への障害のある子どもに関わる福祉制度の周知について

放課後等デイサービスや保育所等訪問支援事業を含む障害のある子どもに関わる福祉制度について、校長会や教職員の研修会等で周知すること。また、特に、保育所、幼稚園、認定こども園については、巡回支援専門員を活用した知識・技術の普及を促すこと。

3)学校と障害児通所支援事業所等との連携の強化について

学校と障害児通所支援事業所等間の連携にあたって、両者で共有すべき情報や、日々の引き継ぎの方法、引き継ぎの実践例、緊急時の対応、個人情報の取り扱いなどの方策について、円滑に実施できている地方自治体の好事例を周知し、家庭・教育・福祉が情報共有できる仕組みの例を示すこと。

4)個別の支援計画の活用促進について

障害のある子どもが、乳幼児期から就労に至るまで、切れ目なく支援を受けることができるよう、個別の支援計画を活用し

て教育・福祉等の関係部局や関係機関が連携し、支援に関わる情報を適切に引き継いでいく仕組みを構築する自治体を、切れ目ない支援体制整備充実事業を通じて支援すること。

❷保護者支援を推進するための方策

1）保護者支援のための相談窓口の整理について

　教育委員会や福祉部局等の関係部局、教育センターや保健所、発達障害者支援センター、児童発達支援センター等の関係機関の相談窓口を整理し、保護者が自治体のどこに相談すればよいかわかりやすく示すとともに、担当でない職員であっても適切な窓口を紹介できるよう工夫を促すこと。

2）保護者支援のための情報提供の推進について

　福祉制度がわかりやすく、利用しやすいものとなるよう、各地方自治体において、支援に関わる情報や相談窓口が一目でわかるような、保護者むけハンドブックを作成し、周知するよう促すこと。そのひな型の一部を表Ⅱ-4-2 に示す。

3）保護者同士の交流の場等の促進について

　保護者同士の交流の場を設けるピアサポートの推進や、専門的な研修を受けた障害のある子どもをもつ保護者による相談支援について実施を促し、支援を行うこと。さらに、教育委員会は、福祉部局と連携しつつ、就学相談や教育相談等の機会をとらえ、保護者同士の交流を促進するような取り組みを促すこと。

4）専門家による保護者への相談支援

　相談支援専門員が受講する、障害のある子どもについての知識や経験等を積むことができるような専門コース別研修の開催について、積極的に促していくこと。

3　幼保小の架け橋プログラム

　令和3（2021）年より文部科学省・中央教育審議会初等中等教育分科会に「幼児教育と小学校教育の架け橋特別委員会」が設置され、幼児教育の質的向上及び小学校との円滑な接続について議論が進められている。

　特別委員会では、子どもに関わる大人が立場の違いを超えて自分ごととして連携・協働し、幼保小の架け橋期（0～18歳の学びの連続性に配慮しつつ、5歳児～小学校1年生の2年間を

表Ⅱ-4-2　保護者向けハンドブックのひな型（一部）

困ったときは相談してください。

○○市の相談窓口

○○市　※作成メモ：自治体における相談窓口をリスト化してください。

発達に関する相談窓口

名称	内容	問合せ先
子ども発達相談窓口	子どもの発達に関する総合相談窓口	子ども発達相談支援センター ☎ △△△-×××× （平日10:00～17:00） 🏠 ○○市△△×-×-× 🖥 https://www.・・・

子育てに関する相談窓口

名称	内容	問合せ先

就学に関する相談窓口

名称	内容	問合せ先

○○県

相談機関

名称	内容	問合せ先

早期教育相談

名称	内容	問合せ先

出典：文部科学省　厚生労働省　「保護者向けハンドブックのひな型について」2018年8月

対象）にふさわしい主体的・対話的で深い学びの実現を図り、一人ひとりの多様性に配慮したうえですべての子どもに学びや生活の基盤を育めるようにすることをめざすものとして、「幼保小の架け橋プログラム」の重要性が示された。

「幼児教育と小学校教育の架け橋特別委員会－審議経過報告－」（令和4年3月31日）の中には、「園・小学校における障害のある子どもに対する教育の充実、それを支える関係機関・部局と連携した切れ目ない支援を行うため、障害のある子どもの受け入れに当たっての体制整備のあり方や指導上の留意事項等に関する検討を進めるとともに、研修プログラムを開発し、研修に活用できる資料や教材を作成する。その際、特別支援学校に進学する子どももいることをふまえる必要がある」との言及もある。

4　合理的配慮という理念

　福祉と教育との連携のむずかしさは福祉部局と教育委員会という縦割り行政というシステムの問題だけではない。第Ⅱ部第1章第1節でも学んだように「障害」をとらえる基盤が長い間異なってきたことにも由来するであろう。平成23(2011)年の障害者基本法において、障害とは個人が有するものでなく、社会的障壁との相互作用で生じるものであると考えられるようになった。また、その社会的障壁を取り除くことを「合理的配慮」と位置づけた。

　平成26(2014)年に日本が批准した障害者権利条約第2条では「合理的配慮」とは、「障害者が他の者との平等を基礎として全ての人権及び基本的自由を享有し、又は行使することを確保するための必要かつ適当な変更及び調整であって、特定の場合において必要とされるものである」と定義されている。

　障害者基本法第4条には「何人も、障害者に対して、障害を理由として、差別することその他の権利利益を侵害する行為をしてはならない」「社会的障壁の除去は、それを必要としている障害者が現に存し、かつ、その実施に伴う負担が過重でないときは、それを怠ることによって前項の規定に違反することとならないよう、その実施について必要かつ合理的な配慮がされなければならない」と合理的配慮の必要性が明示されている。

　平成25(2013)年に公布された障害者差別解消法第5条には社会的障壁の除去の実施についての必要かつ合理的な配慮に関する環境の整備として、「行政機関等及び事業者は、社会的障壁の除去の実施についての必要かつ合理的な配慮を的確に行うため、自ら設置する施設の構造の改善及び設備の整備、関係職員に対する研修その他の必要な環境の整備に努めなければならない」としている（下線筆者）。

　合理的配慮には「正当な」「理にかなっている」という意が込められている。これまでは障害のある子どもへの配慮は「特別な工夫」「大変である」ととらえられてきた考え方を「合理的である」ことと認識し直すことが求められる。また、合理的配慮は、障害者一人ひとりの必要性や、その場の状況に応じた変更や調整など、それぞれ個別な対応となる。例えば、聴力障害の子どもには手話や筆談でコミュニュケーションを取る工夫や、

自閉スペクトラム症の場合にはタイムスケジュールなどの見通しをあらかじめ提示するなど、障害特性や年齢、発達段階に応じて合理的配慮の内容は異なる。

　先にもふれた「共生社会の形成に向けたインクルーシブ教育システム構築のための特別支援教育推進報告」の中にも合理的配慮についての言及がある。「現在必要とされている『合理的配慮』とは何か、何を優先して提供するかなどについて関係者間で共通理解を図る必要がある」と明示されている。

学習のふりかえり

1 保育士として障害のある子どもをもつ家族やきょうだいに、どのような支援ができるか考えてみよう。

2 障害のある子どもの保護者にとって、保護者間の交流はどのような意義があるかを確認しよう。

3 障害のある子どもを支援する関係機関の役割を確認し、特に就学する時期における「切れ目のない支援」について整理しよう。

参考文献:
1. アスペ・エルデの会「楽しい子育てのためのペアレント・プログラム　マニュアル2015-2020」2014年
2. 一瀬早百合『障害のある乳幼児と母親たち』生活書院、2012年
3. 中田洋二郎:障害児の親のメンタルヘルス支援マニュアルー子ども支援は親支援からー、社団法人日本発達障害福祉連盟、2010年
4. 伊藤利之監修『こどものリハビリテーション医学』医学書院、2017年
5. 中田洋二郎:親の障害の認識と受容に関する考察ー受容の段階説と慢性的悲哀、早稲田心理学年報27、1995年
6. Drotar, D., Baskiewicz. A., Irvin, N., et al:The adaptation of parents to the birth of an infant with a congenital malformation. A hypothetical model, Pediatrics, 56(5), 1975.
7. Mackeith. R.:The feelings and behavior of parents of handicapped children.Developmental Medicine and Child Neurology. 15. 1975.
8. Olshansky, S:Chronic sorrow:A response to having a mentally defective child. Social Casework. 43 1962.
9. 厚生労働省「障害者白書」2014年
10. 厚生労働省「家庭・教育・福祉の連携『トライアングル』」2018年
11. 厚生労働省「障害のある子どもと家族をもっと元気にプロジェクト『トラ

イアングル』概要」障害児支援の在り方に関する検討部会:今後の障害児支援の在り方について(報告書)〜「発達支援」が必要な子どもの支援はどうあるべきか〜、2014 年

12. 文部科学省初等中等教育分科会「共生社会の形成に向けたインクルーシブ教育システム構築のための特別支援教育の推進(報告)」2012 年

13. 文部科学省初等中等教育分科会　幼児教育と小学校教育の架け橋特別委員会「幼児教育と小学校教育の架け橋特別委員会—審議経過報告—」2022 年

14. ペアレントメンターガイドブック作成委員会「ペアレント・メンターガイドブック　家族による家族支援のために」日本ペアレント・メンター研究会、2018 年

II 障害児保育の基本的内容

第5章

障害児その他の特別な配慮を要する子どもの保育に関わる現状と課題

学習のポイント

　本章では、増え続ける障害児等に対して、保育所が果たす役割を中心に学習する。

① 子ども本人だけでなく、親等、子どものケアをする人が抱える状況を見る視点を深める。特に虐待と子育てバーンアウトの関係を見る。

② 障害者関連の法律に法文化された「意思決定支援」とはどのようなものか、障害児に対して行う支援のあり方を考える。

③ 障害児の将来を見据えた支援を、ライフステージごとにおける課題とあわせて考える。

保健・医療における課題と展望

1 増え続ける障害児

　近年の新生児医療の発達により、助かる命が増える一方で、障害のある子どもたちが増えている。低出生体重児を見ても9.6％（極低出生体重児0.8％）と、約40年前のデータに比べても倍になっており、医療的ケアを常時必要とする重症心身障害児の割合も急増している。医療的ケアは、医師が通常行っている医療行為以外に、在宅で家族らが日常的に担っている医療的な介助行為である、喀痰吸引、経管栄養注入、導尿等をさす。これまでは医師、看護師、家族しか行うことができなかったが、**介護保険法**の改正（平成23〔2011〕年）で、一定の研修を受けて認定されたヘルパーや保育士も行うことが可能になった。よって、現在の小児患者の状況は、ワクチンの普及や医療の発展による軽症化と、前述した重症疾患の慢性化という二極化された現象があるといえる。医療費問題においては、小児医療の現場でも、入院診療から外来診療への移行が推進されている。そのほかに、自閉スペクトラム症（ASD）などの発達障害のある子どもも同様に急増している。増え続ける障害児等に対して、障害児保育をはじめとする地域でのケアがますます重要な役割をもつに至っている。

> **介護保険法**
> 平成12（2000）年に、高齢者の介護を社会全体で支え合う仕組みとして施行された。基本的な考え方に、自立支援・利用者本位・社会保険方式がある。

2 障害児の親の経済的保障

　障害のある子どもや、医療的ケアが必要な子どもの家庭が増えるなか、通常の家庭より医療費や療育費の出費が多い障害児家族は、経済面において苦しい状況に置かれていることが多い。親の収入面を見ると、例えば障害のある子どもをもつ母親の常勤雇用率は、障害のない子どもの母親の7分の1しかなく、95％の母親は安定した就労ができていない現状がある。親への支援を考える場合、「レスパイト的な役割としての保育所」

「親の心身の健康維持や自己実現の機会の保障」という側面だけでなく、保育所の本来の目的である保護者の就労という、経済的保障という側面からの視点が特に重要になってくると思われる。

(1)　障害児専門の保育所の誕生

　障害のある子どもの親の就労を支える活動を行っているNPO法人がある。東京都内で平成26（2014）年に、障害児保育専門の保育所を開園した。定員は重症心身障害児5人、重症心身障害児以外の障害児（知的障害児、肢体不自由児）10人である。看護師や研修を受けたスタッフが常駐している。また平成27（2015）年からは、自宅でのマンツーマン保育も開園している。保育スタッフが子どもの自宅に出むき、保育やケアを1対1で提供している。保育中に訪問看護ステーションから看護師が訪問し、自宅で健康状態を確認するサービスも行っている。

　マンツーマン保育は、平成27（2015）年4月からの居宅訪問型保育の制度化にともない、小規模保育などと同様、地域型保育給付の一類型として市町村の認可事業となり、財政支援を受けることが可能になった。認可保育園同様に低料金（収入に応じた応能負担）でサービスを提供することができる（令和元〔2019〕年10月から3歳児クラス以上は無償）。障害のある子どもの母親は厳しい経済状況にありながらも、フルタイムの勤務より非常勤の週3～4日程度の就労を希望する場合が多いという。それは外での子どもの負担を減らすためであったり、子どもの突発的な入院などに対応するためであったりする。マンツーマン保育は、そのような母親を対象に週2～5日の就労を支えている。

(2)　自宅で預かる保育サービス

　前述したマンツーマン保育のように、子どもの家に訪問して保育をするのではなく、ケアをする側の人間が自宅を開放してデイケアを運営しているケースがアメリカではある。その数は全米で約300万人に上るといわれ、在宅保育（Home-Based Child Care）と呼ばれている。低所得者層の家族の子どもを中心に利

用されており、デイケアを運営している側の人間も、利用している子どもたちとだいたい同じ経済的状況にある。アメリカでは歴史的に貧困層にいる女性の仕事の場として在宅保育が存在しており、生活保護の状況から脱する手段としても用いられてきた。本来無給とされる家庭内の**ケアワーク**を、貧困層にいる女性の自活のために実践することが勧められてきたのである。そのため、スキルをさほど必要としない**感情労働**として、経済的価値が低くされてきた。もともとケアワーク自体に低い価値が置かれてきた背景もあり、市場の賃金設定のプロセスにおいても低くされている。よって、子どもをケアする人間は女性が多数を占め、人種的にかたよりがある。ニューヨーク州において家族デイケアと呼ばれる在宅保育は 13 歳以下、6 人の定員。グループ家族**プロバイダー**と呼ばれる在宅保育は 5 〜 12 人の定員となっている。3 人以下の場合はインフォーマルプロバイダーと呼ばれ、特に資格もなく行える。

　日本でも 3 歳未満の子どもを自宅で預かる「家庭的保育事業（保育ママ制度）」がある。地域型保育事業の 1 つで、3 人程度を預かる。原則 0 〜 2 歳児が対象となっており、3 歳になったら認可保育所に移るシステムである。保育を受ける子ども全体の 1%未満の利用にとどまる。保育士の資格が必要な自治体が多いが、研修を受ければ不要なところもある。

　障害のある子どもの中でも、特に行動障害や情緒的な課題をもっている場合は、構造化された環境の中で、少数もしくは 1 対 1 のケアがよいといわれる。そのなかで在宅保育と施設保育の選択が広くあることは望ましいといえる。アットホームな環境の中でのケアと、施設でのケアの違いを見て、自分の子どもに適した保育の場を選択することができるのはよいことである。しかしアメリカで実践されている在宅保育の安全性については、問題視もされている。在宅保育の運営は 1 人で行っていることが多く、食事の準備、トイレの世話、寝かし付けなどで、1 人きりになる子どもが出てくる。また外で遊ぶ場所も家の前の道や路地の場合がある。人の出入りも施設保育の場合は厳しく管理されているが、家の場合は基本的に出入りが自由である。台所や壁などにカビなどがあって子どもに喘息を発症させる危険もある。一緒に働く同僚もいないために 1 人で直面しなくてはならないこともあり、保育を実践している人間にとってスト

レスが多い。

　総合的に見て施設ケアを受けている子どもよりも在宅保育を受けている子どもは危険な環境にあるといえる。施設保育所と同じような質を確保する努力をしなければ貧困層にいる子どもたちが質のよいケアを受けられない状況が続くことになると指摘されている。質の高いケアを受けてきた子どもは、社会的にも学歴の面においても、将来にわたってよい結果が出るといわれている。どのような環境の中で保育を受けてきたかは、アメリカに限らず日本でも将来の子どもの生活に影響を与えるので重要になってくる。

3 「低年齢保育」受け入れ枠の拡大

　現在の保育所は、小児人口が減少しているものの、特に0歳児を含む乳児の利用数が急増している。これは女性の就労率の上昇、就労スタイルの変化、核家族化、ひとり親家庭の増加などで、低年齢保育の受け入れ枠が拡大しているためである。平成30(2018)年に改定された保育所保育指針でも乳児保育・3歳未満児保育に関して、保育の質をあげ、保証するための事項が多く含まれる形となっている。ほかに低年齢保育だけでなく、保護者の就労にあわせた夜間・長時間保育、産休明け保育、**アレルギー**などの慢性疾患の対応、病後児デイケア、障害児保育の低年齢化など、保育のあり方は過去に例を見ないぐらいに多様化されている。

　低年齢保育や10時間以上の長時間保育などの影響で、入園後に先天性疾患などの異常が、保育実践のなかで発見されることも増えている。疾病の早期発見だけでなく、長い時間集団で密接に関わるなかでの、感染症蔓延・余病の予防などの重要性もますます高まっている。看護職を配置するだけでなく、保育士などもあわせて「保健面での正しい知識・対応」がより求められている。また医療的ケアが必要な子どもに対しては、相談支援専門員が療育機関と並行通園できるように、「保育所までの送迎方法を確保すること」や、リスクマネジメントとして「地域の訪問看護ステーションと連携して看護職を確保すること」、また行政による「拠点保育所を設けること」も必要となってくる。ほかに受け入れ園の看護師や保育士が「医療的ケアの手技

アレルギー
主に食物アレルギー児のことをさし、約9割の施設に在籍している。

を学ぶ場」も必要であり、児童発達支援センターや拠点保育所などにおいて「学べる場をコーディネート」していくことも求められるであろう。

福祉・教育における課題と展望

1 保育所に在籍している障害児

「全国保育協議会　会員の実態調査2021　報告書」（令和4年7月）によると、昭和49(1974)年からスタートした障害児保育は、今では8割超の保育所で加配保育士が配置され実践されている。しかしそこに在籍する子どもの障害の種類や範囲はある程度決まっているという。視覚障害のある子、聴覚障害のある子、肢体不自由のある子などは障害に特別に配慮された場で、専門家による援助がより必要なため、結果的に保育所は知的障害のある子などを受け入れることが多い傾向にある。最近では自閉スペクトラム症(ASD)やその近縁の障害の子どもたちが増えている。また聴覚障害のある子どもを例にとると、「検査技術や補聴器の性能の向上」、それにともなう「早期療育の成果」によって、通常のクラスに入る**インテグレーション**が広がっているという。聴覚障害は早期に発見され、適切な支援が行われれば聴覚障害による影響を最小限に抑えられ、音声言語の獲得に効果的であるという。

インテグレーション
福祉対象者が一般の人と差別なく地域社会の中で生活できるように援助すること。

2 保育所にいる「気になる子ども」たち

障害児だけでなく、最近よくいわれる「気になる子ども」の存在もある。子どもの気になる状態像は、保育所においては、行動面でその問題が認識されることが多いという。保育者による気になる子どもの特徴として、話が聞けない、指示が入らない、会話が成立しないなどの〈言葉・コミュニケーションに関する問題〉、おちつきがない、うろうろする、衝動性が強いなど

の〈行動に関する問題〉、集団生活に入れない、対人関係をとりにくい、視線が合わないなどの〈社会性・対人関係における問題〉、自分の思いがとおらないとパニックを起こす、気持ちがコントロールできない、泣き叫ぶなどの〈情緒に関する問題〉、友達をかむなどの症状、友達とのトラブルが多い、他児に対してもすぐに手が出たり物を投げたりするなど〈他児とのトラブルに関する問題〉、毎回同じことでつまずき、つみあがらない、衣服の着脱ができないなどの〈生活習慣に関する問題〉、「こだわり・癖・常同行動」などがある。原因は、何らかの基礎疾患に由来するもの、中枢神経系の機能障害、心理や情緒の異変に起因するものに分けられる。

「気になる子ども」に対応するうえで、3つの視点からのアプローチが考えられる。第一は周囲とのやり取り（環境との相互作用）の中に状態像の維持要因を探る（行動分析的視点）。第二は子どもが今の環境をどのように理解しているかを想像する（認知の個別性の視点）。これは中枢神経系の機能障害といった情報処理機能だけでなく、家庭環境、成育歴に起因する自己肯定感の喪失や心的外傷体験といった心理的問題とも関連するという。第三は子どものもつ固有性に対する視点ではなく、その子どもの保護者を支援するという視点（心理・社会学的視点）である。これは保護者の状況の理解の困難さを理解するというものと、保護者の子どもとの関わりにおける困難さを支援するという2つの点から検討するという。日常の保育の中で、目の前にいる気になる子どもたちが、早くから出しているさまざまなサインを見逃さないために、気づきの視点をもつことが大切である。

3 障害診断のむずかしさ

一方、乳幼児期においては、障害を見極める困難さもある。子どもはいろいろな能力を獲得する途上にあるため、**スロースターター**であるためにできないのか、障害のためにできないのか識別することが困難なのである。おちつきのない子が「正常範囲内なのか、ADHDによる多動症状なのか」判別しにくいのである。また脳障害などの先天的な要因であっても、環境要因によって二次的障害、三次的障害を引き起こし、障害を重度化・固定化していくことがある。そのほか極端に不器用な子どもの

スロースターター
小さいときは遅めの成長だが、年を重ねるごとに追い付く人、またはそれ以上になる人。

存在もある。学齢期になってはじめて「**発達性協調運動障害（DCD）**」と診断されることがある。児童全体の６％を占める。気づかれないことが多く、先生や親から、怠けている、だらしない、などと誤解されることも多い。子ども本人も失敗の経験を重ねて、徐々にやる気をなくし、将来メンタルヘルスの課題を抱えることもあるという。また成長とともに診断名が変化したり、適切な支援によって障害症状が軽減したりすることもある。特に幼少期は「発達可塑性が大きいため、適切な支援により障害症状が変化する可能性」は大きい。早期に発見し、支援し、治療することが重要であることはいうまでもないが、不確かな見立てや思い込みによって子どもの発達の機会を摘んでしまわないような注意も必要となってくる。

発達性協調運動障害（DCD）
　ボタンがとめられない、ブランコに乗れないなど極端に不器用で運動全般が苦手な子ども。はっきりした原因は分かっていないが、限局性学習症やASD、ADHDと併存することが多い。

4　行動・行為障害のある子どもと家族への対応

　幼少期にすでに深刻な行動・行為障害がある場合、就学後から思春期にわたって困難が続く場合が多いので、早い時期から適切な介入が必要であるといわれる。行動・行為障害が発現するきっかけはいろいろあり、例えば早産や低出生体重児の場合にリスクが高まるといわれる。それ以外に、貧困、不安定な養育環境、母親の**産後うつ病**、家族内ストレス、家族関係の希薄さ、などとも関連があるといわれる。親からの愛情不足や、きちんとしたしつけを親ができないこともあげられる。行動・行為障害によって、家族が強いストレスにさらされるリスクがあり、家族がユニットとして孤立したり、分離されたりすることもあるので、早い段階で外部からの介入が求められる。家族を中心とした専門家と家族との協働をベースに、インクルーシブな環境の中で、よい適応ができるように導いていく必要がある。子どもの詳しい情報は、親自身がよく知っているので、それらを親からていねいに聞き取り、専門家として適切な情報やリソースへのアクセスを可能にし、家族を**エンパワー**していく。多様な社会的状況やコミュニティの中で経験を積み、練習を重ねることで、子どもを適切な行動へとつなげることが可能になるのである。

産後うつ病
　産後数週間から数か月以内に発症する。多くは出産後１か月がピークとなる。大半が２〜６か月以内に軽快する。１年以上となる人もいる。抑うつ気分、不安、意欲の低下、不眠などの症状が出る。

エンパワー
　自らの内なる力に、自ら気づいてそれを引き出していくこと。

5　保育所が果たす役割

　コミュニティの中での経験には、障害児が保育所で集団生活を経験することも含まれる。同年齢の定型発達児と共に活動する経験は、障害児にとって、心と体の成長に非常に重要であり、反対に定型発達児にとっても、幼いときから多様性のある子どもと生活を共にする経験は貴重となる。例えば**てんかん**発作のある子どもに対して保育士が慌てずに対応する姿を、共に生活する子どもたちが見る機会があれば、てんかん発作への対応のロールモデルともなる。また障害児が保育所にいることのメリットとして、「保育士の資質向上（学習機会の増加、すべての子どもへの保育のあり方を見直すきっかけ）、子どもの育ちの促進（心の成長、定型発達児の育ち、障害児の育ち）、障害児家族支援の促進（家族との連携重視、障害受容・理解促進、子育て支援・育児指導）、関係機関とのさらなる連携強化（関係機関との連携強化、長期的視点での支援）」*1 などがあげられる。障害児と毎日関わることで保育士も実践的な発達支援や情緒的な発達の促進をすることができ、家族との信頼関係も築きやすくなる。ほかに障害児やその家族に対して仲間づくりの場を提供することもできる。

> **てんかん**
> 脳の神経が一時的に過剰に活動し、それが意識障害、昏睡、けいれんなどの発作となってあらわれる病気。100人に1人いる。

6　保育所の選定理由

　子どもが健やかに成長する場として、保育所が果たす役割が重要であることは上記にあげたように誰もが認めるところであろう。そしてそれは特に障害児にとって、早期介入・早期療育がその後の成長に大きな影響をもたらすといわれるなかで、とても重要な場となってくる。そのなかで保育所を選ぶのは圧倒的に親であるという現実がある。よって親が保育の場を選ぶその判断基準を知ること、親の価値観や視点を知ることは重要となる。保育所における質は大きく3つに分けられる。第一は、「構造的な質（structural quality）」である。これは教室の大きさ、子どもとスタッフの割合、サービス内容、送迎の有無、食事内容、ヘルスチェック、安全性、清潔さなどである。第二は、「プロセスの質（process quality）」で、保育士と子どもの相互作用、関係性、保育士の介入の程度、笑顔、笑い、フレキシビリティ、

教育哲学、教材、活動内容などである。第三は、「家族の質（familial quality）」であり、各家族独自のニーズや状況のことをさし、子どもに焦点をあてたものではなく、家族の視点を入れたものが含まれる。それは例えばコスト、便利さなどの実用的・実際的な理由などである。そのなかで障害児の親特有のニーズや選択理由を見ると、実際は保育の場のオプションそのものが少なく、理想的な場所に入ることができていない現状がある。親は限られたなかで、受け入れ可能な保育所や、保育料などをもとに保育所を選定しているのである。つまり障害のない子どもの親よりも妥協して入所していることが多いのである。

第**3**節

支援の場の広がりとつながり

1 保育所における多職種連携

保育の現場では、発達障害をはじめ、前述したいわゆる「気になる子ども」の増加、虐待等による愛着関係の「気になる親子」などが増えており、専門的な助言や援助を多く求められるようになっている。具体的には、「子どもの発達を理解する方法」や「現場の具体的な支援に関するアドバイス」「親の理解や対応方法への助言」などである。そのような状況のなか、京都府では、カウンセラーを希望する保育所や幼稚園に、**臨床心理士**を派遣する事業を行っている（名称「キンダーカウンセラー」）。平成 21（2009）年に、「京都府私立幼稚園連盟キンダーカウンセラー派遣事業」がはじまり、京都府私立幼稚園連盟からの京都府臨床心理士会への事業協力の依頼によりスタートしている。現在では京都府にある約 50％の園が「キンダーカウンセラー」を活用しているという。活動をはじめた当初は「気になる子ども」の保育観察と保育者への助言（コンサルテーション）に限られていたが、その後、保護者の子育て相談、保育者への研修など活動内容が広がっていった。派遣回数は 4 〜 40 回

臨床心理士
臨床心理学の知識や技術を用いて、心理的な問題を扱う専門職。1988年に民間資格の第 1 号が誕生している。国家資格の「公認心理師」は 2019 年に誕生している。

と幅広く、求められる役割として①子どものアセスメント、②保育者の保育活動の支援、③保護者への支援・相談、④他機関との連携、⑤地域の子育て支援の5つがある。また発達障害の場合、乳幼児から高齢者までライフコースをとおして長く続くため、保健・医療・福祉、教育の多領域多職種が分担して連携することが大切になる。就学前に診断を受け療育を受けた場合、成人後のメンタルヘルスによい影響があるという報告もある。

2 子育てバーンアウト（parental burnout）への対応

　子育ての要求が高く、そのうえで助けが少ない場合、子育てバーンアウト（parental burnout）が発生することがある。特に障害のある子どもをもつ親の場合はこの危険にさらされることが多い。子育てバーンアウトが仕事のバーンアウトと決定的に異なるのは、仕事の場合と違って親は「親を辞めることができない」という点にある。親は仕事のように病欠を取ることもできない。身体的に逃げることができない場合、自殺のリスクが高まるといわれるが、それ以外にバーンアウトしている親は、精神的に逃げる方法を見つけることがある。例えば喫煙、飲酒、買い物、運動、過食、長電話、仕事、インターネット、SNSなどである。これらを過剰に行うことで、不愉快な感情を調整しようとしている。これが依存に発展する危険性は十分にある。また障害のある子どもの**睡眠覚醒リズム障害**の影響で、親自身が睡眠障害を併発してストレスに対する耐性が低くなっているケースもある。

　子育てバーンアウトは、極度の疲労（overwhelming exhaustion）、子どもから感情的に離れる（emotional distancing）、親役割に対する無力感（sense of ineffectiveness）などの特徴が見られ、子どもをネグレクトしたり、言葉の暴力（中傷、ヒステリックに叫ぶなど）や身体的な暴力（つき飛ばしたり、ひっぱたいたり）を行うリスクが高まっていく。親の教育レベルや経済状況と子育てバーンアウトとの関連性はなく、あらゆる種類の家族に起こり得るものだとされている。子育てバーンアウトによって夫婦関係が悪化したり、心血管疾患やⅡ型糖尿病、大きな怪我、早期死亡など、健康が侵害されたりすることもある。子ど

> **睡眠覚醒リズム障害**
> 毎日の睡眠時間は一定しているが、入眠時刻と覚醒時刻が、同じ生活環境にいる人たちの入眠・覚醒時間帯と一致しないもの。社会生活や日常生活に支障を来す。

もの発達への影響も懸念され、特に子ども自身が親の子育てバーンアウトの原因の責任を強く感じている場合など注意が必要である。子どもの健全な発育を防ぐ「マルトリートメント」は、深刻な影響や後遺症を子どもに残すことがあり、過度の不安感、情緒障害、うつ、ひきこもりなどを引き起こす場合がある。子どもを健全に育てるためには、親が健全である必要がある。子育てバーンアウトに対しては「治療する」というだけでなく、「予防する」視点が大切だといわれる。

　障害のある子どもの主介護者である親ばかりがケアの負担をして、子育てバーンアウトとならないように、ケアの補助が必要になってくる。現在は長寿社会で**ライフスパン**が広がり、異世代間の意味のあるつながりが存在している。祖父母が「子育てをサポートする」という役割を積極的に担うようになってきており、それは障害のある子どもをもつ祖父母も同様である。むしろ必要性は高いといえる。祖父母の場合、具体的なケアの補助だけにとどまらず、**情緒的サポート**という点においても重要な役割をもつといわれている。親以外の主介護者として、障害のある子どもの祖父母への支援も今後広げていく必要があるだろう。

ライフスパン
人生における生から死までを時間的区切りとしてとらえる。

情緒的サポート
社会的な支援には、手段的サポート・情緒的サポート・情報的サポート・交友的サポート・妥当性確認などがある。情緒的サポートは、共感、認める、ケア、傾聴などがある。

3　「意思決定支援」を可能とする活動

　平成23（2011）年の改正障害者基本法では「意思決定支援」というものがはじめて法文化された（その後、障害者総合支援法、知的障害者福祉法、児童福祉法と続く）。これはどんなに重度の障害があっても、支援する側の判断のみで支援するのではなく、個人の意思を尊重して支援していこうというものである。平成29（2017）年には厚生労働省より「意思決定支援ガイドライン」が示されている。「自ら意思を決定することに困難を抱える障害者が、日常生活や社会生活に関して自らの意思が反映された生活を送ることができるように、可能な限り本人が自ら意思決定できるよう支援し、本人の意思の確認や意思及び選好を推定し、支援を尽くしても本人の意思及び選好の推定が困難な場合には、最後の手段として本人の最善の利益を検討するために事業者の職員が行う支援の行為及び仕組み」と定義されている。

　重度の障害のある人の場合、狭い社会の中で、長期にわたっ

て生活することが多く、生活スタイルもほとんど変化のないまま年齢を重ねていることが多い。よって、実際に意思決定ができるようになるためには、その前段階として、「幼少期から意思を形成して、表出できる支援環境を整えること」が大切である。幼少期から年齢に応じて「選ぶ機会」が提供されることで、「選ぶという意識」を育てることになる。またそれを表出できるように、日常的に表出、表現できるように支援を受けていることが重要である。例えば、絵カードと写真などを用い、本人に伝わりやすいように工夫したりすることで、表出された意思に気づく姿勢を支援者がもつことなどである。

　支援現場における意思決定支援として「本人活動」を福島県いわき市で実践している社会福祉法人がある。施設ごとの利用者自治会を立ちあげて毎年利用者全員による選挙で会長はじめ役員を選出する取り組みを行っている。また各施設ともに利用者自治会役員と施設の管理者などが話し合う場を月1回程度設けて互いに意見交換をしている。施設で自らの代表を選ぶ経験は、公的選挙における投票の際に生かされ、ミーティングの経験は自らの意思を表出する場の提供と、支援者が本人の意思をくみとる姿勢を養うトレーニングの場になっているという。幼少期から将来を見据えた支援を行い、あわせてライフステージごとの課題を見ながら支援環境を整えていくことは、障害のある子どもとその家族にとって地域生活を成功に導いていく大きな鍵となることは間違いない。

🕐 学習のふりかえり

1 多種多様な背景をもつ子どもたちに対応できるように、保育所はさまざまな機関と連携していく必要がある。保育士自身も常に新しい知識と技術を習得していく必要がある。

2 障害児の「早期介入・早期療育」が、その後の成長に大きな影響をもたらすため、保育所の役割は重要となる。また、小さいときに受けたケアの質は、障害児に限らず、その後の成長に大きな影響をもたらすので、保育所は質の高いケアを提供できるように努める必要がある。

引用文献：

*1. 植田紀美子、後藤あや、山崎嘉久「障害児の育ちにおける保育所の役割
—インタビュー調査法による検討—」『小児保健研究』日本小児保健協
会、第75巻3号、2016年、400頁、402頁、403頁

参考文献：

2. Black, S. (2012), 'Mitigating precarious employment in New York City's home-based child care sector', *LABOUR, Capital and Society*, 45(1).

3. Fox, L., Dunlap, G., and Cushing, L. (2002), 'Early intervention, positive behavior support, and transition to school', *Journal of emotional and behavior disorders*, Fall, 10(3).

4. 藤城富美子「保育園看護職の健康支援」『小児保健研究』日本小児保健協
会、第67巻2号、2008年

5. 古川敬「知的障害者支援現場における意思決定支援」『発達障害研究』日
本文化科学社、第40巻2号、2018年

6. 肥後祥治「気になる子への対応—子ども、保護者への包括的取り組みを目
指して—」『小児内科』東京医学社、第49巻3号、2017年

7. 本田真美、弦間友紀、岡田悠「地域で支える障害児保育」『小児内科』東
京医学社、第49巻2号、2017年

8. 神尾陽子「発達障がい支援をメンタルヘルスの枠組みで捉え直す」『発達
障害研究』日本文化科学社、第44巻1号、2022年

9. 駒崎弘樹「医療的ケアが必要な子が通える保育園を創る」『チャイルドヘ
ルス』診断と治療社、第18巻12号、2015年

10. 小坂和輝「医療的ケアを必要とする児の保育」『小児内科』東京医学社、
第49巻3号、2017年

11. 馬見塚珠生「保育所・幼稚園における子育て支援」『チャイルドヘルス』
診断と治療社、第16巻11号、2013年

12. Mikolajczak, M., Brianda, M., Avalosse, H., and Roskam, I. (2018), 'Consequences of parental burnout: It's specific effect on child neglect and violence', *Child abuse & neglect*, 80.

13. 松本寿通「保育園保健における現代的課題」『小児科臨床』日本小児医事
出版社、第53巻、2000年

14. 宮本晶恵「肢体不自由児の保育」『小児内科』東京医学社、第49巻3号、
2017年

15. 尾崎康子「保育現場にいる障害のある子ども」、「乳幼児期における障害特
性」『よくわかる障害児保育 第2版』尾崎康子・小林真・水内豊和・阿部
美穂子、ミネルヴァ書房、2018年

16. Perez, H. et al, (2011), 'An evaluation of health and safety hazards in family based day care homes in Philadelphia', *Child youth care forum*, 40.

17. 佐伯裕子「保育園と子ども虐待」『小児科臨床』日本小児医事出版社、第
60巻4号、2007年

18. 友田明美「マルトリートメント（マルトリ）が脳に与える影響と回復へのア
プローチ」『発達障害研究』日本文化科学社、第44巻1号、2022年

項　目　索　引

執筆代表者

林　　浩康　日本女子大学教授

広瀬　宏之　横須賀市療育相談センター所長

和田上貴昭　日本女子大学准教授

　　　　　　■

執筆者（執筆順）

林　　浩康　日本女子大学教授

　　　　　　………………………… 序章／第Ⅰ部 第2章 第1・2節／第6章 第1節

和田上貴昭　日本女子大学准教授 ……… 第Ⅰ部 第1章／第5章 第1節

山口　敬子　京都府立大学准教授

　　　　　　………………………… 第Ⅰ部 第2章 第3節／第6章 第2節

中安　恆太　和泉短期大学准教授 ………… 第Ⅰ部 第3章 第1・2・5節

永野　　咲　武蔵野大学講師

　　　　　　………………………… 第Ⅰ部 第3章 第3節／第4章 第4節

山本真知子　大妻女子大学准教授

　… 第Ⅰ部 第3章 第4節／第5章 第2節／第Ⅱ部 第3章 第4・5節

上鹿渡和宏　早稲田大学教授

　　　　　　………………………… 第Ⅰ部 第4章 第1・2・3節

谷口　純世　愛知淑徳大学教授 ……… 第Ⅰ部 第5章 第3・4・5・6節

三輪　清子　明治学院大学准教授 ……… 第Ⅰ部 第6章 第3・4節

大澤　朋子　実践女子大学専任講師 ……… 第Ⅰ部 第6章 第5・6節

一瀬早百合　和光大学教授 ………………… 第Ⅱ部 第1章／第4章

広瀬　宏之　横須賀市療育相談センター所長

　　　　　　………………………………… 第Ⅱ部 第2章

廣澤　満之　白梅学園大学准教授 ………… 第Ⅱ部 第3章 第1・2・3節

立脇　恵子　公益財団法人愛恵福祉支援財団国際支援企画委員

　　　　　　………………………………… 第Ⅱ部 第5章

2022年11月現在

改訂1版　最新　保育士養成講座 第5巻
社会的養護と障害児保育

発　　行　2019 年 4 月 23 日　初版第 1 刷発行
　　　　　2023 年 1 月 31 日　改訂 1 版第 1 刷発行

編　　集　『最新　保育士養成講座』総括編纂委員会

発行者　笹尾　勝

発行所　社会福祉法人　全国社会福祉協議会

　　　　〒100-8980　東京都千代田区霞が関 3-3-2　新霞が関ビル
　　　　TEL：03-3581-9511　　郵便振替：00160-5-38440

定　　価　2,200 円（本体 2,000 円＋税 10％）

印刷所　加藤文明社

禁複製

ISBN978-4-7935-1408-1　C0336　￥2000E